初學美股投資

尚義民、
Anna Joung·著

陳慧瑜　·譯

一開始就上手

enlighten & fish 亮光文化

帶領投資初學者邁向成功的
龐大智慧與資訊之海

　　我做了很多年的海外投資。2012底，我以本國股票投資產生限制作為契機，轉到了國民年金基金運用總部。由於我曾在財產分配、本國股票等相關部門工作過，對於國外投資並沒有太大的忌諱。因著職業特性，我可以自由閱覽大量的海外證券公司的報告書，卻反而在「資訊超載」的狀況中迷失。這些資訊大部分是以市場專家為對象，因此對於個人投資者而言，其實沒有什麼太大的幫助。

　　身為經濟學家的我，也是花了數年的時間不停試錯與研究後，才抓到投資的方向。也因此，個人的海外投資絕對不是一件簡單的事。比起個別投資標的，我選擇連結主要指數股票型基金（ETF）的海外投資方式進行。為了隨時應對各種狀況，我持續關注與研讀，使得我在2020年3月的暴跌中也沒有遭受巨大損失，反而還抓到了不少機會。因為我知道，若發生了像新冠肺炎這樣無法預測的衝擊，美金等先進國家貨幣的價值會上升。當未來較難預測，或是預測到會有嚴重的不景氣出現時，投資者會增加投資作為關鍵貨幣的美金，或是被看作是無風險資產的瑞士法郎或日幣。因此如果投資美國股票或指數股票型基金等美金資產，在危機發生的瞬間，就可能變成投資的轉機。

海外股票投資的魅力不只在分散匯率風險。美國連續25年提高股息的超級股票股利，也就是所謂的「股息王」股票比比皆是。此外，每次調整股價時，企業都很積極地出來購買自家公司股票，對於股東的態度也與韓國大相逕庭。所以若把眼光放到海外，除了可拓展投資的範疇，也能夠避免「雖然不滿投資的方式，但沒其他方法」等類似買進股票之事。

特別是《初學美股投資　一開始就上手》除了剛開始接觸美國股票投資的初學者外，對於像我這種已經從事投資多年的人來說，也有極大的幫助。因為這本書擁有的龐大資訊與智慧，遠超過我在過去這段時間學習而領略的方法。其實我在看原稿的過程中，發現有許多我付出慘痛代價而習得的訣竅，甚至覺得有點失落呢。不過另一方面也想著「原來不是只有我在煩惱這種問題啊」，覺得挺高興的。特別是績優股的投資方法、不動產投資信託投資法等等，連我也不是很清楚的部分，看得讓人不禁拍案叫絕。

希望會有許多投資者能透過《初學美股投資　一開始就上手》來開啟美國股票及其他海外投資的大門。尚義民跟Anna Joung身為上班族投資者，在投資成功的同時也執筆寫書，真是辛苦了。另外也想向決定出版這本書的出版社相關人士，表達深深的謝意。

《錢的歷史2》、《通縮戰爭》作者，經濟學家，洪椿旭

　　當冷風開始吹起，果實就會結成、落葉就會飄落，這是大自然不變的法則。而嚴酷的冬天過去後，則會迎來與春日相約的新芽與希望。這本書原封不動地呈現了作者年輕時的熱情，也不放過任何細節，提供了初學者跟專家都必須要知道的核心重點。而這本書真正的優點在於，你可以看到剛開始接觸美國股票的人也能一目了然的路線圖、使投資美股數年的人能自我檢視的重點等等。我可以很有自信地推薦這本書給對美國股票感興趣的人，它將會是你那「送走冷冽冬季後，迎接新春的湧泉」。

KB國民卡行銷企劃部部長，Song Hyoyoung

　　這本書我想推薦給即將進入第四次工業革命時代的社會新鮮人兒子。特別是作者藉由經驗傳達的肺腑建言，我認為可以適當緩和美國股票投資新手那股焦慮的心情。作者從顧客的觀點出發，透過各種建議改變證券公司的海外股票系統，像華倫‧巴菲特一樣企劃投資者的節慶等等。希望作者在實踐「一起進行的價值投資」的背後辛勞，也能藉由這本書傳達給廣大的讀者。

新韓金融投資海外股票營業部部長，Pyo Yoonmi

不管是什麼事情，第一次總是讓人感到害怕、激動跟顫抖。特別是投資美國股票，你必須去了解跟韓國不同環境、使用不同語言的美國系統，也因此，起步真的十分重要。若剛接觸美國股票的投資者，能如踏出第一步、出版第一本書的本書新人作者一樣，跟著《初學美股投資 一開始就上手》一起學習，相信可以在美國股票投資上獲得不錯的成果。

《在睡夢中賺月薪的美國股票投資》、《美國股票股利投資》
作者，維加斯雅士

股票投資即使是問熟人也很難問出個所以然，再加上美國股票還需要開設帳戶、換匯後才能進行買賣，一開始一定是陌生又艱辛。事實上，真正困難的投資從這裡才開始。這本書配合投資初學者的角度，用十分平易近人的方式告知美國股票的投資方法。

閱讀本書有一個很好的方法，我建議你先快速地將全部的內容看過一遍，理解文章裡表跟數字等內容，接著再讀一次。由於投資者需要的內容，像開設帳戶到產業區分、股息投資、投資心理管理、企業個別研讀法等等本書應有盡有，一開始閱讀的時候先全盤確認投資的相關內容，第二次閱讀的時候就會增添信心，也較易將數字所傳達的內容，實際應用在海外投資上。

心中日月，Bora

　　過去我只投資過本國股票，因此對我來說，美國股票投資可以說是一種全新的挑戰。5月新編入的3個美國股票標的現在已占了我的投資組合25%，也很傑出地發揮自己的效用。這本書用「產業類型→ETF→股票股利→個別企業」的順序介紹美國股票投資，對猶豫是否投資美國股票的我來說，這不僅是作者尚義民建議的順序，也是含有作者自己一路跌跌撞撞、從實戰中悟得方法、有層次的投資結構。《初學美股投資 一開始就上手》是尚義民、Anna Joung以跟我們同樣是平凡上班族的試錯經驗為基礎編輯成的入門書，因此對於要投資海外股票的新手，以及將美國股票投資當作長期理財、想創造自己專屬策略計畫的投資者來說，這本書會是很適合的優秀入門書。

滾雪球的烏龜，精神烏龜

　　這是個需要投資美國股票的時代。全球資本市場中最先進的美國股票市場，是增加個人資產最棒的投資地點。在美國經濟不斷成長的情況下，這本書可以讓你結下資本投資的成功果實，並告訴你如何與主導尖端產業的美國優良企業成為搭檔，以及正確投資的方法，堪稱最棒的美國股票投資入門書。向各位推薦。

孟加拉虎的海外股票TALK，孟加拉虎

最近全球資產分配興起，在資本主義社會中，投資是必要的。而講到投資，更少不了最大資本主義國家－美國。《初學美股投資 一開始就上手》彷如數學公式一般，是我會最想推薦給正在猶豫是否開始投資的人的書籍。我在經營部落格的同時，也最常被問到「美國股票投資該如何開始？」，而這本書就是很適合推薦的答案。雖然世界充滿了不確定性，但希望各位都可以透過美國股票投資，穩定地累積資產。

月薪族Roogee的投資故事，Roogee

人人都視時間如金，而這本書正可以為你省下美國股票投資剛起步時，那如黃金一般的時間。《初學美股投資 一開始就上手》有美國股票投資A到Z的方法論，以及作者認為有關投資的心態等內容。它以作者們的經驗案例為基礎，傳達活生生的知識，而非只是單純地陳述理論。強烈推薦給各位，相信這本入門書會成為你在美國股票投資剛起步時，照亮那投資旅程茫茫前路的明亮燈火。

投資設計人，JSK

起步早一些的上班族投資者的經驗跟祕訣

隨著時間經過，可以感覺到美國股票的關注度愈來愈高。本來那些看起來即使你跟他說你在投資美國股票，也不會有什麼反應的熟人，現在反倒會先問你問題了。每次被問到「你還在投資美國股票吧？現在買進Apple應該不遲吧？」之類的問題時，我總是隱約知道答案，卻很難正確整理後告訴他們。因為我不知道到底該如何、從哪裡開始說明，也不確定他們真正好奇的是什麼。

當我被問的次數愈多、問題內容重複的部分愈來愈多時，我的煩惱也加深。如果我想要痛快地解決人們的問題，應該怎麼做才好？難道沒有什麼辦法能讓人從頭打下穩固的基礎後，再開始投資的嗎？我在歷經無數的煩惱後，終於決定用簡易的說明，將這些每每讓投資者傷透腦筋的事物、難以理解的內容整理成書。

「如果要投資美國股票，需要另外換匯嗎？」

「我是分散了，但都是跟IT有關的耶？」

「我覺得是高點，但卻又漲了2倍。要不要現在買進？」

你是不是有煩惱過這些問題？不用太擔心。我們在最一開始投資時，也曾有過類似的煩惱跟不安。不過幾年前，我們也同樣是充滿茫然懼怕的投資新手。也因此，想為了正煩惱著要不要投資美國

股票或才剛開始投資的人，寫本幫助他們克服恐懼的書。我們是平凡的上班族，從早了幾年開始投資的角度，期望他人不用體驗我們經歷過的試錯過程，進而寫下這本書。

如果讀者能將我們在這本書裡呈現的各種經驗當作反面教材，應該可以獲得不錯的投資績效。比起華麗的策略或技法，這本書嘗試用更誠實與簡潔的方式，傳達平凡的上班族起步稍早的經驗跟煩惱，以及研究過的內容。希望可以讓讀過這本書的人，至少能了解為什麼應該開始美國股票投資、美國股票市場是如何組成、應該以何種方式來抓到投資的方向等等。我們的微小目標，即是「讓讀這本書的人，可以建立屬於自己的投資組合！」

沒有人會在一開始學游泳的時候就去找朴泰桓[1]選手。一般來説都會建議去找社區游泳池的教練，或是跟很會游泳的朋友學習。投資也是一樣，投資新手通常也會跟先開始的人，學習較實際且容易理解的方法。希望這本書對你來説，可以成為上述這種「社區游泳教練」般的存在。

尚義民、Anna Joung

---

[1]　韓國游泳運動員。

目錄

CHAPTER 1

似懂非懂
的美國股票

CHAPTER 2

見樹不如見林！
產業類型

ETF

CHAPTER 4

股息

01　**從股票股利開始的美國股票投資**

02　**股票股利擁有的特性跟優點**

CHAPTER 5

研究
各個企業

CHAPTER 6

時機

CHAPTER 7

一定要銘記在心的
投資心理

CHAPTER 8

關於美國股票交易的
所有事

附錄

可在研讀時參考的
主要經濟指標

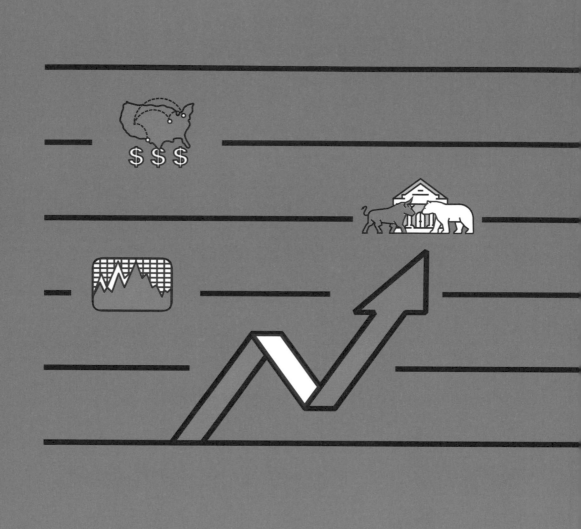

Chapter 1

似懂非懂的

美國股票

他們為什麼
會陷入美國股票的
魅力之中？

US STOCKS CLASS

股票投資是賭博或詐騙？

海外股票投資非常受到歡迎。坐在我隔壁的金代理本來對股票投資沒興趣，卻開始跟我炫耀買了Apple和微軟的股票；同屆進入公司的李科長也說，他每個月從美國企業那邊，像收月租費一樣，不斷地收到股息。目前我國只要提到「股票投資」，多半都會跟「賭博」或是「詐騙」之類等負面字眼連在一起，「股票一個弄不好就會搞到傾家蕩產」等類似的說法也是家常便飯。但另一方面，如果我跟對投資抱有正面態度的熟人提到股票的相關話題，卻也會如話匣子打開般，接二連三聽到暴漲股、概念股等高級情報。

我國對於這種海外股票，特別是美國股票的投資，似乎也開始有不同程度的接受傾向。就連對本國股票投資抱持懷疑跟否定態度的人，對於投資2008年金融危機後超過10年期間股價持續上升的美國股票，也會想著「是啊，如果要做股票，不如投資企業多、競爭力又強大的美國企業還比較好吧！」。

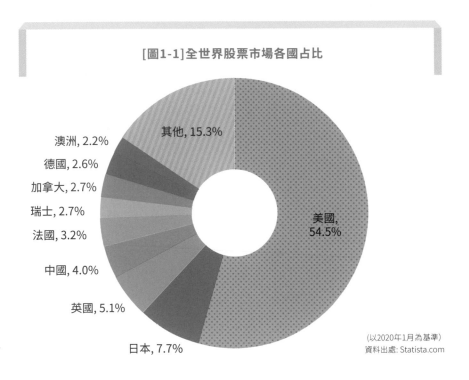

[圖1-1]全世界股票市場各國占比

其他, 15.3%

美國, 54.5%

澳洲, 2.2%

德國, 2.6%

加拿大, 2.7%

瑞士, 2.7%

法國, 3.2%

中國, 4.0%

英國, 5.1%

日本, 7.7%

(以2020年1月為基準)
資料出處: Statista.com

世界霸權兼關鍵貨幣國——美國

占有全世界市價股票市場市價總額的50%、超過債券發行量的40%、占有全球GDP的25%，且擁有最多各產業全球第一名企業、唯一可發行關鍵貨幣美金的國家、擁有確實的股東經營與股東溢價買回政策的先進資本主義系統、最多世界頂尖的專業經營人士……這些都是在形容資本主義霸主－美國。在美國站穩腳步的企業，等於是在先進的資本主義系統中經營事業。此外，在世界的舞台與他國的企業競爭時，也因為是全球霸權國的企業而占有相當大的優勢。

[圖1-2] S&P 500指數走勢（1990年1月～2020年7月）

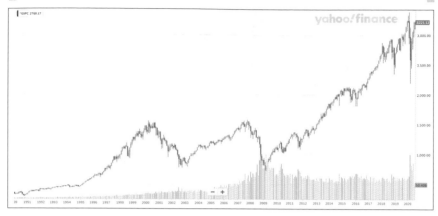

出處：Yahoofinance.com

S&P 500 指數

這是由國際信用評價機關、美國的標準普爾金融服務有限責任公司（S&P）所發表的股價指數。它會選定500家美國代表企業，包含400個的工業股、20個的運輸股、40個的公用事業股、40個的金融股等等。雖然它對市場整體動向的掌握比道瓊工業平均指數容易，也較能呼應市場，但缺點是容易受到大型股票的影響。

也因此，其中一個代表美國股票市場的指數－S&P 500，在1990年1月時是329點，卻在過了差不多30年後2020年7月的今日，來到了3,200點，約上升了10倍。此外，在全球金融危機以後，美國競爭力高且優良的企業，價值增長少至幾倍，多至數百、數千倍的成長，只要是持有一點這些美國企業股票的投資者，應該都獲得了心滿意足的投資績效。

[圖1-3]近10年間KOSPI指數走勢（2010年1月～2020年6月）

出處：Yahoofinance.com

被困在箱子裡的KOSPI跟持續走高的美國

2019年最後的交易日，韓國代表股價指數KOSPI收在
2,204.21p，跟年初相比上升了7.99%。這個數值若以2011年4月
的記錄指數來看，我國的股票市場幾乎等於是10年期間都被困在箱
型之中。

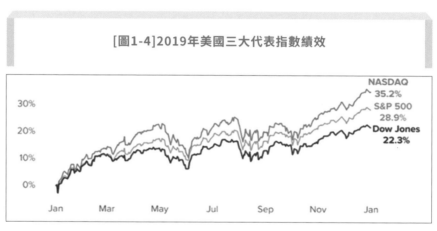

[圖1-4]2019年美國三大代表指數績效

（以 2019 年 12 月 31 日收盤價為基準）
出處：FactSet, CNBC.com

相反的，美國的三大指數－道瓊工業指數、S&P 500指數、那
斯達克指數等，在2019年各有+22.34%、+28.88%、+35.23%
的成長，並且是G20的國家中排名第五的成長率。美國在2008年全
球金融危機之後，呈現年平均12.86%的穩定成長。跟美國相較起
來，韓國的表現如何呢？股價指數幾年間停滯不前；企業下決策以
企業所有人作為優先考量，讓個人投資者身受其害；對組織和外國

人較為有利的投資環境……等。在這樣的條件下感到厭倦的本國投資者，會對優點眾多的美國股票產生興趣，似乎也不是件難以理解的事情。

不過才幾年就大幅進步的海外股票投資環境

同時在過去幾年間，證券公司有感於本國股票經營的極限，為了另尋生路，紛紛轉往海外的股票交易服務或系統等投資。在這樣的環境下，個人投資者比以前方便很多，也能以較少的費用投資美國股票。因此身邊也就自然而然地出現像炫耀買了Apple跟微軟股票的金代理，或是如同收月租費般每個月從美國企業那裡拿到股息的李科長一樣，多了很多直接投資海外股票的個人投資者。我們也經常會在媒體上看到「直購海外股票一族」或「美國股票投資熱潮」等標題的新聞報導。

消除對於
美國股票投資的誤會

US STOCKS CLASS

只要看了經濟版面的報導，或聽正投資美國股票的朋友分享，就會知道為什麼要投資美國股票了。事實上，你光是在旁邊看到投資的人經歷飛升的股價，以及穩定收到股息的情形，應該就會焦急地想著，自己也應該趕快去買美國股票才行。

但是當你為了美股交易開辦了帳戶之後，卻又開始擔心了起來。如果要投資，應該得好好研究產業或企業，但既然是美國企業，英文是不是要超好？而且又有時差，想著是不是得為了買賣等到半夜，還需凌晨起來在模模糊糊的狀態下交易？此外，本國股票買賣收益不會有稅金，美國股票卻有所謂的資本利得稅，似乎得繳許多稅，交易時要給證券公司的手續費，好像也比本國股票交易時要貴上許多……。在投資開始前，就已經先擔心個不停了。這些擔憂有一半是對的，卻也有一半是錯誤的。為什麼呢？一起來仔細探討一下吧！

① 投資美國股票英文一定要好？

當然，如果你的英文好，找資料或看報導時一定較有利。不過，即使完全不會英文，對於投資來講也不會造成太大的困難，因為我們有許多可以克服語言障礙的方法。

即時翻譯上傳的外電

隨著國家或企業間相互的影響愈來愈大，對於當地消息需更快速、正確了解的市場參與者也愈來愈多，因此外電的報導透過國內的媒體翻譯上傳的速度，也比以往快上許多，同時新聞量也大幅增加。所以我們如果要投資美國股票，其實是可以透過翻譯過後的報導或資料充分找出答案的。有需求就會有供給，故美國股票投資者愈多，外電報導之外的產業與企業相關報告書、專欄等，各種投資相關資訊翻譯上傳的量或速度，以後也都會漸漸更多、更快。

[圖1-5]韓國證券公司發行的美國企業相關報告

出處：HANA 金融投資、MIRAE ASSET、三星證券

韓國證券公司釋出的產業與企業相關報告

　　隨著每年直接投資海外股票的規模快速增長，韓國證券公司提供的服務中，海外股票投資相關部分也正快速擴張。主要提供本國產業展望與企業相關分析，及業績預測報告的韓國證券公司調查中心，最近從國際產業與企業相關的分析資料，到海外股票投資研討會等都有涉獵。大部分證券公司分析、解讀以英文撰寫的各種資料或論文、付費資料的報告都是免費的，個人投資者也可以輕鬆地找到。也因為如此，跟熟悉英文的投資者之間的資訊落差，也比過往減少許多。

可輕鬆使用、愈來愈精緻的翻譯機

　　如果你沒辦法從翻譯的新聞報導或資料中獲得想要的資訊，就必須透過Google[1]在寫著英文的頁面尋找資訊。當用英文查找時，得用完美的句子或文法搜尋，才能找到我們想要的資訊，但Google的搜尋系統比我們想像的更聰明。

[圖1-6]在Google Chrome點一下滑鼠，就可以完成網頁的翻譯

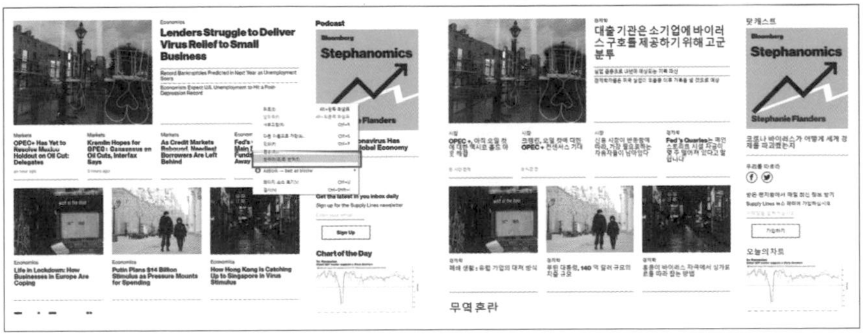

出處：Bloomberg.com

　　只需特定關鍵字或單字的組合，就可以找出我們想要的結果，即使用文法錯誤的句子搜尋，也會自動顯示用正確文法的句子搜尋的結果。除了這種智慧型的搜尋能力，如果利用Google開發的網頁瀏覽器Chrome，還可以即時將英文的頁面翻譯成韓文來閱讀。

---

[1]　利用搜尋引擎Google搜尋想要資訊的行為。

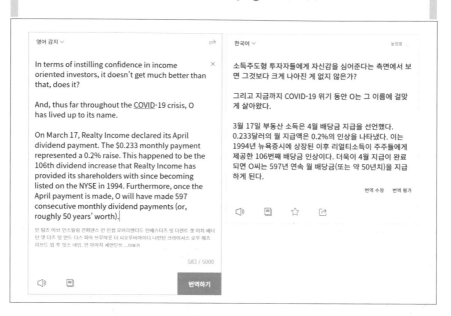

[圖1-7] Naver Papago翻譯範例

雖然Chrome翻譯有可直接將網頁從英文轉換成韓文的優點，但在翻譯的正確度上卻沒有獲得太好的評價。你可以將要翻譯的英文段落複製貼到Naver免費提供的翻譯服務「Papago」上，這樣可以得到較為精確的韓文翻譯內容。

部落格或投資CAFE的內容

隨著韓國美國股票投資者增加，充滿個人投資者的投資意見、觀察的優良內容也可在部落格或投資相關的CAFÉ隨處可見（CAFÉ是韓國入口網站DAUM提供的一種社群服務）。對於不擅英文的投資者而言，可以在這裡跨越語言的障礙，得到許多有關投資的幫助。

② 一定要為了交易等到半夜，或是凌晨起床？

　　我國可以交易美股的時間若以夏令時間為準，會是下午10點30分開始到隔天早上的5點之間。早早就睡的人在晚上10點30分早已進入夢鄉，而若是有小孩的父母，也可能會在這個時間把孩子哄睡後，開始做起家事。由於必須為了交易把睡覺的時間延到很晚，因此失去信心，進而收起想投資心情的人也很多。

夏令時間

美國的夏令時間簡寫是 DST（Daylight Saving Time）。會在每年3月第二個星期日開始，到11月第一個星期日結束。2020年是3月8日開始，2021年則是3月14日開始。美國股票交易時間若在夏令時間，以韓國的時間為準是晚上10點30分～早上5點。夏令時間解除的期間則是晚上11點30分～早上6點。

　　最近韓國的證券公司為了這樣的人，提供在非正式交易時間也能下單的預約下單及盤前下單服務。〈預約下單服務〉*會在「早上9點～下午6點」等由證券公司指定的特定時間預先接收交易下單，在當日正式開盤時再將預先收的交易一次處理。〈盤前交易服務〉則是在正式開盤前，可以在盤前交易的服務。它的優點是能讓投資者透過證券公司的該服務，在正式開盤前2～3小時的時間即時交易。

---

*　〈預約下單服務〉跟〈盤前交易服務〉依照證券公司的不同也可能不予提供，請事先跟證券公司確認是否有提供該服務。

投資美國股票時，因為有這樣的時差問題，比起在國內股票頻繁地買進賣出，最好是從「將好的企業股票收集起來」的觀點來進入。為此，必須要熟悉只做買進或交換交易之類的賣出等必要下單，然後再安心就寢的交易模式。如果延遲睡覺的時間，整晚都在做買進買出，只會落入隔天身體狀況不佳，以及帳戶收益率也不佳的情況。

③ 要繳很多稅金，交易手續費也超貴？

可節稅的資本利得稅

韓國上市股票若不適用大股東條件，買賣收益是不需課稅的。但相反的，美國股票年度淨買賣收益（綜合計算年度已實現損益）中，去掉基本扣除額250萬韓元後的金額適用於22%的資本利得稅率，而計算後的金額要作為資本利得稅繳交。如果只從這樣來看，跟不課稅的本國股票比起來，美國股票的稅率的確看起來很高。不過跟本國股票不同的是，海外股票適用於損益合計的概念，而每年去掉基本扣除額250萬韓元的這點，也有家人間贈與稅扣抵限額內贈與後實現收益時，大幅降低資本利得稅等各種合法節稅的方法*。

---

*　有關稅金的詳細內容，會在第8章詳細說明，敬請參考該章說明。

大幅降低的海外股票手續費

最近有很多本國的證券公司大幅降低了海外股票服務的門檻。畢竟海外股票投資盛況空前，你我都得為了吸引客人提高匯率及降低手續費。過去海外股票投資門檻不如現今低時，有若在一定金額以下下單，就必須無條件支付手續費的「最低手續費」制度。現在大部分的證券公司已廢除最低手續費制度了，海外股票交易手續費若以線上下單為準，會是交易金額的0.25%，交易1,000萬韓元時，則需支付2萬5千韓元的手續費。想到只要在家按按智慧型手機的按鍵，就可以交易在地球另一邊企業的股票，這樣的手續費似乎也不算太貴。

最近有很多證券公司為吸引海外股票投資的客人，會舉辦在一定期間內提供匯率優待及極低手續費，甚至是終身免手續費之類的活動。一般來說會以新開帳戶的客人為對象進行，因此在新開帳戶前，建議先確認有哪些證券公司在進行哪些優惠活動。

必須投資美國股票的理由

03

US STOCKS CLASS

　　韓國金融公共機關「韓國預託結算院」，負責管理（預託）組織投資者與個人投資者持有的股票或債券等有價證券，並負責交易實現後的結算工作。預託結算院會透過叫SEIBro的證券資訊入口網站，提供可自由瀏覽的預託及結算資訊。

[圖1-8]美國股票年度結算金額與保管餘額（單位：百萬美金）

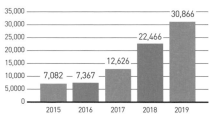

美國股票年度結算金額（買進+賣出）

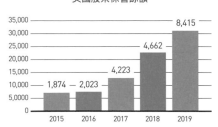

美國股票保管餘額

出處：預託結算院證券資訊入口網站 SEIBro

若在該網站點擊國際交易類別中的外幣證券預託結算，就可以在希望的期間確認外幣證券的結算處理件數及金額、保管餘額等等。

我在SEIBro找到，最近5年間的美國股票年度買進與賣出結算金額及保管餘額規模，發現原本平靜的年度上升幅度，從2017年開始大幅上漲。雖然理由可能有很多種，但估計是投資者認為比起本國股票、債券、不動產等各種資產，更具魅力的美國股票，能帶來更廣大的收益而造成的。

那麼到底美國股票是具有何種魅力跟優點，才讓投資者每年的投資金額暴漲的呢？我現在就來跟各位分享美國股票市場的優點，以及必須投資美國股票的理由。

① 積極回饋股東利潤的市場

不管是買哪種企業的股票都會有風險。股價下跌的時候可能會產生損失，如果投資的公司毀了，全部的投資金額也可能會付之東流。儘管如此，人們仍然會投向股票投資的原因，即是因為人們認為根據自我判斷的投資行為，最終將會回歸到自我的「收益」。

投資股票時投資者可以獲得的收益有①比我買的股票還高價賣出所獲得的〈買賣收益〉，以及②透過企業將賺到的利潤分給股東的股息，所獲得的〈股息收益〉。一般來說，企業的管理階層會將獲取的利潤投入擴充設施跟研究開發，以提高競爭力，這樣在產業界的企業市場占有率也能提高。

持續增加賣出，並透過規模經濟的有效經營，來使利潤最大化。如此，該企業的價值上升，市場中交易的股票價格，也會比過去獲得更高評價。除了這種一般的方法之外，管理階層也會以「股票回購」、「提高股利」等方式，將股東的利潤最大化。而在全世界最積極回饋股東利潤的地方，正是美國市場。

(1)企業購買自家股票，以提升企業價值的方法──股票回購

透過營業活動累積的公司利潤稱為「保留盈餘」。企業可以利用保留盈餘做各式各樣的選擇，而其中一種即是「股票回購Buyback」。股票回購如其名，是指企業用賺取的錢購買自家股票的意思。由於在市場回購可交易的股票，根據公司買進數量，流通的股票數也會相對減少，因此透過股票回購減少流通股票數，就可以提高既有股東的持股率，也能提高反映企業賺取利潤的股東持股指標－每股盈餘EPS*。即使企業創出的利潤與去年相同，也能透過減少股票數，來提高每股的利潤。簡單來説，投資者擁有的股票每股可獲得的利潤就增加了。除此之外，給市場發了股價與管理階層判斷的企業價值比起來被低估的信號，同樣也是股價會上升的原因之一。

---

*　　EPS（Earning Per Share）＝淨利÷流通股票數

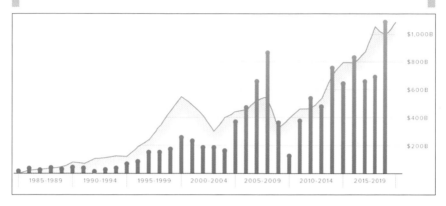

[圖1-9]美國企業的股票回購走勢與S&P 500流動（1985年～2019年）*

$1,000B
$800B
$600B
$400B
$200B

1985-1989　1990-1994　1995-1999　2000-2004　2005-2009　2010-2014　2015-2019

出處：www.Visualcapitalist.com

　　像這樣的股票回購，在全世界的股票市場中，美國股票市場占了最大規模。這從2008年金融危機後，代表美國的優良企業S&P 500企業的年度股票回購規模增長的情形中，也可以看得出來。S&P 500企業的股票回購規模以2009年為起點開始穩定增加，在2015年約達到5,720億美金規模的顛峰後，連續2年走勢呈現小幅減少。2017年底川普政府的減稅法案通過，既有的35%的公司稅降到21%，美國企業的海外資金轉回到自己本國時，適用的調回稅率就從最高35%變為限定一次的特別折扣稅率15.5%。

---

*　　藍色長條圖顯示股票回購規模，綠色曲線圖則顯示S&P 500指數。可以看出股票回購規模與S&P 500指數的上升幅度類似。

因著降低的公司稅，企業在2018年的淨利大幅增加，也因為調回稅率降低，留在海外的現金大規模進入，使其持有鉅額的現金。S&P 500所屬的大部分企業將大規模的現金支付給股東當股息，適當應用了股票回購的方法。其結果顯示，2008年之後股價年平均上升了12%，2019年一年期間S&P 500指數就上升了28.8%。

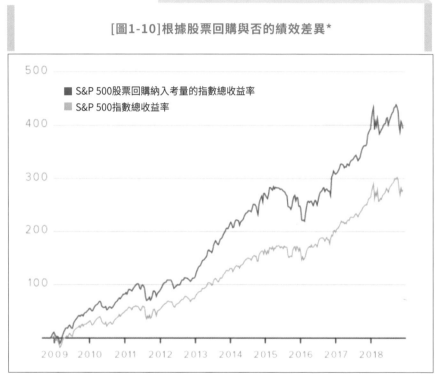

[圖1-10]根據股票回購與否的績效差異*

■ S&P 500股票回購納入考量的指數總收益率
■ S&P 500指數總收益率

出處：www.Visualcapitalist.com

* 　2009年以後股票回購的企業（藍色）的股價上升，比無股票回購的企業（綠色）上升幅度更高。

股票回購對股東來說
無條件是好的嗎？

雖然有些觀點對於股票回購是抱持著讓股東利潤最大化的正面態度，但也有一些觀點抱持的態度是較為負面的。這些觀點認為，需應用在設施投資或研究與開發（R&D）、併購其他企業（M&A）等企業成長與創造就業等投資的保留盈餘，為了達成短期股價上升的目標而用來回購股票，實則是犧牲了長期投資。藉由股票回購讓股價上升，其實是透過財務上的手法獲得成長，實際上企業的利潤或價值並沒有隨之提升。因此過度的股票回購從長期的觀點來看，反而可能會降低企業的競爭力。此外，連債券也用上的過度股票回購，有可能在危機來臨時因流動性不足而無法改善現有狀況，最終帶給企業跟股東負面的結果。因此當企業發表股票回購時，必須確認該規模跟程度是否在合理範圍內。

(2)在股東資本主義文化下確立的股息政策

「股息」是企業將透過營業活動獲得利潤的一部分，根據股東持股比例進行分配，跟股票回購同樣為代表性的股東回饋政策。

配息率

配息率Payout Ratio是指企業將透過營業活動賺取的利潤*，以現金支付的股利總額比例。淨利是100億美金的公司若支付20億美金的股利，這間公司的配息率就是20%。但是不能光從配息率的高低，來判斷企業股東利潤回饋是否積極。因為根據企業所屬的國家跟產業、競爭市場中的地位程度，分配高股息給股東可能有利也有弊。

進入成熟期的企業若維持高的配息率，支付股東股利的政策也穩定時，就可以評價為在市場中對於股東利潤回饋較為積極的企業。另一方面，若是屬於成長中產業的企業，比起賺取利潤支付股息，透過再投資來提升企業競爭力跟價值，才是更為股東著想的行為。

隨著企業成長，逐漸提高的股利

美國企業以全球霸權國及關鍵貨幣國－美國的地位跟豐富的內需市場為基礎，身處於股息穩定性、持續性以及成長性都十分有利的環境。不過即使企業是在可將利潤最大化的環境，如果不針對股東制定政策，從股東的立場來看，投資的魅力也會降低。不過美國

---

*　淨利

已超越將企業利潤最大化的經營目標，形成了將股東利潤最大化的股東資本主義文化。即是說，管理階層將賺取的企業利潤分給股東一事視為理所當然，並且將提升股利的重要性視為與增加企業利潤同樣重大。

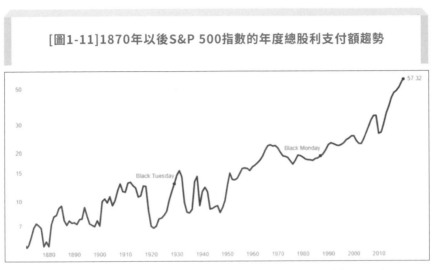

[圖1-11]1870年以後S&P 500指數的年度總股利支付額趨勢

出處：Dividendinvestor.com

　　如同上面的圖表所示，實際代表美國的S&P 500所屬企業，在過去很長一段時間穩定增加支付股利，這代表在未來，企業持續擴大股利並積極回饋股東利潤的可能性，也很高。

投資者即使檢視過損失風險，仍會投資特定企業股票，並試圖獲取收益。而美國正是能正確理解投資者心理，並透過股票回購或股息等各種方法，努力將股東利潤最大化的股東資本主義文化根深蒂固的國家。

② 快速反映且經常支付的股息

美國企業股息還有另一項特性，就是股息經常支付，而且很快。

(1)迅速的股息支付期間

韓國企業大部分在12月結算，因此在每年末前需根據股東名冊上的名單，將股利發放給股東。而發放的股利會在翌年3月的股東大會決定，並在股東大會承認決議後1個月以內支付給股東。用一句話來說就是，即使年末買進股票，到股息進到帳戶為止，最少也得等上3個月的時間。

相反的，美國企業將這種過程簡化，理事會若決定好股息支付金額與時機，以登記日為基準，約1個月內就可以收到股利。如果再極端一點來講，投資者若於除息（Ex-dividend Date）的前一天買進股票，一個月內就可以收到股息。

[圖1-12]顯示美國企業的迅速股息支付期間的案例

股利 Payout Amount	宣布日 Declared Date	除息日 Ex-Dividend Date	股東名冊登記日 (登記日) Record Date	股息支付日 Pay Date
$0.4100	2020-02-20	2020-03-13	2020-03-16	2020-04-01
$0.4000	2019-10-17	2019-11-29	2019-12-02	2019-12-16
$0.4000	2019-07-18	2019-09-13	2019-09-16	2019-10-01
$0.4000	2019-04-25	2019-06-13	2019-06-14	2019-07-01

1個月內支付

出處：Dividend.com、可口可樂（KO）的股息支付明細舉例

(2)頻繁的股息支付週期

最近韓國宣稱要強化股東回饋政策，並導入分季或半年的股息政策的企業正在增加，不過目前大部分的韓國企業仍維持1年一次股利支付的年度股息政策。也因此，一般投資者對於股息的認知，大多是1年會發放一次。

相反的，美國企業根據股東資本主義，有70%的企業施行分季股息政策*，甚至有一部分的企業會每月都支付股利。如果股東將收到的股利拿去重新買進股票，就能產生複利效果，而股息支付週期愈短，複利效果就愈大。

---

*　2020年第2季，以大型股票（市價總額100億美金以上、普通股）為基準，出處：Dividend.com

一收到股息後就追加買進股票，在下個股息支付日就會多收到買進股票數的股利。這個原理即是在重複這樣的過程中，隨著增加的股票數，逐漸獲得更多的股利。

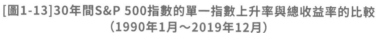

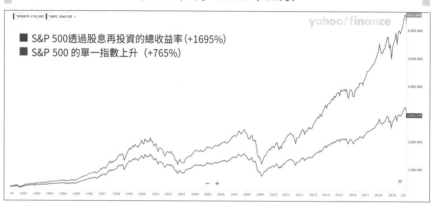

[圖1-13]30年間S&P 500指數的單一指數上升率與總收益率的比較（1990年1月～2019年12月）

■ S&P 500透過股息再投資的總收益率（+1695%）
■ S&P 500 的單一指數上升 （+765%）

出處：Yahoofinance.com

也就是說，收到股利的間隔愈短，追加買進股票的速度也會變快，若是連股價都上漲的話，加上再投資的加速度，投資者就可以獲得加上股價價差跟股息收益後，總收益（Total Return）相當巨大的滾雪球效果（Snowball Effect）。

(3)像收月租費一樣領取的股息

分季股息政策普遍的美國股票市場的另一個優點，是投資者可以利用每個企業不同的股息支付行程，讓自己像收月租費一樣，每個月領取股利。舉例來說，假設A企業在1/4/7/10月支付股利，

	1月	2月	3月	4月	5月	6月	7月	8月	9月	10月	11月	12月
[表1-1]統整股息支付週期不同的企業，就可以每月都收到股利 **（1990年1月～2019年12月）**												
A企業	$			$			$			$		
B企業		$			$			$			$	
C企業			$			$			$			$
D企業	$	$	$	$	$	$	$	$	$	$	$	$

B企業是2/5/8/11月，C企業則是3/6/9/12月支付股利，那麼當投資者A、B、C企業的股票都持有時，每個月就可以像收月租費一樣，收取股利了。即使不如此，只要投資每月發放股利的企業，投資者也同樣可以每月獲取股利。

③ 只有關鍵貨幣國才有的好處

所謂的關鍵貨幣就是在國際社會中，可以用來結帳國家間的貿易費用或是金融交易的中心貨幣，目前美國的美金正是處於這樣的地位。為了成為關鍵貨幣，必須要符合幾個條件。其必須擁有世界屈指可數的經濟規模，與高度發展的金融市場，才能確保貨幣價值的穩定性。此外，發行國家的信用度跟物價也必須要穩定才行。且該貨幣必須有充分供給全世界，以確保許多國家能夠自由交易的可兌換性。美國的美金符合所有繁瑣條件，並在漫長歲月中屹立不搖。

(1)貿易與基本交易中的益處

　　全世界可交易的大部分財貨跟服務都是用關鍵貨幣美金來交易的，因此所有的國家對於匯率的敏感度也隨之提高。市場參與者為了避免隨著匯率變動可能產生的風險，會利用期貨或跟選擇權之類的衍生商品制定安全機制。也就是說會締結契約，並在貿易或資本交易的付款日，以事前訂好的匯率來交易。不過由於美國是關鍵貨幣國，不需擔心匯率的問題，也不太會有為避開匯率變動的風險而產生的費用。即是說，雖然全世界的所有企業都為了關鍵貨幣的匯率穩定性而努力，但美國企業卻因為自己國家的貨幣即是關鍵貨幣，因而不需要花費特別的努力跟金錢。

(2)豐富的需求造就了無限的發行權

　　關鍵貨幣國美國，可以自由印出每個人都想擁有且世界上最穩定的貨幣美金。每年當美國為了降低貿易、財政赤字幅度，就會動用關鍵貨幣國的發行權。這種發行權在經濟危機來臨時，會將力量最大化。2008年金融危機當時，聯準會（Federal Reserve Board）大規模印出美金，透過國際買進，直接提供市場上的流通性，解決了信貸緊縮的問題，也藉此刺激景氣，這就是所謂的「量化寬鬆QE」。美國也在2020年2月底爆發的新冠肺炎（COVID-19）所導致的經濟衝擊中，施行了量化寬鬆政策。這種特定國家去動用自己貨幣發行權來印出貨幣的情況，會帶給國際社會巨大影響。生產貨幣的貨幣量增加，價值也會降低，導致通貨膨脹。在貿易交易的過程中，對象國家的出口競爭力也會下降。

(3)大家都想要的最穩定資產

但即使如此，人們卻無法對美國的量化寬鬆政策提出異議。這是因為，大部分的國家對美國的美金都有持續性的需求。全世界國家的外幣負債大部分都是美金負債，因此美國需持續發行美金，才能在貨幣價值降低時減少美金負債的負擔。此外，美金在無數國家的外匯存底中占60%以上的比重，經濟規模愈小，對美金的需求就有愈高的趨勢。美金存底跟該國家的信用度直接相關，在危機來臨時，也是最值得信任的安全措施。許多國家都希望外匯存底中美金愈多愈好，如果美國要大規模發行美金，那就更沒有理由拒絕了。

[表1-2]主要國家的外匯存底(2020年1月底為準)

單位：億美金

順位	國家	外匯存底	順位	國家	外匯存底
1	中國	31,155(+76)	6	台灣	4,791(+10)
2	日本	13,423(+185)	7	印度	4,713(+114)
3	瑞士	8,501(-47)	8	香港	4,451(+43)
4	俄羅斯	5,623(+79)	9	韓國	4,097(+8)
5	沙烏地阿拉伯	5,014(+21)	10	巴西	3,594(+25)

注意：括號內數字是跟上個月對比的增減額
出處：IMF、各國中央銀行首頁

就如到目前為止說明的，美國在國際社會是霸權國，也是關鍵貨幣國，它利用這樣的地位，享受巨大的好處。反過來說，全世界無數企業正是在跟這樣處於有利位置的美國企業競爭。

④ 只有非關鍵貨幣國才能享受到的「匯率緩衝」

最近全球股市因為新冠肺炎疫情而瞬間暴跌時，從人人都在找尋無風險資產－美金的例子來看可以知道，危機來臨時偏好無風險資產的程度會提高。如果對美金的需求提高，就必須比之前還貴的價格購買美金。也就是說，韓元/美金的匯率會提升。因此，若在非關鍵貨幣國投資關鍵貨幣國的企業，在危機來臨時，就有很高的機率可以享受到匯率上的益處。為了幫助你理解，我們一起來看幾個例子吧！

投資者A為了投資在美國股市上市的企業，將韓元換成美金。不過開始投資沒多久，美國經濟突然迎來危機，股票市場急遽下跌。這時雖然股價會下滑，但韓元/美金匯率卻會提升，因此匯率的上升幅度某種程度上可以抵消股價的下滑。即是說，雖然以美金為基準的股價下降50%、損失近半，但匯率會比換匯當時還高，故用韓元計算的股價評估額，會比50%的損失稍微少一點，即匯率會變成一種「緩衝角色」。

這種匯率緩衝的效果可以在[圖1-15]看到，1998年外匯危機或2008年全球金融危機等重大狀況時，該效果來到最大化。像這樣的緩衝效果，是只有像韓國一樣的非關鍵貨幣國的投資者，才能享受到的好處。

[圖1-14] S&P 500指數與韓元/美金匯率趨勢（2010年～2020年）*

■ 韓元/美金匯率（右）　　■ S&P 500指數（左）

出處：Fred.stlouisfed.org

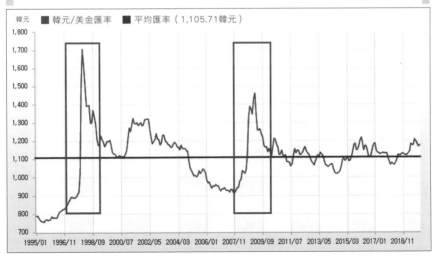

[圖1-15]韓元/美金匯率趨勢（1995年1月～2019年12月）

韓元　■ 韓元/美金匯率　■ 平均匯率（1,105.71韓元）

出處：韓國銀行經濟統計系統

*　若將S&P 500指數分區間看，可以看到在指數下降的時間點，韓元/
　　美金匯率大幅提高的情形反覆出現。

美國股票投資的
三種缺點

04

在本國投資美國股票時，並不是只有像前面介紹的優點而已，它同時也有幾個很明顯的缺點。最具代表性的缺點就是比起本國股票交易，「交易手續費」相對較高，以及股價以外還需額外考量的「匯率變數」，還有高「資本利得稅」等三種。但這些因素也不總只被視為缺點，根據不同情況，我們可以將缺點最小化，隨著個人投資風格或型態不同，甚至能將缺點轉為優點。那接下來就一起來看，美股投資的代表性缺點以及可以克服的方法吧！

① 需負擔交易手續費

現今大部分的本國證券公司會提供新開設帳戶的客人，或長期未交易的客人重新開始交易時，本國股票交易手續終身免費的服務。

相反的，雖然美國股票交易的手續費率已比過去低，大部分也已廢除最低手續費制度，比起終身免費的國內股票交易手續費，仍

是略顯負擔。好比說，你用韓元1,000萬投資（不考慮匯率）時，1次交易平均需支付給證券公司25,000韓元（以證券公司的線上交易平均手續費率為0.25%來計算）的交易手續費，交易次數愈多，就累積愈多，甚至會成為投資報酬率降低的原因。雖然有些投資者可能會覺得這點手續費不算什麼，但你若不是這樣的投資者，就必須在一開始就先擬定投資策略，將交易次數減到最少。透過長時間穩定購買優良企業的股票，設定投資方向，而非在短期間買進賣出，就可以自然地將交易次數最小化，也能減少交易手續費的相關負擔。

② 所謂匯率的額外變數

「匯率變數」是投資者除了股價上漲與下降變數之外，另一個不確定的因素。不過依據匯率變數的狀況，其也可能成為一項優點。前面提到「匯率緩衝效果」，通常韓元/美金匯率跟股價的走勢會呈相反方向。因此股價下跌時，匯率大致會上升，以降低整體帳戶的損失。這就是將匯率變數轉為優點的代表性例子。

相反的，若匯率成了缺點，會有①追加買進時的累積型投資，以及②回收投資金，這兩種情況。首先一般來說，追加買進較可能在股價下降時發生。因為投資者在比自己買進時的價格便宜時，想購買的心理會變大。這個時間點的匯率會跟股價呈相反方向變動，因此匯率會有很大的機率比原本更高。即是說，如果想購買價格降低的美國股票，就要用比較貴的價格去換美金。

此外，投資金回收時也會因為股價跟匯率呈現負相關，導致投資者的報酬率下降。在股價大幅上升、想獲得收益的時間點，匯率

會較之前低，而投資者為了將美金資產換成韓元，就只能在如此低的韓元/美金匯率下兌換。也就是說，不管是股票還是匯率，都很難拿到好處。

那麼為了將這樣的缺點減到最小，投資者應該擬定什麼樣的策略呢？你必須將投資的時間拉長，來分散交易跟換錢的時間點。如果想進行累積型投資，就在你判斷股價高的時機用比之前低的匯率先換錢，以確保美金存款。那麼在股價下跌、匯率上升時，你就可以用事先換好的美金買進之前關注的股票。相反的，若是回收投資金的時機、股價上漲時，就賣出你持有的標的，以確保美金存款。當股價下降、匯率上升時，你就可以將存款換成韓元，藉此在股價跟匯率兩種變數之下，獲得最大的利潤。為了將匯率變數的缺點減到最小，你必須花長時間來分開換錢跟股票交易的時間點。雖然我們在投資的時候，無法得知股價跟匯率位置交換的正確時間點，但了解將各自時間點分散的概念，再來進行投資，就有可能將匯率的變數昇華為優點。

另一方面，匯率的特性是只在某種程度的範圍內變動，跟股價比起來變動的幅度較小。因此比起對匯率反應過度，將注意力集中在持續分散時間點來進行換匯，並買進長期來看可能上漲的優良標的，對投資報酬率更有幫助。

③ 高資本利得稅

美國股票跟本國股票最大的其中一項差異，正是買賣收益的稅金體制。若不適用大股東的條件，上市股票的買賣收益跟不課稅的本國股票比起來，每年都要針對美國股票買賣收益（每年基本扣

除額250萬韓元）的22%稅率（包含地方稅）來計算資本利得稅，進行申報跟繳納。如果比較稅率本身，跟買賣收益完全不課稅的本國股票比起來，美國股票簡直不能比。不過，可以透過應用損益合計概念的遞延所得稅，及應用贈與稅扣除的家族間贈與後賣出等方法，將美國股票產生資本利得稅的缺點降至最低。

　　稅金是只需在產生收益時繳納。與其開始投資時先擔心起稅金，建議可以先摸索獲得收益的方法。此外，需判斷本國市場跟美國市場中，哪個市場獲得收益的機率較高。即使需繳交投資收益的22%稅金，也應該先把重點放在可獲得的78%稅後已實現利益上。必須記得，我們投資的目的並不是節稅，而是獲得收益。

如果跟本國股票市場比較，美國股票市場有哪些點不同呢？

　　我們以目前為止介紹過的內容為基礎，來比較看看本國股票跟美國股票市場的特徵吧。由於投資者的喜好及狀況、目的都不同，因此無法說哪個市場比較優秀或有利。因此應該配合各位投資的方式，將各個市場中可以利用的優點最大化。

[表1-3]本國股票市場與美國股票市場的特徵比較表

	美國市場	韓國市場
交易貨幣	美金 USD	韓元 KRW
標示顏色	上升(▲)：綠色 下降(▼)：紅色	上升(▲)：紅色 下降(▼)：藍色
上下極限	限定 X	上、下各± 30%
種類標示	字母（ticker or symbol） （ex） T, AMZN, AAPL, TSLA 等	數字（6位種類代碼） （ex）三星電子（005930），現代汽車（005380）等
正常交易時間	22：30～5：00（翌日）	9：00～15：30
正常交易外時間	盤前5小時30分鐘 （17：00～22：30）	盤前30分 （8：30～9：00）
	盤後4小時 （翌日5：00～9：00）	盤後2小時30分 (15：30～18：00)

*以上交易時間的相關標示是以韓國時間為基準，即限定於透過本國證券公司進行的美國市場正規外的交易
*美國市場的交易時間適用於夏令時間（解除時會各晚一小時）

	美國市場	韓國市場
正常交易外交易方式	與正常交易相同	集中交易、收盤價交易、正常交易外單一價
股息支付週期（大多數的企業基準）	分季	年度
買賣收益的相關稅金	資本利得稅22%（包含居民稅）	不課稅
	每年基本扣除額250萬韓元、損益合計制度	但在以下情形時課稅： 1. 大股東種類的上市股票 2. 非上市股票 3. 在上市股票的場外交易日時

Anna Joung !
你是怎麼開始投資美國股票的？

　　這個時代除了直購海外的東西之外，連外國企業的股票也能直購了。特別是近期更切身感受到，海外股票中的美股關注度正日與遽增。筆者經營的社群頻道中，也有很多人會問我是如何開始投資美國股票的。如果想想這些提問的動機，自然會感受到提問者「大家最近都會投資海外股票，但是我根本不知從何開始」這種茫然的心情。我一開始也差不多。因此想在這裡跟大家介紹，我當初是如何開始、到目前為止的投資祕訣又有哪些。

社會新鮮人體驗到資本主義與通貨膨脹的恐怖

　　我很幸運地，是在20幾歲中期開始投資。開始投資的契機是因為警覺到「錢只是放著的話，反倒吃虧」。進入公司後收到生平第一份月薪時，那種欣喜真是無法言喻。不過這種欣喜也很快就消退了。因為每個月平均275萬韓元，30年下來一點一點累積也才10億韓元，如果只是這樣存著，我根本無法在首爾買棟屬於自己的房子。就是如此殘酷的現實，讓我的心情備感鬱悶。認清現實之後，我就開始瘋狂讀書、上課。而這過程中有個共通點，即是「在資本主義的體系中，錢愈少，貨幣的購買力也會自然而然地下降。」我當時感受到的震撼，到現在仍十分鮮明。

　　設立世界第一的避險基金公司——橋水基金（Bridge Water Associates）的雷·達里歐（Ray Dalio）曾說過，資本主義是靠著

無數的「交易」而得以運作。*資本主義體系中，貨幣的價值會漸漸下降，而能抵銷物價上漲的資產購買「投資」，是必須而非選擇。在意識到這件事情後，我就開始積極地投資。

[圖1-16]美金的價值下降（1913年～2019年）**

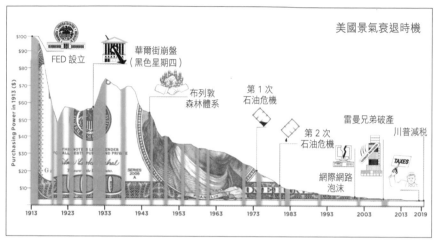

出處：Howmuch.net

[表1-4]美金的貨幣價值下降

年度	貨幣價值（購買力）	年度	貨幣價值（購買力）
1913	$100	1973	$22.30
1923	$57.89	1983	$9.94
1933	$76.15	1993	$6.85
1943	$57.23	2003	$5.38
1953	$37.08	2013	$4.25
1963	$32.35	2019	$3.87

*　你可以在Youtube上觀看「How The Economic Machine Works by Ray Dalio」這個影片，這樣可以更簡單且詳細地了解經濟運作的原理。https://www.youtube.com/watch?v=PHe0bXAIuk0

**　1913年曾具備$100價值的美金到2019年降到$3.87，貨幣價值足足減少了96%。

過去講求運氣好、現今講求實力的累積

　　事實上，美國股票並不是我第一個投資的對象，而是第一個嘗到成功果實滋味的投資。我第一次開始投資時，嘗試過P2P或基金之類的許多投資方式，但都沒有獲得什麼成就感。但美國股票不同。研讀日常生活中經常可以接觸到的Apple、微軟、P&G等企業的過程很有趣，我每個月從這些企業獲得的股利也讓我很有成就感、很興奮。其實我的運氣非常好，因為我一開始投資美國股票的時候，正是美、中貿易戰正盛，股價正歷經調整的階段。也多虧如此，我才能以便宜的價格買進這些股市中的領頭羊。隨著時間經過，利空緩解後，領頭羊馬上回升。這時我就意識到「好的企業因外部利空而下跌時，就是買進的好時機」，以及「美國市場的領頭羊從長時間來看，最終都會上漲」等寶貴知識。投資初期的運氣，真是令人十分感激。不過這樣的運氣不會永遠持續下去，因此我正為了累積實力，不斷努力著。*

為了想要的生活，我今天也投資了美國股票

　　大家應該很常聽到「做自己喜歡的事吧」之類的話。同樣的，我也認為應該在只有一次的人生中，做自己想要的、可以感受到自己心跳的事情。但為了專注在喜歡的事情上，也需要經濟上、時間上的餘裕，才有可能。如此，就可能會產生「這樣我是不是需要幾十億、幾百億才行？」之類的疑問。不過每個月就算只有10萬韓元的股利，也能為你的休閒娛樂多創造一點餘裕。為此，假設要拿到5%的股利，就需要約2,400萬韓元的投資金。這樣的金額對上班族來說並不會到負擔很重。投資金額愈高，每個月拿到的股利愈多，如果拿到的金額超過每個月的生活費，那個時候我就真的可以做我喜歡的、讓我感受到自己心跳的事情了。我為了得到「財富上的自由」，好讓我可以做真正喜歡的事情，今天也認真研讀跟投資美國股票。

---

*　我從投資初期到現在，一直持續地跟透過部落格認識的「維加斯雅士」及其他許多投資者溝通。我能跟這些人溝通，並進而學到許多跟美國股票投資相關的事情，我真的認為非常幸運。也特於此跟各位表達我的感激之意。

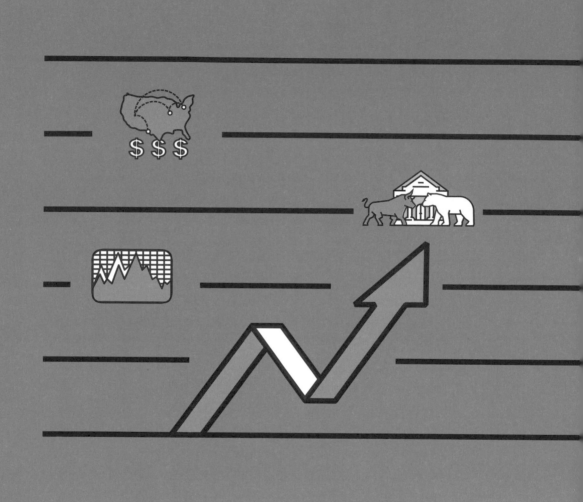

Chapter 2

見樹不如見林！
產業類型

我們在第1章學習了美國股票的基本知識。如果你已經產生了「我好像任何事都可以做得到」之類的自信，應該會很想立刻開始投資美國股票。應該也會有人開始搜尋很常聽到的企業能買進多少，也可能有人找出美國上市公司的清單，並正計畫一一研讀。

但不管你要開始做什麼樣的研究，都必須要先掌握整體的情況跟重大動向。如果說我們經常在美國股票市場中聽到的「Apple、特斯拉」各個標的是「樹木」的話，我們在這一章將要處理的「產業類型（sector）」就是股票組成的「廣闊樹林」。美國市場大致上可以分成11個產業類型。透過產業類型，我們可以知道股票市場中，資金是從哪裡來、又是如何流動等等。在正式開始討論前，先來看看每年各個產業類型會創出多少績效吧！

Novel Investor這個網站上有提供每年各產業類型績效視覺化的資訊。我將內容整理在下一頁的[表2-1]。你可以從這個表觀察到2007年到2020年上半年，近13年期間的各產業類型績效。我按照每年上升幅度的順序來排列產業類型。基準指標S&P 500指數的收益率也會一起顯示在上面，所以你可以確認哪種產業類型比起標準獲得更高的績效。

2019年11個產業類型中，IT（資訊技術）產業類型成長了50.3%，是其中成長率最高的。2020年開始隨著5G網路普及的消息釋出，涵蓋以5G為基礎的通訊業者、半導體產業，以及AI、雲端相關軟體企業的IT產業類型受到投資者的高度關注，並集中獲得了大量的投資金。

相反的，來看一下2008年。金融產業類型的收益率寫下整體產業類型成績最低紀錄。2008年次級房貸危機，金融危機從美國開始爆發，市場整體整整下跌了37%，銀行等信用市場遇到了空前的災難。2008年所有的產業類型都呈現負成長。因為投資者基於擔憂的心理大量賣出，導致投資金流出。

　　像這樣觀察整體產業型的流動，跟一個個確認個別企業的業績比起來，會較容易掌握整體股票市場的資金流出的原因。如果你可以掌握到資金的流動，就可以做出更好的投資判斷，成功的機率也會跟著提高。因此在這個章節，我們要來介紹美國股票市場的11個代表產業類型、它們的特徵，以及我們如何才能將產業類型的資訊跟投資做結合。

[表2-1]S&P 500各產業類型績效（2007年～2020年上半年）

2007	2008	2009	2010	2011	2012	2013
能源 34.40%	必需消費品 -15.40%	資訊技術 61.70%	不動產 32.30%	公用事業 19.90%	金融 28.80%	非必需消費品 43.10%
材料 22.50%	醫療保健 -22.80%	材料 48.60%	非必需消費品 27.70%	必需消費品 14.00%	非必需消費品 23.90%	醫療保健 41.50%
公用事業 19.40%	公用事業 -29.00%	非必需消費品 41.30%	工業 26.70%	醫療保健 12.70%	不動產 19.70%	工業 40.70%
資訊技術 16.30%	通訊 -30.50%	不動產 27.10%	材料 22.20%	不動產 11.40%	通訊 18.30%	金融 35.60%
必需消費品 14.20%	非必需消費品 -33.50%	市場（標準） 26.50%	能源 20.50%	通訊 6.30%	醫療保健 17.90%	市場（標準） 32.40%
工業 12.00%	能源 -34.90%	工業 20.90%	通訊 19.00%	非必需消費品 6.10%	市場（標準） 16.00%	資訊技術 28.40%
通訊 11.90%	市場（標準） -37.00%	醫療保健 19.70%	市場（標準） 15.10%	能源 4.70%	工業 15.40%	必需消費品 26.10%
醫療保健 7.20%	工業 -39.90%	金融 17.20%	必需消費品 14.10%	資訊技術 2.40%	材料 15.00%	材料 25.60%
市場（標準） 5.50%	不動產 -42.30%	必需消費品 14.90%	金融 12.10%	市場（標準） 2.10%	資訊技術 14.80%	能源 25.10%
非必需消費品 -13.20%	資訊技術 -43.10%	能源 13.80%	資訊技術 10.20%	工業 -0.60%	必需消費品 10.80%	公用事業 13.20%
不動產 -17.90%	材料 -45.70%	公用事業 11.90%	公用事業 5.50%	材料 -9.60%	能源 4.60%	通訊 11.50%
金融 -18.60%	金融 -55.30%	通訊 8.90%	醫療保健 2.90%	金融 -17.10%	公用事業 1.30%	不動產 1.60%

出處：https://novelinvestor.com/sector-performance/

2014	2015	2016	2017	2018	2019	1H'20
不動產 30.20%	非必需消費品 10.10%	能源 27.40%	資訊技術 38.80%	醫療保健 6.50%	資訊技術 50.30%	資訊技術 15.00%
公用事業 29.00%	醫療保健 6.90%	通訊 23.50%	材料 23.80%	公用事業 4.10%	通訊 32.70%	非必需消費品 7.20%
醫療保健 25.30%	必需消費品 6.60%	金融 22.80%	非必需消費品 23.00%	非必需消費品 0.80%	金融 32.10%	通訊 -0.30%
資訊技術 20.10%	資訊技術 5.90%	工業 18.90%	金融 22.20%	資訊技術 -0.30%	市場（標準） 31.50%	醫療保健 -0.80%
必需消費品 16.00%	不動產 4.70%	材料 16.70%	醫療保健 22.10%	不動產 -2.20%	工業 29.40%	市場（標準） -3.10%
金融 15.20%	通訊 3.40%	公用事業 16.30%	市場（標準） 21.80%	市場（標準） -4.40%	不動產 29.00%	必需消費品 -5.70%
市場（標準） 13.70%	市場（標準） 1.40%	資訊技術 13.90%	工業 21.00%	必需消費品 -8.40%	非必需消費品 27.90%	材料 -6.90%
工業 9.80%	金融 -1.50%	市場（標準） 12.00%	必需消費品 13.50%	通訊 -12.50%	必需消費品 27.60%	不動產 -8.50%
非必需消費品 9.70%	工業 -2.50%	非必需消費品 6.00%	公用事業 12.10%	金融 -13.00%	公用事業 26.40%	公用事業 -11.10%
材料 6.90%	公用事業 -4.80%	必需消費品 5.40%	不動產 10.90%	工業 -13.30%	材料 24.60%	工業 -14.60%
通訊 3.00%	材料 -8.40%	不動產 3.40%	能源 -1.00%	材料 -14.70%	醫療保健 20.80%	金融 -23.60%
能源 -7.80%	能源 -21.10%	醫療保健 -2.70%	通訊 -1.30%	能源 -18.10%	能源 11.80%	能源 -35.30%

產業類型介紹

01

US STOCKS CLASS

① 產業類型的概念跟標準

(1)分為11個產業類型

　　股票市場分類最具代表性的方法，就是透過產出全球指數的組織MSCI跟S&P於1999年開發的全球產業分類標準（Global Industry Classification Standard，以下稱GICS）來分類。根據GICS，全世界上市公司可以分為4個層級，分別是產業類型（11個）- 產業組別（24個）- 產業（69個）- 子產業（158個）。這裡的「產業類型」就是把類似的標的按照產業集合起來組成的單位，包含能源、材料、工業、非必需消費品、必需消費品、醫療保健、金融、資訊技術、通訊服務、公用事業、不動產等，共11種產業類型。將MSCI產業類型 - 產業組別 - 產業分類更加細分化，讓我們在一個個攤開來看時，可以更輕鬆了解美國市場跟產業類型。一起來看看整理11種產業類型的[表2-2]吧！

[圖2-1]GICS產業類型分類

出處：MSCI官方網站

[表2-2]產業類型–產業組別–產業分類*

產業類型	產業組別	產業
能源 ENERGY	能源	能源設備與服務
		石油、天然氣、消耗燃料
材料 MATERIALS	材料	化學
		建築材料
		容器與包裝紙
		金屬與採礦
		紙類與林產品　.

*　摘自MSCI官方網站

		宇宙航空與國防
工業 INDUSTRIALS	資本財	宇宙航空與國防
		建築產品
		建設與工程
		電器設備
		複合企業
		機械
		貿易公司與銷售業者
	商業與專業服務	商業服務與供給品
		專業服務
	運輸	航空貨運與物流
		航空公司
		海運公司
		道路與路線
		運輸基礎設施
非必需消費品 CONSUMER DISCRETIONARY	汽車與零件	汽車零件
		汽車
	耐久財與服裝	家庭用耐久財
		休閒用產品
		纖維、服裝、奢侈品
	消費者服務	飯店、餐廳、休閒
		各種消費者服務
	零售	銷售業者
		網路與直銷零售
		複合零售
		專業零售
必需消費品 CONSUMER STAPLES	食品與必需品零售	食品與必需品零售
	食品、飲料、香菸	飲料
		食品
		香菸
	家庭用品與個人用品	家庭用品
		個人用品

醫療保健 HEALTH CARE	醫療保健設備與服務	醫療保健設備與用品
		醫療保健業者與服務
		醫療保健技術
	製藥、生技、生科	醫療保健技術
		製藥
		生科工具與服務
金融 FINANCIALS	銀行	銀行
		儲蓄 & 借貸金融
	多元化金融	多元化金融服務
		消費者金融
		資本市場
		不動產借貸
	保險	保險
資訊技術 INFORMATION TECHNOLOGY	軟體與服務	IT 服務
		軟體
	技術硬體與設備	通訊設備
		技術硬體、儲存 & 週邊設備
		電子設備、機器、零件
	半導體與半導體設備	半導體與半導體設備
通訊服務 COMMUNICATION SERVICES	通訊服務	各種通訊服務
		無線通訊服務
	媒體與娛樂	媒體
		娛樂
		雙向媒體與服務
公用事業 UTILITIES	公用事業	電力公用事業
		天然氣公用事業
		複合公用事業
		自來水公用事業
		獨立電力生產業者與再生電力生產業者
不動產 REAL ESTATE	不動產	股票不動產
		不動產管理與開發

(2)詳細解讀11種產業類型

你大概可以看出哪些呢？「我大致上知道資訊技術或金融是哪種產業，但不動產產業類型到底是什麼意思？不動產跟股票不是不同領域嗎？」應該會有人有這樣的疑問。此外應該也會有人有「Netflix算IT嗎？還是算非必需消費品？」之類的想法。為了解決各位的各種問題，我會說明各個產業類型在整體市場中占的比重，以及代表各產業類型的企業有哪些。

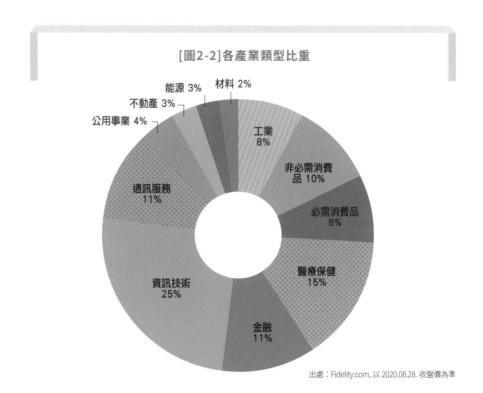

[圖2-2]各產業類型比重

能源 3%　材料 2%
不動產 3%
公用事業 4%
工業 8%
非必需消費品 10%
通訊服務 11%
必需消費品 8%
資訊技術 25%
醫療保健 15%
金融 11%

出處：Fidelity.com, 以 2020.08.28. 收盤價為準

資訊技術產業類型(Information Technology)

資訊技術產業類型在S&P 500約占25.33%，包含硬體與軟體等所有相關企業，是在11種產業類型中，比重占最大的美國代表產業類型。提供我們每天在公司使用的Excel、Power Point等365 Office軟體的微軟（MSFT），iMac、iphone、iphone等，從兼容性高的硬體到自家的應用程式商店平台，使用者都一試成主顧，可以說是建構了全新體系的Apple（AAPL），還有提供編輯圖片與影像時必備的Adobe軟體系列的Adobe（ADBE），這些企業都是屬於資訊技術產業類型的代表。

[圖2-3]資訊技術產業類型代表企業

醫療保健產業類型(Health Care)

健康管理設備供給與製造業者，健康管理服務提供業者，製藥與生技產品研究、開發、生產，以及行銷相關業者組成的醫療保健產業類型約在S&P 500占了15%。

代表企業有頭痛時會最先找來吃的泰諾止痛藥的製藥公司——嬌生（JNJ），以及雖以昔多芬聞名，但近期以開發新冠肺炎疫苗而為人熟知的輝瑞（PFE）等，都是醫療保健產業類型的代表企業。

[圖2-4]醫療保健產業類型代表企業

金融產業類型（Financials）

由與銀行、消費者金融、投資銀行與仲介、財產管理、保險與投資等相關的企業組成的金融產業類型，在S&P 500中占約11.24%。代表企業有世界上其中一個最遠久的金融企業，也是以韓國第一個外國銀行聞名的摩根大通（JPM），還有因「華倫‧巴菲特公司」而更加有名的波克夏‧海瑟威（BRK.B）等。

[圖2-5]金融產業類型代表企業

J.P.Morgan   BERKSHIRE HATHAWAY INC.

通訊服務產業類型（Communication Services）

這是在2018年9月新設的產業類型。由通訊服務與媒體、娛樂業者等所組成。在S&P 500約占10.6%，代表企業有像擁有我們每天觀賞的Youtube跟全世界搜尋引擎市占率達90%以上的Alphabet（GOOGL），小時候看動畫、長大後又可以看漫威電影的迪士尼（DIS），美國代表通訊公司AT&T（T）等，都是通訊服務產業類型的代表企業。

[圖2-6]通訊服務產業類型代表企業

非必需消費品產業類型（Consumer Discretionary）

非必需消費品產業類型是由提供電視、汽車、運動用品等，人們雖然想要，但又非必需的商品跟服務的公司所組成。其在景氣循環中最為敏感，在S&P 500占約9.9%。以運動鞋跟運動服出名的Nike（NKE），會於美國居住特性上定期修繕或改造房屋時造訪的家得寶（HD），可在擁有廣闊國土面積的美本國完成1日配送、展現創新的亞馬遜（AMZN）等，都是非必需消費品產業類型的代表企業。

[圖2-7]非必需消費品產業類型代表企業

工業產業類型（Industrials）

　　工業產業類型由生產在工業上可應用產品的業者組成，S&P 500約占8.3%。代表企業有以便利貼跟工業用口罩為人熟知的3M（MMM），以常在施工現場看到的黃色挖土機聞名，世界最大建設、挖礦設備公司開拓重工（CAT），世界最大國防工業洛克希德馬丁（LMT）等。

[圖2-8]工業產業類型代表企業

必需消費品產業類型（Consumer Staples）

必需消費品產業類型是由提供食品、家庭用品與個人衛生用品等，人們每天都要使用的商品與服務的公司所組成。其在景氣循環中特性上較不敏感，於S&P 500中占約7.8%。以女性毛髮產品－海倫仙度絲以及肌膚保養產品SK-II，男性刮鬍產品－吉列聞名的寶僑（PG），生產與流通碳酸飲料的代表－可口可樂（KO），在全美國可以便宜價格買到品質優良產品的流通業者沃爾瑪WMT等，都是屬於必需消費品產業類型的企業。

[圖2-9]必需消費品產業類型代表企業

公用事業產業類型（Utilities）

公用事業產業類型由電力、天然氣、自來水等基礎設施事業相關的業者組成，在S&P 500中占約3.6%。代表企業有北美其中一個最大的電力與能源基礎設施公司、再生能源產業的新紀元能源公司（NEE），以及在韓國新冠肺炎爆發後，華倫‧巴菲特第一個出來進行大型併購而聞名的天然氣企業Dominion Energy（D）等。

[圖2-10]公用事業產業類型代表企業

不動產產業類型（Real Estate）

不動產產業類型是由不動產投資信託及不動產管理與開發公司等經營不動產相關事業的業者所組成，在S&P 500中占約3.07%。擁有我國像坡州OUTLET等PREMIUM OUTLET建築等的西蒙地產集團（SPG），開啟5G世代獲得眾人注目、租賃通訊基礎設施的美國電塔公司（AMT），以及冠城國際公司（CCI）等都是不動產產業類型的代表企業。

[圖2-11]不動產產業類型代表企業

能源產業類型（Energy）

能源產業類型由石油、天然氣等能源生產與銷售、精煉、運輸事業業者所組成，在S&P 500中占約2.6%。代表企業有全球石油與天然氣公司艾克森美孚（XOM）與雪佛龍（CVX）等。

[圖2-12]能源產業類型代表企業

材料產業類型（Materials）

材料產業類型由從事各種化學、建築材料、金屬等大範圍商品相關製造的公司所組成，在S&P 500中占約2.4%。代表企業有世界上最大的工業用天然氣生產與流通公司林德集團（LIN），提供世界性水資源、衛生與能源相關技術與服務的藝康（ECL）等。

[圖2-13]材料產業類型代表企業

如上所述，產業類型並不龐大困難，而是按照我們在日常生活中經常接觸到的企業特性為標準來分類。為了幫助你理解，我在這裡先假定一個故事。一起來看看居住在美國拉斯維加斯，約40多歲的維加斯雅客每天要做的事吧。

維加斯雅客的週末

在拉斯維加斯達美航空（DAL，工業）工作的維加斯雅客，因為新冠肺炎疫情的關係，不久前開始居家辦公。他意外地發現，原來現今有很多事情可以透過線上的方式完成，但一方面也因為一直待在家裡，擔心活動量會降低。就在此時，他總是帶著的APPLE WATCH（AAPL，IT）因為坐太長時間而發來訊息。維加斯雅客為了增加運動量，下定決心要運動，並計畫週末要去西蒙地產集團（SPG，不動產）的PREMIUM OUTLET買運動服跟運動用品。週末早上，維加斯雅客用吉列刮鬍刀刮鬍，再用海倫仙度絲洗髮精（PG，必需消費品）洗頭髮後準備出門。在出發去OUTLET前，他到廚房要吃早餐，發現桌上有各種通知書。這段期間由於經濟封鎖，在家的時間變長，電費跟通訊費急速增加。不過幸好他買了很多Southwest Gas（SWX，公用事業）與AT&T（T，通訊）的股票，想著就用股利支付電費跟通訊費就好了，心裡頓時輕鬆了一些。他吃在沃爾瑪（WMT，必需消費品）買的營養麥片當早餐，看到營養麥片包裝上寫著是杜邦（DWDP，材料）製造的。他一早就進到Nike（NKE，非必需消費品）賣場，開始

了今天的任務－選運動服、運動鞋、墊子。維加斯雅客想到女兒不久前開始在重新開張的游泳中心上游泳課，想著要買一件新泳衣送給孩子。他拿出智慧型手機，在亞馬遜（AMXN，非必需消費品）網站上搜尋，但最後還是買了Nike賣場職員推薦的泳衣。他在結帳櫃檯用Apple跟高盛（GS，金融）合作生產的Apple信用卡結帳後從賣場出來，在回家的路上因為看到汽車快沒油的警示燈，就去了趟附近的雪佛龍（CVX，能源）加油站，自助加油完後，繼續踏上回家的道路。平安到家後，維加斯雅客在整理購買物品的途中，不知道是不是冷氣開太強，覺得頭突然有點痛。他在抽屜拿出一顆平常備有的緊急用藥－泰諾止痛藥（JNJ，醫療保健）吃下。他吃了午餐後頭痛已緩解，為了準備預計下週在公司進行的重要報告，他打開MacBook（AAPL，IT），並利用Excel跟PPT（MSFT，IT）來整理資料，再將會議中需要強調的部分用3M（MMM，工業）的便利貼整理成摘要。整理好報告資料後，不知不覺都晚上了。維加斯雅客穿上新買的運動服跟運動鞋，出門去慢跑。

上述案例雖然是假定的故事，但也可能是任何人都會發生的日常。就如同故事陳述的，只要在我們的日常生活中稍微注意一下，就會發現其實有很多屬於各種產業類型的企業。到目前為止還感覺很遙遠的股票、產業類型、企業等等，現在是不是覺得比較接近了呢？

(3)股市中各產業類型的領頭羊

在研究產業類型或投資時，經常會聽到「要以股市中領頭羊為主來研究」、「要投資各產業類型中的領頭羊」。這裡所謂的「領頭羊」是指以市價總額為基準，在產業類型中比重占第1、2名的企業。我在[表2-3]照產業類型整理了這些領頭羊。微軟、Apple、嬌生等都是本來就很有名的企業，可能你還會覺得「喔！我有聽過這個企業的名字耶！」由於領頭羊在產業類型中占的比重高，對產業類型流動的影響力也大，透過該企業的股價流動，就可以掌握整體產業類型走勢。

也因此，投資者必須對各產業類型的代表企業隨時保持關注。我在下一頁表中，按照11種產業類型，各整理了2種產業、共22個股市中的領頭羊。你可以好好研究這些產業，相信對了解各產業類型及美國股票市場的動向會有很大的幫助。

不用害怕說「不是吧，我才要開始研究，就要看22個企業喔？我連企業要怎麼研究都不知道，書從這裡就要開始難起來了嗎？」只要大概知道「喔，這些企業是各產業的領頭羊」就可以了。對於包含領頭羊的各項研究，在打好美國股票投資的基礎後再學也不會太遲。*我會在第5章告訴你個股如何研究比較好，請先安心地繼續了解各種產業類型吧！

---

*　Anna Joung的部落格（https：//blog.naver.com/annajung1）有針對22個企業做了整理，如果想要再多研究，或是投資各產業類型的領頭羊，可以參考看看。這裡整理了各企業的概要跟銷售組成，以及一些需確認的基本指標。基本指標有銷售跟收益、成長趨勢、現金流動、股息相關資訊。可參考部落格「公告事項」。

[表2-3]各產業類型領頭羊*

產業類型	企業 (SYMBOL)	產業	市價總額**
資訊技術	Microsoft Corp MSFT	軟體	$1.73T
	Apple Inc AAPL	技術硬體、儲存、週邊機器	$2.14T
醫療保健	Johnson & Johnson JNJ	製藥	$404.51B
	United Health Group Inc UNH	醫療保健業者與服務	$298.76B
金融	Berkshire Hathway Inc BRK-A/B	保險	$522.18B
	JP Morgan Chase & Co JPM	銀行	$313.20B
通訊服務	Alphabet Inc GOOGL	雙向媒體與服務	$1.12T
	Facebook Inc FB	雙向媒體與服務	$836.58B
非必需消費品	Amazon Inc AMZN	電子商務	$1.70T
	The Home Depot Inc HD	零售	$308.18B
工業	Lockheed Martin Corp LMT	宇宙航空與國防	$110.58B
	Union Pacific Corp UNP	道路與線路	$132.46B
必需消費品	Walmart Inc WMT	食品與必需品零售	$397.32B
	Procter & Gamble Co PG	家庭用品	$345.00B
公用事業	NextEra Energy Inc NEE	電力公用事業	$136.88B
	Dominion Energy Inc D	複合公用事業	$65.55B
不動產	Amerian Tower Corp AMT	多元化不動產	$110.71B
	Crown Castle International orp CCI	多元化不動產	$68.74B
能源	Exxon Mobil Corp XOM	石油、天然氣	$172.05B
	Chevron Corp CVX	石油、天然氣	$159.90B
材料	Linde PLC LIN	化學	$133.22B
	Ecolab Inc ECL	化學	$57.22B

*　出處：Yahoo Finance.com，市價總額是以2020.08.28.收盤價為基準

**　出處：Fidelity.com，以2020.08.28.為基準，T=Trillion（1兆），B=Billion（10億）

② 反映時代變化的產業類型分類

MSCI跟標準普爾每年會檢視整體GICS*產業類型分類架構,並確認是否確實反映市場。此外,按企業的主要活動,各公司的產業類型也可能不同。有時為了適當反映出資金集中流向有潛力企業,會產出新的產業類型或進行變更。透過這樣的過程,產業類型可以更精密地反映出資金的流向。舉例來說,曾包含在金融產業類型的不動產,在2016年8月31日改編成單一的大分類。不動產跟其他上市不動產公司從既有的金融產業類型分出來,並編入新開的不動產產業類型中。因此不動產產業類型規模變大,在整體產業中的比重也增加了。事實上,在過去25年上市的美國不動產相關企業,整體市價總額就從90億美金成長到1兆美金以上。

另一方面在2008年,既有的「電信服務產業類型」被改名為「通訊服務產業類型」,原本包含在產業類型內的企業也大規模地重編。除了既有與通訊相關的企業外,康卡斯特、CBS等媒體企業以及Facebook、推特等社群服務,Netflix跟迪士尼等內容企業與遊戲相關企業等都包含在內,形成更能反映現今狀況的產業類型分類。透過產業類型改編,媒體相關組成全部從非必需消費品產業類型中分出,原本屬於IT產業類型的線上購物相關企業等,也全部轉到非必需消費品,IT產業類型則改以剩下的硬體製造企業為主。藉由手機提供通訊服務的社群媒體公司成長,以及其在整體產業組別中的比重提高,才進而產生了新的產業類型。像這樣的變化也可

---

*　　GICS：Global Industry Classification Standard

以反映出通訊與網路、媒體公司間的合併後，所形成的個人對於網路、通訊、內容等綜合消費時代的變化。

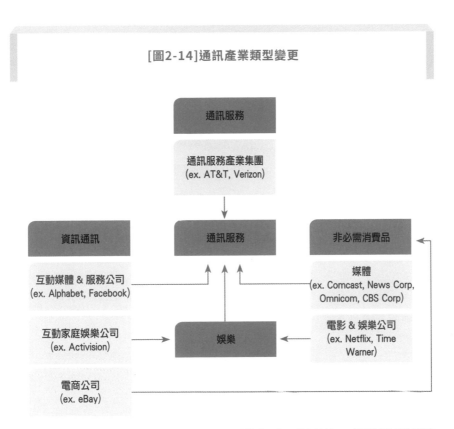

[圖2-14]通訊產業類型變更

出處：State Street Global Advisors，以 2018 年 5 月 31 日為準

③ 可看出類似走勢的產業類型企業

　　這時候你可能會開始好奇「這樣的話，我是不是不用特別看產業類型，只要搞清楚有大規模投資或有名企業的資金動向就可以了？」針對如此疑問，我會這樣回答：「因為屬於同一產業類型的企業，動向都會顯得較為類似，所以比起一個個去檢視個別企業的走勢，觀察產業類型的大動向，會比較能有效率地掌握資金的走勢。」我會舉幾個例子來幫助你更好理解。5G時代來臨，受到投資者諸多期待的半導體產業中的代表企業——輝達（NVDA）、英特爾（INTC）、AMD（AMD），它們的股價驚人地呈現類似的走勢。

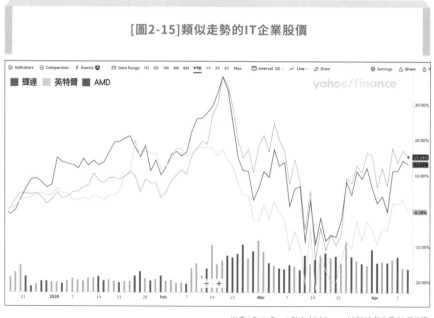

[圖2-15]類似走勢的IT企業股價

出處：State Street Global Advisors，以 2018 年 5 月 31 日為準

那麼接下來來看在不景氣中，因為擔憂油價需求減少，在投資者間人氣降低的能源產業類型吧！代表企業有艾克森美孚（XOM）、雪佛龍（CVX）、康菲公司（COP）等，比較下來也可以發現，股價的走勢看起來很類似。

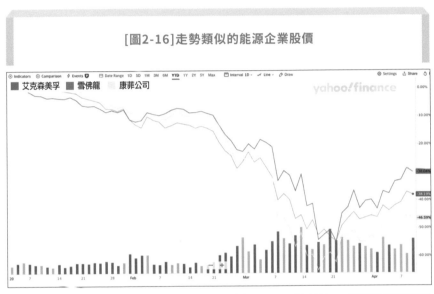

[圖2-16]走勢類似的能源企業股價

出處：State Street Global Advisors，以 2018 年 5 月 31 日為準

如果你已經理解同一產業類型中所屬的企業會有類似的走勢，就可以防止「投資企業數增加就等於分散投資」這類的錯誤。這是因為，即使分開投資各種企業，如果這些企業都是屬於同一產業類型，那最終也只是投資同一產業類型罷了。

景氣與產業類型的關係

02

　　產業類型會反映資金的流動，那麼所謂的走勢，是不是有一定的模式呢？儘管不是像公式一樣正確地重複，但產業類型間的動向，的確會隨著景氣循環週期而有類似的重複傾向。不景氣時，資金經常會集中流向「防禦性股票」，相關的企業會看到相對市場高的收益率。相反的，「景氣循環股」則會顯示出比市場還低的收益率。不用因為景氣循環週期、防禦性股票、景氣循環股等陌生的用語大舉登場，就覺得害怕。從現在開始，我會說明景氣循環跟各時期的特徵，之後則會談到歷史上各時期每個產業類型的績效所呈現出的面貌。

① 所謂的景氣循環週期

　　所謂的景氣循環週期，是指景氣會在一定的週期內重複上升跟下降，也稱作景氣變動、經濟週期等等。通常來說，資本主義經濟體系若透過生產跟消費、交換等使經濟活動活躍，稱之為景氣好；

反之，開始停滯時則稱為不景氣。*景氣會像這樣時好時壞，一般來說景氣循環週期大致上可以分成恢復期、活躍期、後退期、停滯期等四階段，而每個時期的特徵會如下。

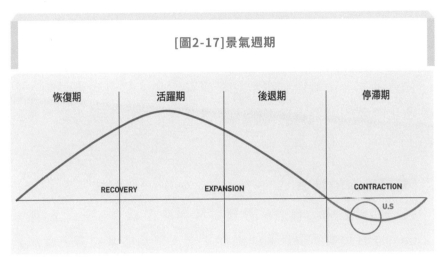

[圖2-17]景氣週期

出處：Fidelity.com

(1)恢復期的特徵

一般來說，恢復期對於改善就業、消費、生產等經濟活動有正面的效果。企業會恢復投資心理，生產量會漸進式地增加，金融市場的資金需求也會提高。股票市場有先行於實體經濟的傾向，所以景氣在進入活躍期之前，會在恢復期看到很大的績效。

---

* 一般評估投資報酬率時，會將市場作為基準，如果收益比市場高，就是優於大盤（Outperform）；收益低的話則是低於大盤（Underperform）。

(2)活躍期的特徵

投資、生產、消費全部增加，庫存跟銷售全部提升，相互會達到平衡狀態。成長率本身會比恢復期低，但會顯示穩定的成長。一般來說是景氣循環週期中最長的時期，普通會維持3年到3年半左右。

(3)後退期的特徵

生產過剩、投資過剩導致企業庫存增加。貨幣政策限制、企業盈餘惡化導致的就業機會減縮、所得減少、物價下跌。普通會維持1年到1年半。

(4)停滯期的特徵

經濟活動萎縮，會有生產量驟降、失業遽增、企業利潤減少等，所有經濟因素呈現負面的局面。為了重新振興經濟，會降低利息並搭配財政政策，普通不會到1年的時間。股票市場跟實體經濟一般會有1年左右的差距。根據富達投資（Fidelity Investment）所說，美國現在*是處於恢復期。

---

*　截至2020年6月

更上一層樓 LEVEL UP

30 分鐘內就可以了解景氣會如何變化！

　　我推薦各位一個可以幫助了解景氣循環週期的影片。在Youtube搜尋「How The Economic Machine Works by Ray Dalio」，就會出現以下影片。這是個30分鐘的動畫，裡面以易懂的方式說明了經濟的基本要素及為何會產生景氣循環週期。是由設立了世界第一的避險基金公司－橋水基金的雷‧達里歐，以一般人為對象，使其能輕鬆理解經濟的基本概念而製作的。

[圖2-17]「How The Economic Machine Works by Ray Dalio」截圖

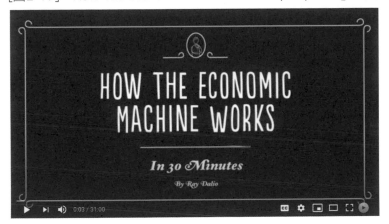

出處：Youtube「Principles by Ray Dalio」頻道 *

---

*　　https://www.youtube.com/watch?v=PHe0bXAIuk0&t=1471s

② 各週期有其強大的產業類型

如果觀察富達投資分析1962年之後景氣循環週期的結果，可以知道從另一局面進場時，各產業類型會有績效上的差異。當然，因為技術跟產業的變化，過去的績效無法保障未來的績效，各個景氣循環的產業類型績效，也不會像公式一樣固定。不過投資時，得在目前的景氣週期中決定哪種產業類型需占更多比重、哪種產業類型需減少比重等等，因此有必要了解各週期績效較好的產業類型。

下一頁的圖是富達投資製作、11個產業類型根據景氣週期的績效走勢圖。曲線呈現經濟週期，（＋）代表產業類型相對產生的收益，（－）則代表產業類型相對產生的損失。若要觀察各景氣週期的產業類型特徵。就要特別觀察「恢復期」。因為就如前面提到的，美國現在正處於停滯期，對投資者而言，比起各產業類型某種程度上績效已經決定的停滯期，必須先研究在即將到來的恢復期有較高機率展現良好績效的產業類型。我們必須在該產業類型的企業下比重投資，才能獲得較好的投資績效。

[圖2-18]隨著景氣週期變化，各產業類型的績效也有所不同

	恢復期（回升）	活躍期（高峰）	後退期（穩定）	停滯期（萎縮）
金融	+			
不動產	++			--
非必需消費品	++	-	--	
資訊技術	+	+		
工業	++			--
材料	+	--	++	
必需消費品			++	++
醫療保健	--		++	++
能源	--		++	
通訊		+		-
公用事業	--	-	+	++

出處：Fidelity.com

(1)恢復期的各產業上升與下跌

一般來説，恢復期期間因為停滯期低落的利息，對於利息較敏感的產業類型如非必需消費品、不動產、金融、IT等會有比較好的績效。此外，企業的生產會增加，因此工業產業類型的業績也會有變好的傾向。相反的，相對來説比較不受景氣影響的醫療保健、公用事業，以及受景氣停滯期油價下降影響的能源等產業類型則會有業績較低的傾向。

(2)活躍期的各產業類型上升與下跌

這個時期經常發生產業類型輪替，因而有各產業類型在第3季以上不會有明顯的持續上升與下跌趨勢的特徵。特別的是，這個時

期IT跟通訊產業類型會呈現好的業績，但材料、公用事業、非必需消費品等產業類型，則會有呈現業績不振的傾向。

(3)後退期的各產業類型上升與下跌

隨著景氣愈趨成熟，與原料價格有密切關係的能源與材料產業類型的績效會變好。因通貨膨脹與後半期經濟擴張的關係，需求會增加，並呈現自然上升的趨勢。另一方面，感受到經濟成長趨緩的投資者會開始偏好防禦性的產業類型，同時醫療保健、必需消費品等產業類型也會呈現好的績效。相反的，IT跟非必需消費品產業類型在之前活躍期集中的資金，會隨著週期變化轉移到穩定的產業類型，而呈現出較之前低的績效。

(4)停滯期的各產業類型上升與下跌

停滯期由於整體的企業業績都不好，投資者會集中在最具防禦性的產業類型。與無關景氣使用的必備物品相關的產業類型會呈現好的績效，因此必需消費品、公用事業與醫療保健之類的防禦性股票會有較大發揮的空間。相反的，容易受到景氣影響的工業、不動產與IT等產業類型，在這個時期呈現績效不振的機率就很高。

這些現象邏輯上來說，都可以隨著各週期的走勢來理解。假如現在的景氣不好，則大部分的人都會比起平常更慎重地消費。放棄定期的海外旅行、延遲想買的新型手機（非必需消費品）等等。不過，即使景氣不好，也不會去忍著或擱置身體的不舒服，因此以往吃的藥還是會繼續購買（醫療保健），生活必備的電力或自然水也無關景氣週期變動，仍會繼續使用（公用事業）。

像這樣無關景氣，與人們大量消費的財貨、服務相關的產業類型，稱作「景氣防禦產業類型」，必需消費品、公用事業、醫療保健等是代表性的產業類型。這些產業類型在景氣好時，雖然無法獲得巨大收益，但在景氣不好時，股價下跌的情況會較為趨緩。相反的，隨景氣的走勢受到巨大影響的產業類型則稱作「景氣敏感產業類型」，非必需消費品、金融、工業、IT與材料等都是屬於這類的產業類型。由於隨著景氣循環週期，各產業類型的資金流動會不同，在決定投資何種企業前，如果可以先了解景氣循環週期跟各產業類型的特徵，就可以做出更正確的決定。

③ 現在是哪個階段呢？

當你要判斷現在的時間點是屬於景氣循環週期的哪個階段時，就必須綜合考慮經濟與市場分析，而這其中又包含了貨幣政策、利息、其他經濟因素等等。不過從現實面來看，要非專家的個人投資者去做大範圍的經濟分析是不可能的。幸好，我們可以透過在網路上簡單搜尋，找到專門機關調查的資料。你可以在Fidelity（富達投資）這個網站上，確認到分析景氣週期跟股票市場間關係的資料，這個網站有金融專家以過去的數據為基礎分析的各種資料。富達投資除了美國以外，也會在每月發表各個國家目前位在景氣週期哪一個階段的分析資料，你可以有效地將其應用在投資上。

透過Fidelity，掌握景氣週期

點選連接Fidelity.com > News & Research > Markets & Sectors > Sectors & Industries Overview > BusinessCycle。*你可以在下圖的1號框框裡確認到目前景氣週期的位置，也可在2號框框內確認目前週期的相關分析報告。

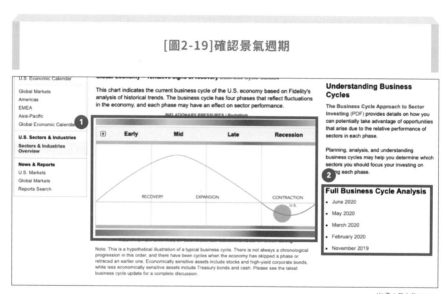

[圖2-19]確認景氣週期

出處：Fidelity.com

---

*   https://eresearch.fidelity.com

將產業類型與投資結合

03

① 應用方法

我們在前面探討了為了掌握資金的流動必須了解的產業類型，以及產業類型受到的產業變化與經濟週期影響。那麼產業類型的探討該如何應用在投資上，又該如何建構投資組合呢？這些有益於投資新手的參考內容，我們將在這個章節一起來細看。

(1) 以「同一比重」投資11個產業類型

投資新手最能輕鬆開始的方法，就是在各產業類型以同一比重放入投資金額。每個產業類型分成9%*投資後，定期檢視投資組合，並掌握各產業類型收益率，然後透過買進、賣出調整比重，來經營投資組合。投資者需自行訂定比重調整的週期，但一般來說可以以企業發表業績的3個月為單位。每次調整比重時，若是有收益

---

*　　將100%分成11個產業類型的數值。

的產業類型，就將其9%以上的比重賣出一部分，來增加買進收益率低落的產業類型，並以這樣的方式維持各產業類型9%的比重。就像我們前面提到的，所有產業類型都會反覆上升跟下跌，若在各產業類型以同一比重投資，就可以期待透過低變動的投資組合，獲得不錯的收益率。

應用產業類型代表ETF的方法

若講到按照產業類型來分散投資，就不得不具體提到該買進何種標的了。在分散投資各產業類型比重上，最能應用的投資標的就是ETF。我們稱ETF（Exchange Traded Fund）為指數股票型基金，是指將各個股票放在同一個籃子並上市到交易所後，可像股票一樣自由小額交易的商品。各個種類的ETF商品中，與市場指數ETF同樣具代表性的ETF，正是追蹤11個產業類型的ETF。如同前面介紹的，在各產業類型以同一比重投資時，應用各產業類型，而非個別的代表ETF投資的方法，是其中一種最有效率且簡單的方法。*我會在下表介紹各產業類型代表ETF跟組成。

---

*　有關ETF的內容，會在下章介紹，因此這裡會省略詳細說明。你也可以先閱讀說明ETF的第3章，再回來閱讀這個部分。

[表2-4]各產業類型代表ETF*

產業類型	ETF 代碼
能源	XLE
材料	XLB
工業	XLI
非必需消費品	XLY
必需消費品	XLP
醫療保健	XLV
金融	XLF
資訊技術	XLK
通訊服務	XLC
公用事業	XLU
不動產	XLRE

那麼，我們現在就來探討，代表各產業類型的ETF的細部產業組成。**

---

* 　有關ETF的詳細資訊可以參考ETFdb.com（https://www.etf.com）

**　出處：ETFdb.com，以2020年8月7日收盤價為基準。

◎能源產業類型ETF（XLE）

[表2-5]XLE ETF細部產業組成

ETF 細部產業組成	比重
石油與天然氣提煉與行銷 Oil & Gas Refining and Marketing	60.55%
石油與天然氣探測與生產 Oil & Gas Exploration and Production	20.57%
石油與天然氣運輸服務 Oil & Gas Transportation Services	10.46%
石油相關服務與設備 Oil Related Services and Equipment	8.42%

◎材料產業類型ETF（XLB）

[表2-6]XLB ETF細部產業組成

ETF 細部產業組成	比重
商品化學 Commodity Chemicals	48.41%
非紙容器與包裝 Non-Paper Containers & Packaging	8.66%
特殊化學 Specialty Chemicals	7.64%
金 Gold	7.60%
多元化化學產品 Diversified Chemicals	6.55%
紙包裝 Paper Packaging	4.87%
建築材料 Construction Materials	4.56%
釣魚與農業 Fishing & Farming	3.26%
特殊採礦與金屬 Specialty Mining & Metals	2.68%
食品加工 Food Processing	2.13%

◎非必需消費品產業類型ETF（XLY）

[表2-7]XLY ETF細部產業組成

ETF 細部產業組成	比重
多元化零售 Diversified Retail	33.31%
其他專門零售業者 Other Specialty Retailers	25.62%
飯店與娛樂服務 Hotels & Entertainment Services	22.44%
纖維與服裝 Textiles & Apparel	7.24%
汽車與汽車零件 Automobiles & Auto Parts	4.82%
住宅建設與建築用品 Homebuilding & Construction Supplies	2.53%
軟體與 IT 服務 Software & IT Services	1.65%
家庭用品 Household Goods	1.15%
通訊與網路 Communications & Networking	0.67%
奢侈品 Leisure Products	0.45%

◎必需消費品產業類型ETF（XLP）

[表2-8]XLP ETF細部產業組成

ETF 細部產業組成	比重
個人與家庭用品與服務 Personal & Household Products & Services	29.21%
飲食與菸 Food & Tobacco	26.88%
飲料 Beverages	24.68%
食品與醫藥品零售 Food & Drug Retailing	14.72%
多元化零售 Diversified Retail	4.52%

◎工業產業類型ETF（XLI）

[表2-9]XLI ETF細部產業組成

ETF 細部產業組成	比重
機械、設備與零件 Machinery, Equipment & Components	27.94%
航空宇宙與防衛 Aerospace & Defense	21.16%
貨物與物流服務 Freight & Logistics Services	19.16%
工業綜合企業 Industrial Conglomerates	14.67%
專業與商業服務 Professional & Commercial Services	7.57%
遊客運輸服務 Passenger Transportation Services	2.62%
軟體與 IT 服務 Software & IT Services	1.37%
汽車與汽車零件 Automobiles & Auto Parts	1.24%
住宅建設與建築用品 Homebuilding & Construction Supplies	1.07%
其他專門零售業者 Other Specialty Retailers	0.86%

◎醫療保健產業類型ETF（XLV）

[表2-10]XLV ETF細部產業組成

ETF 細部產業組成	比重
製藥 Pharmaceuticals	39.72%
醫療設備與用品 Healthcare Equipment & Supplies	33.82%
醫療提供與服務 Healthcare Providers & Services	17.63%
生技與醫學研究 Biotechnology & Medical Research	7.27%
食品與醫藥品零售 Food & Drug Retailing	1.05%
醫療保健機器、設備與零件 Machinery, Equipment & Components	0.51%

◎金融產業類型ETF（XLF）

[表2-11]XLF ETF細部產業組成

ETF 細部產業組成	比重
銀行服務 Banking Services	40.38%
保險 Insurance	32.56%
投資銀行與投資服務 Investment Banking & Investment Services	21.02%
專業與商業服務 Professional & Commercial Services	6.04%

◎資訊技術產業類型ETF（XLK）

[表2-12]XLK ETF細部產業組成

ETF 細部產業組成	比重
軟體與 IT 服務 Software & IT Services	52.00%
電腦、電話與家電產品 Computers, Phones & Household Electronics	22.03%
半導體與半導體設備 Semiconductors & Semiconductor Equipment	17.21%
通訊與網路 Communications & Networking	3.44%
專業與商業服務 Professional & Commercial Services	2.50%
投資銀行與投資服務 Investment Banking & Investment Services	1.20%
電子設備與零件 Electronic Equipments & Parts	0.94%
機械、設備與零件 Machinery, Equipment & Components	0.64%
辦公設備 Office Equipment	0.04%

◎通訊產業類型ETF（XLC）

[表2-13]XLC ETF細部產業組成

ETF 細部產業組成	比重
網路服務 Internet Services	57.34%
節目 Broadcasting	18.53%
無線通訊服務 Wireless Telecommunications Services	8.49%
整合通訊服務 Integrated Telecommunications Services	5.49%
軟體 Software	4.58%
廣告與行銷 Advertising & Marketing	2.15%
玩具與青少年產品 Toys & Juvenile Products	1.93%
娛樂生產 Entertainment Production	0.77%
消費者出版 Consumer Publishing	0.72%

◎公用事業產業類型ETF（ELU）

[表2-14]XLU ETF細部產業組成

ETF 細部產業組成	比重
電力公用事業與獨立電力生產 Electric Utilities & IPPs	81.83%
各種公用事業 Multiline Utilities	13.70%
自來水設施 Water Utilities	2.94%
天然氣公用事業 Natural Gas Utilities	1.53%

◎不動產產業類型EFT（XLRE）

[表2-15]XLRE ETF細部產業組成

ETF 細部產業組成	比重
專門 REIT Specialized REITs	45.72%
商業用 REIT Commercial REITs	40.23%
居住用 REIT Residential REITs	12.04%
不動產服務 Real Estate Services	2.01%

應用整體產業類型同一比重的ETF

如果覺得定期調整ETF比重困難又繁複,也可以投資已經按照各產業類型投資同一比重的ETF。ALPS Equal Sector Weight ETF(EQL)就是這種ETF。從投資組合的組成可以看到,11個產業是以類似的比重進行投資。*

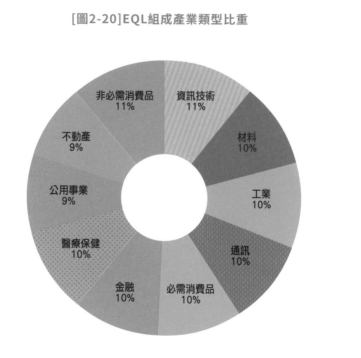

[圖2-20]EQL組成產業類型比重

非必需消費品 11%
資訊技術 11%
材料 10%
工業 10%
通訊 10%
必需消費品 10%
金融 10%
醫療保健 10%
公用事業 9%
不動產 9%

---

* 你可以在Alpsfund首頁確認到更詳細的內容。以2020.09.03收盤價為基準。

[表2-16]EQL ETF組成前10大項目*

ETF 組成項目	產業類型	比重
XLY Consumer Discretionary Select Sector SPDR Fund	非必需消費品	9.76%
XLK Technology Select Sector SPDR Fund	資訊技術	9.76%
XLB Materials Select Sector SPDR Fund	材料	9.69%
XLI Industrial Select Sector SPDR Fund	工業	9.5%
XLC Communication Services Select Sector SPDR Fund	通訊	9.39%
XLP Consumer Staples Select Sector SPDR Fund	必需消費品	9.28%
XLF Financial Select Sector SPDR Fund	金融	8.91%
XLV Health Care Select Sector SPDR Fund	醫療保健	8.86%
XLU Utilities Select Sector SPDR Fund	公用事業	8.72%
XLRE Real Estate Select Sector SPDR Fund	不動產	8.66%

　　若看ETF的組成，可以知道前面說明的各產業類型代表ETF是以類似的比重進行投資。投資者光是買進名為EQL的一個ETF，就能以同一的比重投資11個代表產業類型。每次各產業類型比重隨市場狀況變化時，管理該ETF的營運公司每年只收0.28%的報酬，就會在一定期間幫你調整比重，協助再平衡。因此其優點就是投資者在投資期間，也不需特別費盡心思。

---

*　　出處：alpsfunds.com，以2020.09.03收盤價為基準

(2)配合整體市場的各產業類型比重投資

　　雖然將所有產業類型以同一比重投資，對投資新手來講是初期較好又單純的方法。但有時也會有較為可惜的情況發生。當市場中呈現較高績效的產業類型在整體市場中占較大比重時，績效佳的產業類型在整體市場中占的比重與投資者的投資組合內占的比重差異，就會使投資績效減少。

　　為了解決這樣的可惜之處，有其他稍微再升級的方法。即是在投資者的投資組合中決定各產業類型的比重時，追蹤整體市場產業類型的比重。例如說，目前市場中IT跟醫療保健產業類型的比重各是25%、11%，而我的投資組合各產業類型的比重也會跟這個類似。整體投資金額1,000萬韓元時，就會在追蹤IT產業類型的代表ETF－XLK投資250萬韓元，追蹤醫療保健產業類型的代表ETF－XLV則會投資110萬韓元。

　　為了將這個方法應用在投資上，自己決定好要在11個產業類型中各投資多少比重後，需選定個別標的或ETF，這樣才可以用有限的投資金額，去尋求跟市場類似的投資報酬率。配合整體市場的各產業類型比重投資的方式，就有很高的機率可以讓市場收益率與投資者的投資組合收益率達到類似水準，因此只要投資者不要過於追求比市場更高的收益率，就可以持續穩定地投資。

(3)設定配合景氣週期的策略

你也可以超越追蹤目前市場各產業類型比重的方法，採取這樣的投資策略—增加預計在景氣週期各階段中績效好的產業類型投資比重，並減少預期績效不好的產業類型投資比重。例如說，假設目前是市場的停滯期，那麼就可以在停滯期相對較不會下跌的產業類型，即醫療保健或公用事業等投入一部分資金。並在歷史上於恢復期績效較好的非必需消費品、不動產、工業產業類型上增加投資比重，以應對停滯期結束後的恢復期。停滯期時，非必需消費品、不動產、工業產業類型所屬的企業或ETF的價格也會比較便宜，增加比其他產業類型還多的比重並便宜買進後，在價格進入恢復期而上升時賣出，就可以獲得很高的投資績效。也就是說，分批買進目前市場不受矚目的產業類型股票，再隨著景氣週期變化，於該產業類型重新獲得關注時分批賣出，來獲得收益。

② 研究產業類型時有幫助的網站

為調整比重並分散各個產業類型，即使沒有要投資，也需觀察各產業類型的代表ETF。因為你可以透過各產業類型代表ETF的走勢，來間接掌握資金的流動。當你想如此觀察整體市場時，可以利用像Fidelity跟Factset等好用的網站。透過接下來要介紹的方法，你就能以天、週、月、年等為單位，去掌握各產業類型的績效。筆者的話，主要是以觀察每週、每月各產業類型績效的方式，來掌握市場的動向。

(1)Fidelity.com

Fidelity裡可以一眼就看到各個產業類型，按下各產業類型後，即可確認到細部的產業組別與產業的績效。*

[圖2-21] Step #01：Fidelity網站的Markets & Sectors畫面

Step#01：在Fidelity主畫面上方點下「News & Research」後，選擇「Markets & Sectors」，並在出現畫面的左方選單中選擇「Sectors & Industries Overview」。

---

* 在https://www.fidelity.com/點下[News & Research]

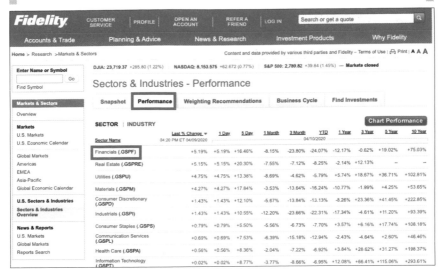

[圖2-22] Step #02：進入「Sectors & Industries」後
點選「Performance」

Step#02：進入「Sectors & Industries」後點選「Performance」。
你可以確認到11個產業類型1天、1週、1年、10年等各種期間的績效，非常詳細，你可以點進你想看的產業類型。

[圖2-23] Step #03：確認各子產業績效等各產業類型詳細內容

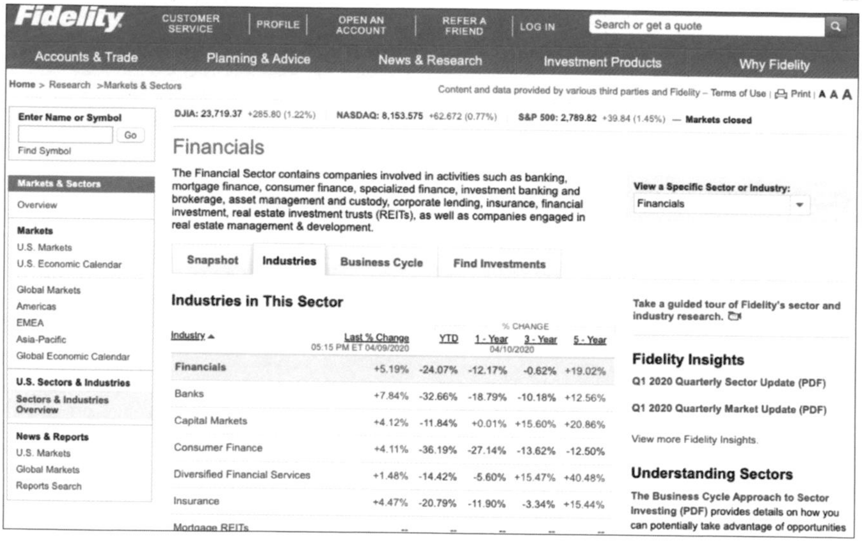

出處：Fidelity.com

　　Step#03：選取產業類型後，就可以確認各子產業的績效。上方的圖是金融產業類型的各產業績效，可看到銀行、保險等各種子產業各期間的表現。

(2)FactSet

　　前面提到的Fidelity，很適合拿來看各產業類型的資金流動，FactSet則是在預測未來各產業類型績效時，會有很大幫助。FactSet是搜尋業者，並會在每週發表有關各產業類型的業績預測報告。透過該報告，我們可以詳細知道到目前為止各產業類型的業績，以及下一季業績與賣出期望值。此外也可以確認各產業類型

之後價格會再上升多少，這類價格變動相關的預測資料，因此對投資相關的決定很有幫助。只要用e-mail註冊，就可以免費看到該資料，建議一定要好好運用。雖然資料是用英文寫的，但透過翻譯機來理解內容的話，其實不難。主要要看的也是表或圖表等可在視覺上理解的內容，故語言不會是太大問題。

[圖2-24]應用FactSet

出處：FactSet.com

　　點選FactSet首頁的選單上的「Insight」，就可以確認到最新的報告。

點選上方的「Subscribe」並註冊e-mail，就可以在你設定的每週或每月收到報告。可確認到各產業類型業績的報告，是在本國時間每個星期六更新。

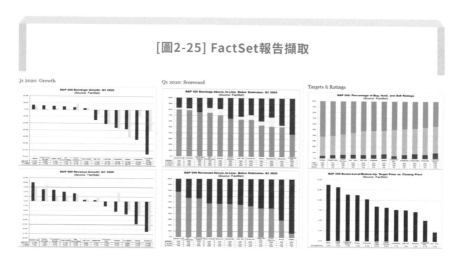

[圖2-25] FactSet報告擷取

出處：FactSet.com

想跟讀者
分享的寶貴經驗

Anna Joung 的糾正筆記 大公開！

　　在投資的世界成功前，一定會有無數的失敗跟錯誤。不過現今社群發達，也產生了炫耀投資成果的文化，比起所謂成功之母的失敗或錯誤，更多其實都是在分享自己成功的案例。要是才踏進投資世界的新手只看成功的案例，可能會想著「什麼啊，原來投資沒那麼難嘛！」態度過於樂觀，結果毫無準備地就跳進來投資。此外，投資績效不好的投資者會有種被剝奪感，莫名變得畏畏縮縮的，特別是在最近市場大幅上漲的氣氛之中，這種傾向更嚴重。我擔心正在閱讀本書的讀者會否也產生同樣的心理，因此決定公開我的糾正筆記。要跟各位介紹的，是投資初期我犯的三種錯誤。相信各位即使只是事先了解到「原來這種行為是錯誤的」也會很有幫助，也祈禱各位不要犯跟我同樣的錯誤。

Anna Joung的投資錯誤Worst 3

❶ 聽說好的企業就先買再說。

　　雖然這很理所當然，但請務必研究過後再投資。

　　剛開始投資時會充滿熱情，也很急躁。我想趕快找到好的股票，也想盡快獲得收益。我到處去聽研討會，也讀了很多書，並

買進了推薦的標的。但是這些推薦的股票，其實只是「必須研究的清單」罷了。如果要投資，我必須親自研究這些企業，並判斷「我的資金是不是可以投資在這個企業上」（這個過程就真的是在研究）。但我心裡太急了，就省掉研究的時間，急著買進看起來不錯的企業。只要那些我沒研究過的企業稍微上漲，我就會想著「這個現在是不是得賣掉？」。相反的，只要稍微下跌，我也會想著「為什麼會下跌？我買錯了嗎？」，一邊逕自煩惱。這是投資新手會犯的典型錯誤之一。當時我輕率賣出的好企業中，也有那些為人所熟知的企業－寶僑（PG）跟星巴克（SBUX）。如果我到現在還持有這些股份，收益率少說也有50%以上，讓我不得不反省我的急躁跟無知。

❷ 不管是買還是賣，做一次就好。

不論任何時候，買進跟賣出都要分開進行。

我的性格比較急躁，所以只要有看起來不錯的股票，我就會很像只有今天才能買似地，一次買很大的比重。也因為這樣，現金比重少，導致我錯過很多該企業或有關注的企業便宜買進的機會。我在賣出的時候，也是會一次將持有的股票全部賣出。但即使股價下跌，其實也會有回升的時機，而不只會一直往下掉。如果早點知道這個事實，至少可以有一些以更好的價格賣出的機會，但我全部錯過了。我們必須記得，「股票市場不是只有今天有，所謂的機會一直都在」。因為沒有人知道股票會上漲或下跌，所以必須擬定「-5%時，追加買進整體投資金的10%」、「收益率到50%時，賣出該標的的30%」等自己專屬的原則，並將時間點分開進行買賣。如此，才能降低自己投資組合的波動性，並提高投資績效，維持平常心。

❸ 現金比重，我毫無概念。

一定要持有一定比重的現金。

　　一開始投資的時候，這個看起來也好、那個看起來也好，結果就亂買一通。這之中我買進的企業大部分是熱門的特斯拉（TSLA）、Apple（AAPL）、亞馬遜（AMZN）等有很大的成長可能、高波動性的企業，現金比重就自然趨向於0。這些當然是很好的企業，而超低利息時代產生的高流動性，也使市場趨向「現金是垃圾、投資是必須」，但投資者必須時時應對「最糟的劇本」。這是因為，熊市總是在任何人都無法預期時發生。我們必須謹記，美中貿易糾紛導致2018年第4季的Apple整整掉了超過30%；2020年3月新冠肺炎疫情讓市場連續幾天在一天之內掉了10%左右，許多投資者陷入恐慌。這時只用投資組合投資，沒有什麼現金的人，不僅沒有餘力追加投資，甚至可能因為重大損失而導致心理不安，並承受巨大壓力。因此我想跟各位強調，在不知如何變化的股票市場，持有一定比例的現金是必要的。

要怎麼樣才能減少錯誤呢？

　　我會定期檢視投資組合，並以某種邏輯買進、賣出企業，同時回想過程中犯了哪些錯誤。我在開始投資過了8個月後，第一次寫下了〈糾正筆記〉。寫下糾正筆記後時不時拿出來複習，進而減少犯錯，也覺得自己透過該過程，成長到下一個階段。各位不妨試著寫下這樣的糾正筆記吧！你可以訂下每月或每季之類一定的週期，來檢視投資績效，也可以確認自己下次不能再重複犯哪種錯誤。並在此過程中掌握自己的投資傾向，訂立專屬的投資原則。

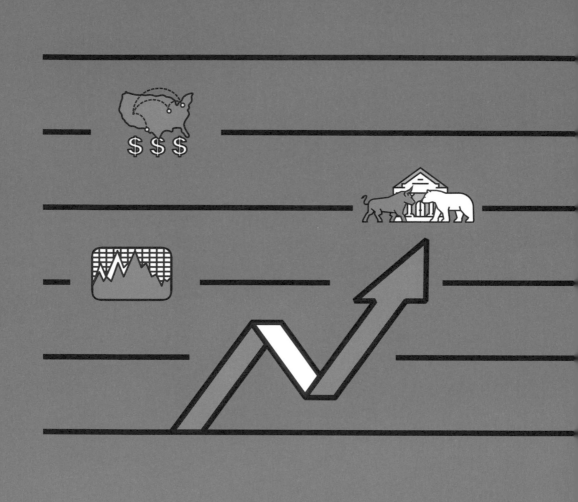

Chapter 3

ETF

應該買哪一個種類呢？

US STOCKS CLASS

　　聽了美國股票的說明，也理解11種產業及該產業類型代表企業後，你應該會開始湧現要正式投資的慾望。但是我們現在只是剛開始投資的新手，對於投資的原則或哲學還不足，也不熟悉組成投資組合和管理的方法。此外，我們也對市場中會經歷的各種事情感到陌生，有時連撐下去都有困難。

　　平常沒有準備的人，去參加馬拉松比賽，幾乎不可能跑完42.195km全程。但如果學習適合長跑的姿勢，透過持續的訓練養成自己的常規，再出戰5km、10km、半馬等比賽來慢慢累積經驗，就能夠在完整的馬拉松比賽跑完全程。投資也是一樣。若想在市場中混得久、持續投資，就得從基礎開始打起，並透過各種經驗，養成自己專屬的投資原則與哲學。由於經驗不能在短期內速成，我們必須小心，不要錯過市場丟給我們那些大大小小、各式各樣的經驗。

① 把眾多企業的股票全部買一買就可以了嗎？

當你申請好帳戶，並透過換匯獲得美金存款，這時就會開始苦惱要買哪種股票。你可能會想說買買看前面讀過的11種產業類型的第1、2名企業，又覺得買平常看過的星巴克（SBUX）、Nike（NKE）或麥當勞（MCD）等對一般人來說很熟悉的國際企業的股票好像也不錯。如果像這樣在投資初期，因為太有企圖心而導致各種企業的股票都買的話，你的投資組合會在不知不覺間就被數十個標的填滿了。這不是以某種策略為基礎，或有計畫構成的投資組合，而是無條件買下看起來覺得不錯的企業而組成的投資組合，無法有效進行管理，就像在沙灘上建的城堡一樣，很快會倒塌了。

② 集中投資在少數個別的標的，如何？

某些投資者會集中在少數的個別標的來開始投資。他們會將初期投資金額的大部分投入在五個以下的標的，額外的資金也只買進這些項目。在不了解企業，自己的投資想法也不確實的狀態下，如果只集中投資少數標的，個別企業的波動性可能導致股價不像自己所想的上漲，導致在無法承受之後提早離開投資的世界。

③ 幫助解決投資初學者煩惱跟困難的ETF

像這樣，在早期開始投資時，每個人都會持續遇到煩惱跟困難。組成投資組合的企業數應該要多少比較好、各行業跟企業投資比重應該要如何組成、該如何有效率地管理投資組合等等，這類的煩惱會層出不窮。此外，投資中的個別企業跟整體投資組合的波動性哪種程度算適當、投資者本人對波動性應該要承受到何種程度等等，對投資新手而言都是很困難的問題。

不過股票市場已經為投資新手的這種苦惱跟困難找到解決之道，也就是兼有基金跟股票優點，名為「ETF」的商品群。

ETF,
你是哪位？

US STOCKS CLASS

　　ETF（Exchange Traded Fund）就稱為「指數股票型基金」，是將許多股票放在一個籃子裡，在交易所上市後，如股票一樣自由交易的商品。能夠以少額分各種企業投資這點跟基金有點類似，但在市場不限次數，可即時自由交易、管理費用比率便宜，因此可以將ETF看作是兼有基金優點與補完缺點的商品。

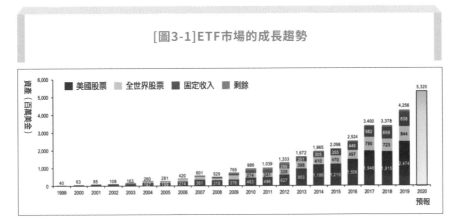

[圖3-1]ETF市場的成長趨勢

出處：BofA Global Research, Bloomberg

① ETF是以何種標準將股票放進籃子裡？

依據將股票放進籃子裡的標準，會決定ETF的特徵跟投資方向。這種標準稱為「標竿指數」。ETF追蹤的標竿指數除了左右股票的種類跟比重之外，甚至也會決定投資方向與槓桿型ETF的強度。例如說，主要上市IT企業等金融行業的那斯達克交易所，就有收集市價總額前100名的企業，製成「那斯達克100指數（Nasdaq-100 Index）」這樣的標竿指數。追蹤這個指數的ETF會根據市價總合的比重，編入那斯達克市價總合前100名企業的股票。

[圖3-2]ETF追蹤的標竿指數舉例

股價指數
追蹤 S&P 等特定指數

商品
追蹤金塊、
石油等商品價格

反向
追蹤與股價指數相反
的方向

槓桿型
將追蹤指數的波動性
擴大 2 倍或 3 倍

產業（行業）
追蹤 IT、必需消費品等
特定產業

海外市場
追蹤海外市場的
特定國家指數

標竿（Benchmark）

字面意義是「比較評估的對象」，但在投資領域使用時，則代表績效評估標準的指標。收益率若比標竿指數高，則會被評估為產生超額收益率的成功投資。

原本光只是買各那斯達克前100名企業的一張股票，就需要龐大的投資金額，但若是買進將那斯達克100指數當作標竿指數追蹤的ETF，即使額度小，也可以看到一次購買以市價總額為基準的那斯達克前100名企業的效果。即是說，有小額分散投資的效果。

② 追蹤各種基準指標的各種ETF

ETF可追蹤的標竿指數有哪些呢？ETF可追蹤的代表性標竿指數有①代表特定國家股市的S&P 500指數或KOSPI指數之類的股價指數、②金融、能源、必需消費品、醫療保健等代表行業（產業類型）指數等。也有③追蹤金或銀、天然氣、原油等原料價格的商品（Commodity）指數，以及④長期債券、中期債券、短期債券以及美國國債或全世界所有債券等的債券指數。此外，還有⑤走與股價相反方向的反向指數，和⑥波動幅度擴大2倍或3倍的槓桿指數。不僅如此，還有⑦各種貨幣（Currency）指數到⑧捆綁類似特性與績效的項目群而成的風格指數、⑨追蹤遊戲或雲端、5G等特定主題的主題指數、⑩不公開編入項目並根據經理人的策略營運的主動型ETF等等，ETF可追蹤的標竿指數可說是數都數不清。

標竿指數種類多樣，也代表交易所上市可交易的ETF種類很多。因為種類跟型態很多，你可能會覺得很複雜，但這也意味著ETF是可以滿足眾多投資者多樣需求的商品。

ETF的幾種特徵

03

ETF從剛開始的投資新手，到投資經驗豐富、投資金多的投資者都可以應用，優點非常多。一起來看看ETF有哪些特徵跟優點吧！

① 直觀且容易理解的結構

ETF很直觀，只看商品名稱就可以知道是什麼樣的管理公司在管理、追蹤哪種標竿。大部分的ETF名稱最前面會加上發行該ETF並管理的管理公司的ETF品牌。一般來說，像領航投資（Vanguard）之類的管理公司的ETF品牌也是領航投資，所以管理公司的名稱跟ETF的品牌會相同，但也有像貝萊德（Black Rock）之類的管理公司，品牌名稱為安碩（iShares），或是道富環球的品牌為SPDR（Spider），都是管理公司跟品牌名字不同去做使用。

[表3-1] 代表ETF管理公司與品牌

ETF 管理公司	ETF 品牌
貝萊德 BlackRock	安碩 iShares
領航投資 Vanguard	領航投資 Vanguard
道富環球 State Street Global Advisors	SPDR Spider
景順投信 Invesco	PowerShares
嘉信理財集團 Charles Schwab	Schwab
First Trust	First Trust
智慧樹投資 Wisdom Tree	智慧樹投資 Wisdom Tree
VanEck	Market Vectors
古根漢 Guggenheim	古根漢 Guggenheim
ProShares	ProShares

[圖3-3] ETF商品名稱的構造與意義

ETF 品牌 — SPDR Dow Jones Industrial Average ETF — 追蹤標竿

Issuers / State Street SPDR / DIA

Price: $299.98
Change: $4.83 (1.64%)
Category: Large Cap Growth Equities
Last Updated: Nov 16, 2020

出處：ETFdb.com

管理公司的ETF品牌後面會標記該ETF追蹤的標竿指數。好比說，來看一下SPDR Dow Jones Industrial Average ETF Trust（代碼：DIA）這個ETF名稱吧。最前面的「SPDR」就是ETF管理公司的品牌，後面則標記著這個ETF追蹤的標竿指數－道瓊工業指數。即是說我們可以知道，名為DIA的ETF，是由使用名為SPRD的ETF品牌的道富環球（State Street Global Advisors）管理公司負責管理，並追蹤道瓊工業指數。

此外，投資者只要了解ETF追蹤的標竿指數是什麼，就可以直觀了解到該ETF的價格會如何變化。例如說，如果你投資了追蹤金塊價格的ETF，那麼實際金塊價格上升，ETF的價格也會跟著上升；若是預計特定行業或國家會成長，那就買追蹤該行業或國家的股價指數的ETF即可。看是追蹤哪個標竿指數，只要掌握該標竿指數上升或下降就可以了。

② 分散投資的低波動性

ETF追蹤的大部分標竿指數，少則由數十個，多則由數百個股票組成。單一ETF中管理資產的規模（AUM*）最大的ETF－SPDR S&P 500 Trust ETF（代碼：SPY）追蹤美國的代表市場指數S&P 500，其ETF內持有股票數就有516個。簡單來說，如果買進1股每股約$321的SPY ETF，就可看到根據市價總額比重，分散投資516個企業的效果。此外，在各個企業跟產業中平均分配投資，跟投資單一企業相較起來，也有分散風險、降低波動性等優點。

---

*　　Asset Under Management

[圖3-4]SPY的前10個產業類型與持有比重

SPY Top 10 Sectors

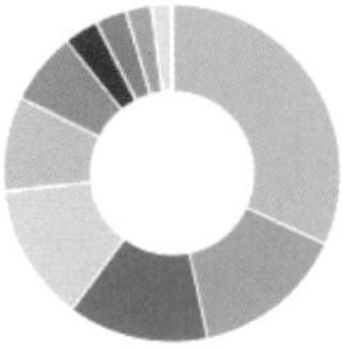

Sector	Weight	Sector	Weight
Technology	31.96%	Consumer Non-Cycli...	6.92%
Healthcare	14.79%	Utilities	3.26%
Consumer Cyclicals	13.46%	Energy	2.96%
Financials	13.15%	Basic Materials	2.43%
Industrials	9.10%	Telecommunications ...	1.98%

SPY Top 10 Holdings [View All]

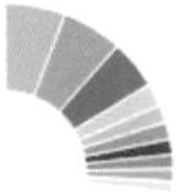

Holding	Weight	Holding	Weight
Apple Inc.	5.89%	Alphabet Inc. Class C	1.66%
Microsoft Corporation	5.79%	Johnson & Johnson	1.47%
Amazon.com, Inc.	4.71%	Berkshire Hathaway I...	1.39%
Facebook, Inc. Class A	2.17%	Visa Inc. Class A	1.22%
Alphabet Inc. Class A	1.70%	Procter & Gamble Co...	1.16%
		Total Top 10 Weighting	27.18%

出處：ETF.com

　　ETF的特徵是分散投資的低波動性，對於不熟悉個別企業高波動性的投資新手，或投資金額規模巨大而想降低波動性的投資者而言，都有很大的好處。因此筆者會推薦大部分的美股入門者，先從可減少選定標的的時間跟煩惱、波動性也較個別企業少上許多、可獲得市場收益率的3種美國3大代表指數ETF開始買進（DIA：道瓊工業指數、SPY：S&P 500指數、QQQ：那斯達克100指數）。

③ 可運用較少的金額投資許多企業

　　跨越美國、主導全世界IT業界的企業股票，如果要各買一股，需要多少的投資金額呢？亞馬遜（AMZN）、Google的母公司Alphabet（GOOGL），以及特斯拉（TSLA）、微軟（MSFT）和Apple（AAPL）、網飛（NFLX）、Facebook（FB）等，光是這七個企業股票都各買一張，就要$7,303，換算成韓元大概是876萬韓元（以$1=1,200韓元為基準）*。

　　考慮到大部分的投資者會從小額開始投資後，再慢慢增加投資金額，超過7千美金的投資金額，就早期投資的金額來說，著實不是什麼小的數字。不過講到買進有這七個企業（AMZN、GOOGL、TSLA、MSFT、AAPL、NFLX、FB）的ETF，情況就不一樣了。Invesco QQQ Trust（代碼：QQQ）這個ETF追蹤那斯達克100指數，並且包含了所有前面提到的代表IT企業。七個企業在QQQ ETF中占的比重約是50.74%，1股ETF可用約$260的價格買進。

　　當然，七個企業的股票各買1股，跟買1股QQQ ETF時，七個企業在整體投資金額中占的比重會有差異。不過卻能夠用比起投資個別企業時更少的金額來投資同樣的企業，因此在初期投資金額規模較小時，可以幫助你組成平衡的投資組合。

---

*　　以2020.07.17.收盤價為基準計算

[表3-2]購買個別企業的股票時與購買包含其的ETF時的比較*

企業名稱	代碼	收盤價
Amazon.com, Inc.	AMZN	$2,961.97
Alphabet Inc.	GOOGL	$1,516.85
Tesla, Inc.	TSLA	$1,500.84
Microsoft Corporation	MSFT	$202.88
Apple Inc.	AAPL	$385.31
Netflix, Inc.	NFLX	$492.99
Facebook, Inc.	FB	$242.03
美金需要投資金額		$7,302.87
換算韓元需要投資金額**		8,763,444

ETF	代碼	收盤價
Invesco QQQ Trust	QQQ	$259.42
ETF 內 7 個標的占的比重 = 約 50.74%		
美金需要投資金額		$259.42
換算韓元需要投資金額		311,304

④ 低廉的費用與管理費用比率

　　基金在商品的組成上，會產生手續費、管理費用、委託費用、辦公費用、評估費用等等，這些都是降低收益率的因素。雖然根據是需基金經理人的管理或策略的主動型基金，還是追蹤市場流動與指數的指數型基金會有所差異，但平均來說，基金商品都會產生1～3%之間的手續費。

---

*　　匯率以$1 = 1,200韓元計算

**　　以2020年7月17日收盤價為基準

相較之下，ETF大部分的費用則會花在正確追蹤標竿指數上。而這個部分，管理公司也會用自動化作業，來將花在管理人力的費用最小化。此外，ETF在交易所上市後可像股票一樣交易，因此幾乎不會產生像銷售費用或買回手續費等不必要的費用。這樣下來，ETF的年度手續費最少會在0.03%、最多會在0.1%之間*。

[表3-3]管理大規模資產的代表性ETF與年度手續費			
ETF 名稱	代碼	標竿指數	手續費（年度）
SPDR S&P 500 ETF Trust	SPY	S&P 500	0.09%
iShares Core S&P 500 ETF	IVV		0.04%
Vanguard S&P 500 ETF	VOO		0.03%
SPDR Dow Jones Industrial Average ETF Trust	DIA	DJ Industrial Average	0.16%
Invesco QQQ Trust	QQQ	NASDAQ100	0.20%
iShares 1-3 Year Treasury Bond ETF	SHY	1~3 年短期債券	0.15%
iShares 7-10 Year Treasury Bond ETF	IEF	7~10 年中期債券	0.15%
iShares 20+ Year Treasury Bond ETF	TLT	20 年以上長期債券	0.15%
SPDR Gold Trust	GLD	金價	0.40%
iShares Gold Trust	IAU	金價	0.25%

---

*　　作為參考，美國股票市場上市的整體ETF平均管理費用比率是0.19，槓桿或反向等標竿指數的構造愈複雜，ETF的管理費用比率就會愈貴。

特別是愈追蹤市場指數的ETF，管理費用比率就愈便宜。像追蹤S&P 500的代表3種ETF（SPY、IVV、VOO）的管理費用比率分別是0.09%、0.04%、0.03%等，這些低廉的管理類用比率，也是基金無法比擬的。

[圖3-5]海外股票型基金的回購所需期間舉例

出處：Naver 金融

⑤ 傑出的流動性跟變現性

本國銷售的海外股票型基金買回後，標準價訂定前會需要3～4個工作天，買回的資金進到帳戶則需8～9個工作天。不過ETF可以像股票一樣，在市場中即時賣出，賣出資金也會在結帳日，也就是3個工作天過後付款。此外，基金在標準價決定前，可能會因波動性，而導致最後的收益率與自己所想的不同。相反的ETF可以即時賣出，所以可以馬上確保自己想要的收益率

另一方面，交易所有流動量提供者（Liquidity Provider），若無在一定期間跟一定範圍內報價，就會透過義務提出買進或賣出報價，來解決流動性不足的問題，並促進交易活絡。因此即使是交易量少的ETF，變現性也不會下跌。

⑥ 高透明度

基金很難即時確認企業的投資狀況，特別是基金投資基金的母子型態再間接基金，從投資者的立場來看，更難掌握是投資在何種企業上。此外，投資者必須事後透過每季收到的基金管理報告，才能了解到基金的資產組成跟管理明細。

不過ETF的話，可以即時了解該ETF持有的標的跟比重。不僅如此，ETF管理公司每天還會公告有關追蹤誤差跟追蹤差距的ETF管理績效，故投資者可以隨時確認ETF是否有確實跟著標竿指數。即是說ETF有很高的透明度，也因此投資者可以應用ETF，來進行更正確且精密的投資。

[圖3-6]每天更新且可即時確認的ETF持有標的明細

| 🏠 | Issuers | Invesco | QQQ |

QQQ Invesco QQQ

Price: $260.50 ↑
Change: $1.08 (0.42%)
Category: Large Cap Growth Equities
Last Updated: Jul 17, 2020

QQQ Stock Profile & Price

Dividend & Valuation

Expenses Ratio & Fees

Holdings

Fund Flows

Charts

ESG

Performance

Technicals

Realtime Rating

Fact Sheet

Read Next

More at ETFTrends.com

Top 15 Holdings

Symbol	Holding	% Assets ▾
AAPL	Apple Inc	12.15%
MSFT	Microsoft Corp	11.19%
AMZN	Amazon.com Inc	10.76%
FB	Facebook Inc	4.23%
GOOGL	Alphabet Inc	3.80%
GOOG	Alphabet Inc	3.70%
TSLA	Tesla Inc	2.58%
INTC	Intel Corp	2.36%
NVDA	NVIDIA Corp	2.33%
NFLX	Netflix Inc	2.01%
ADBE	Adobe Inc	1.93%
PYPL	PayPal Holdings Inc	1.89%
CSCO	Cisco Systems Inc	1.83%
CMCSA	Comcast Corp	1.78%
PEP	PepsiCo Inc	1.73%

出處：ETFdb.com

⑦ 股息領取一致

大部分的美國企業雖在配息率（利潤對股利的支付比率）跟支付週期上可能有差異，卻都會支付股利。而將這些企業的股票收集起來放在籃子裡的ETF，也會將企業支付的股利跟ETF持有的資產中

產生的收益收集起來,並以同樣清算攤還股利的型態支付。*不過這種ETF的清算攤還股利,可能會隨著ETF追蹤的標竿指數與持有企業類型的不同而乾脆不支付,或是在每季或每月支付。

[圖3-7]個別股票的股息資訊與類似ETF的股息相關資訊

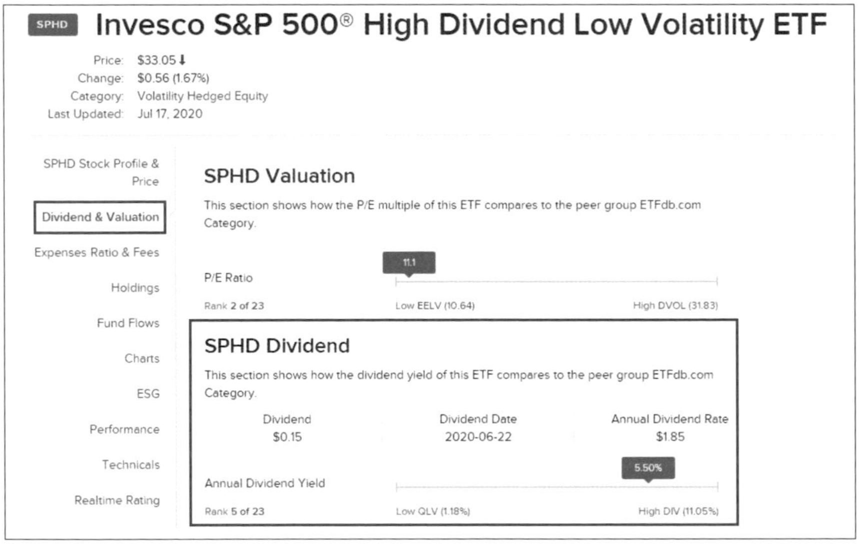

出處:ETFdb.com

---

* ETF清算攤還股利是將除了編入ETF的股票股利之外,還有債券利息收益、基礎資產租賃的利潤、現金管理收益等全部合計,並將之分配給ETF持有股東。

ETF 中的「追蹤誤差」跟「追蹤差距」是什麼？

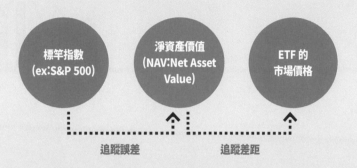

[圖3-8]理解ETF的追蹤誤差跟追蹤差距

　　觀看ETF的管理績效時，會出現「追蹤誤差」跟「追蹤差距」這樣的指標。這兩個指標是NAV（Net Asset Value，特定ETF結算時的淨資產價值）的標準。「追蹤誤差」會呈現出ETF的淨資產價值（NAV）是否有緊跟著ETF追蹤的標竿指數。如果追蹤誤差低，則表示有緊跟著標竿指數。「追蹤差距」則呈現交易所中交易的ETF市場價格與ETF淨資產價值（NAV）的差異。追蹤差距若是正數，則表示ETF是以比淨資產價值（NAV）貴的價格在進行交易；若是負數，則表示是以比淨資產價值（NAV）便宜的價格在進行交易。追蹤誤差跟追蹤差距愈接近「0」愈好。管理公司每天都會公告這些指標，所以你可以隨時確認自己投資的ETF管理狀況是否良好。

ETF也有缺點

04

投資者必須盡量以客觀的角度來觀察。ETF雖然是很吸引人的投資方式，但它並非只有優點。一起來看看投資者需要知道的ETF缺點有哪些吧！

① 人類難以勝過的「厭倦」

由於ETF不會因為基金經理人的做法或策略，而導致管理方向與績效有所不同，因此投資者並沒有需要特別費心的地方。一般只要確認誤差率，即ETF是否有正確跟著標竿指數就可以了。不過通常連管理規模（AUM）超過一定水準的ETF，都會以極小的誤差率緊跟著標竿指數，因此其實也不需要特別去確認。

世界變化快速，隨著經濟狀況的變化，企業也有其盛衰，導致S&P 500或那斯達克100所屬的企業組成名單也隨時都在改變。而

[表3-4]S&P 500跟那斯達克100前10大企業

順序	S&P 500			那斯達克 100		
	企業名稱	代碼	比重	企業名稱	代碼	比重
1	Microsoft Corporation	MSFT	5.93%	Apple Inc.	AAPL	12%
2	Apple Inc.	AAPL	5.85%	Microsoft Corporation	MSFT	11.43%
3	Amazon.com Inc.	AMZN	4.80%	Amazon.com Inc.	AMZN	11%
4	Facebook Inc. Class A	FB	2.13%	Facebook Inc. Class A	FB	4.1%
5	Alphabet Inc. Class A	GOOGL	1.73%	Alphabet Inc. Class A	GOOGL	3.84%
6	Alphabet Inc. Class C	GOOG	1.69%	Alphabet Inc. Class C	GOOG	3.75%
7	Johnson & Johnson	JNJ	1.46%	Tesla Inc	TSLA	2.68%
8	Berkshire Hathaway Inc. Class B	BRK.B	1.38%	Intel Corp	INTC	2.35%
9	Visa Inc.	V	1.24%	NVIDIA Corp	NVDA	2.33%
10	Procter & Gamble Company	PG	1.15%	Netflix Inc	NFLX	1.96%

出處：slickcharts.com，以 2020 年 7 月 22 日收盤價為基準

追蹤這種指數的ETF，在組成指數的企業名單改變時，ETF管理公司會自行再平衡持有的標的。即是説，投資者只要持有ETF，並在指數組成標的的變更時間點配合更正，就可以持續持有那些優良的

企業。這樣下來，投資者在投資ETF的途中，其實沒有什麼特別要做的。如果投資者將大部分的投資金額投資到S&P 500或那斯達克100等追蹤市場平均指數型ETF，隨著時間經過，投資者一定會感到「厭倦」。因此即使知道只要持有長一點的時間，每年市場成長就會收到收益，卻還是贏不了這種厭倦的心理，反覆買進賣出，不自覺就累倒了。

不過雖然這種不用費心力而湧上的厭倦感是ETF的缺點，對那些想投資但沒時間的人，卻也可以轉為優點。他們沒有持續研究投資的餘裕，也沒辦法跟上隨時都在變化的市場狀況。而ETF只需要低廉的費用，也會自己幫忙再平衡，每年都會帶來市場平均收益，可說是最棒的投資商品。對於這樣的人來說，多虧忙碌的日常，他們也沒有時間去感覺到ETF給予的厭倦感。反而是偶爾想到時去看看存摺，對期待以上的收益率感到滿足，就能高興地持續長久的投資。

② 持有個別企業股份的「滿足感」消失

ETF可以小額一次投資各種企業的優點，有時也會讓人覺得可惜。即是無法感覺到持有個別企業股份時，那種滿足的感覺。去百貨公司或OUTLET時總是充滿人群的Nike（NKE）賣場、滿到沒位子的星巴克（SBUX）、點炸雞時總是一起送來的百事可樂（PEP）跟可口可樂（KO）。

地鐵上下班時間，人們在耳上插著AirPods Pro，用iphone（AAPL）看的Youtube（GOOGL）或網飛（NFLX）等。我們週遭不難發現美國企業提供的產品或服務，也很常看到人們消費該產品跟服務的

模樣。新聞裡也經常報導美國的跨國企業呈現巨幅成長跟利潤的報導，使得我們也更常關心新聞裡的消息。不過聽到這種個別企業的好消息時，直接投資該企業股票的投資者，與透過ETF間接投資的投資者的滿足感，是有很大的差異的。由於ETF的特徵是將許多企業放到籃子裡，個別企業只有占整體的一部分比重，而非100%。因此比起買進個別企業股票的投資者，ETF投資者的滿足感不得不減半。

不過各位必須記得，對於ETF跟個別企業的股票，不需要以「不是這個就是那個」的二分法來投資。並不是一定只能投資ETF，也不用為了滿足想擁有大企業股份的慾望而只買個別企業的股票。我們應該追求的是，將個別企業的股票跟ETF一起投資，並以彌補彼此缺點的方式，組成專屬自己的投資組合，將股票跟ETF各自的優點最大化。

③ 有「追蹤誤差」可能變大的危險性

也有那些追蹤在股票市場中沒占大比重的標竿指數的ETF。追蹤天然氣或石油、同等原料的ETF就是代表性的例子。這裡可能就會有使波動性的強度大上2倍或3倍的「槓桿型」，或跟標竿指數呈相反方向移動的「反向型」等變數。

不過，這種ETF雖然可以交易，卻有波動劇烈、投機性因素強等特徵。此外，身為ETF標竿指數的原料價格若驟變，實際標竿指數跟ETF的淨資產價值（NAV）間可能會產生巨大誤差，造成投資者的重大損失。

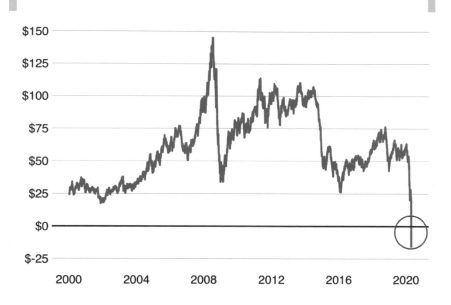

[圖3-9]WTI每桶價格(美金)

出處：Bloomberg, BBC

　　實際上在2020年4月因為新冠肺炎疫情的關係，導致全球原油需求驟減，油價甚至一度來到負數。在油價短期驟降的這個時機，大部分有強烈槓桿型（3X）要素的原油相關ETF會停止上市，而該ETF的投資者就會損失大部分的投資金額。像這樣，即使是給了投資者多樣選擇權的ETF，慾望過剩的投資判斷，也可能連帶產生本金大規模損失的結果。因此，投資者比起波動性跟追蹤誤差大的極端ETF，應該要以與組成自己投資組合的持有標的相互補強，並達到和諧的主流ETF為投資對象。

[圖3-10]停止上市的原油槓桿型ETF

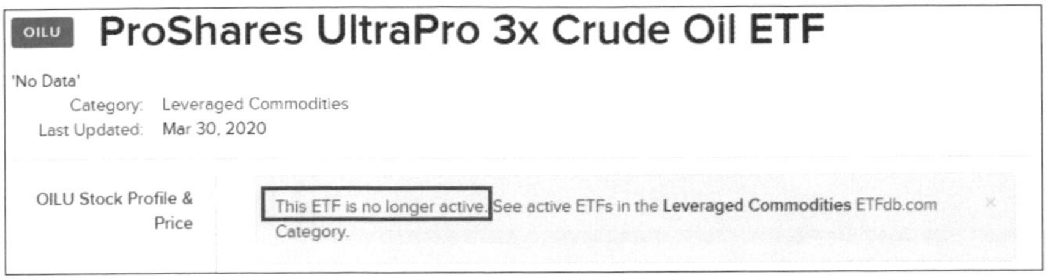

OILU **ProShares UltraPro 3x Crude Oil ETF**

'No Data'
Category: Leveraged Commodities
Last Updated: Mar 30, 2020

OILU Stock Profile &
Price

This ETF is no longer active. See active ETFs in the **Leveraged Commodities** ETFdb.com
Category.

出處：ETFdb.com

應該用什麼標準來選擇ETF？

05

　　以2020年7月23日為基準，美國股票市場上市的ETF的個數足足有2,341個，ETF的總資產規模則已超越4兆美金。全球股票市場持續擴大ETF市場，型態也愈來愈多樣化。不過大部分的個人投資者，比起ETF市場成長跟多樣化，應該會更好奇「我應該用什麼標準，才能找到穩定又對我有利的ETF呢」。投資者應該要找符合自己情況跟目的的ETF。若先訂下要編到投資組合裡的特定標竿指數，再尋找追蹤該指數的ETF，投資者可能會比較混亂。因為就算是追蹤同樣標竿指數的ETF，也會出現許多管理公司跟許多名字。代表性的例子像追蹤美國的代表市場指數S&P 500指數的ETF就有4個（SPY, IVV, VOO, SPLG）。如果是把投資重點放在S&P 500指數的穩定性跟長期上升的話，其實不會有太大的差異，但投資者都會有「同樣價格就要挑最好的」投資心理。因此這個章節就要來介紹，在許多類似的ETF中，挑選優良穩定並對投資者有利的ETF的4種標準。

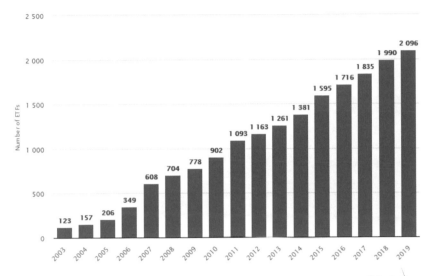

[圖3-11]美國上市ETF數字（2003年～2019年）

出處：Statista.com

[圖3-12]追蹤S&P 500指數的4種ETF股價走勢*

出處：Yahoofinance.com

① 管理費用比率（Expense Ratio）

　　如果結果沒太大差異，則一定是管理費用比率低的ETF會較受市場歡迎。舉例來說，追蹤S&P 500指數的SPDR S&P 500 ETF Trust（代碼：SPY），擁有市場裡上市ETF中最大的資產管理規模（AUM），在ETF市場中是非常具有代表性的標的。不過SPY的年度管理費用比率是0.09%，比追蹤同一標竿指數的Vanguard S&P 500 ETF（代碼：VOO）的年度管理費用比率**足足多上3倍。

---

*　　4個ETF（SPY、VOO、IVV、SPLG）都是追蹤S&P 500指數，長期股價流動幾乎相似，甚至難以區別。

**　　VOO的年度管理費用是0.03%。

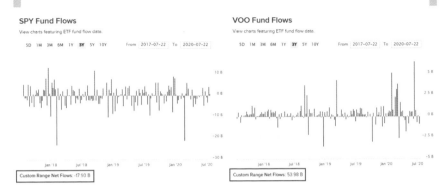

[圖3-13]最近3年間SPY跟VOO的資金進出流動比較

出處：ETFdb.com

　　從其他方面來看，VOO跟SPY沒有什麼太大差異，所以投資者會偏好比SPY的管理費用比率便宜3倍的VOO。事實上過去3年間，SPY流出了179.3億美金，而VOO則流入了539.8億美金。像這樣，「管理費用比率」會是投資者在選擇有利ETF時最重要的指標之一。

　　作為參考，所有上市ETF的加權平均管理費用比率是0.19%*，而ETF的各類別平均管理費用比率也都不盡相同。因此最好以整體ETF的平均管理費用比率，以及該ETF所屬類別的平均管理費用比率為基準，來判斷各位所選擇的ETF的管理費用比率是否恰當。

---

*　　純平均管理費用比率是0.534%（出處：ETFdb.com，以2020年7月23日為基準）

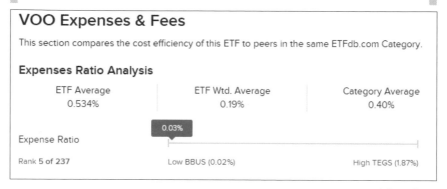

[圖3-14]VOO的年度管理費用比率

> **VOO Expenses & Fees**
>
> This section compares the cost efficiency of this ETF to peers in the same ETFdb.com Category.
>
> **Expenses Ratio Analysis**
>
> | ETF Average | ETF Wtd. Average | Category Average |
> | 0.534% | 0.19% | 0.40% |
>
> 0.03%
>
> Expense Ratio
>
> Rank 5 of 237　　　Low BBUS (0.02%)　　　High TEGS (1.87%)

出處：ETFdb.com

② 資產管理規模(AUM)

　　顯示ETF規模的資產管理規模（AUM，Asset Under Management）是選定ETF的重要指標之一。從管理ETF的管理公司立場來看，若ETF的資產管理規模太小，則在正確追蹤標竿指數上會有所侷限。日後無法完善引入資金時，管理的ETF就會遭到清算。相反的，穩定引入資金使資產管理規模逐漸增加的ETF，會產生規模經濟，讓管理費用比率降低，並藉由追蹤標竿的低誤差率，使追蹤更加精準。ETF的資產管理規模多寡並沒有明確的標準，但大部分的專家都認為至少10億美金（＄1B）以上的資產管理規模才是比較穩定的水準，未滿1億美金（＄100M）的ETF則最好避開。

[圖3-15]追蹤美國3大代表股價指數的3種ETF的AUM*

DIA Summary Data		VOO Summary Data		QQQ Summary Data	
Issuer	State Street Global Advisors	Issuer	Vanguard	Issuer	Invesco
Brand	SPDR	Inception Date	09/07/10	Inception Date	03/10/99
Inception Date	01/14/98	Legal Structure	Open-Ended Fund	Legal Structure	Unit Investment Trust
Expense Ratio	0.16%	Expense Ratio	0.03%	Expense Ratio	0.20%
Assets Under Management	$22.22B	Assets Under Management	$154.66B	Assets Under Management	$124.87B
Average Daily $ Volume	$1.12B	Average Daily $ Volume	$1.11B	Average Daily $ Volume	$9.31B
Average Spread (%)	0.01%	Average Spread (%)	0.01%	Average Spread (%)	0.01%

出處：ETF.com

③ 平均交易量（Average Volume）

　　美國雖然是全世界最大規模的股票市場，但上市的ETF種類很多，因此個別ETF的交易量也是天差地遠。有幾乎無投資者會受到損失、高交易量的ETF，反過來說也有依靠流動量提供者（LP，Liquidity Provider）提供的報價來達成交易的ETF。ETF的交易量不足時，隨著ETF的淨資產價值（NAV）跟ETF的市場價格間的追蹤差距提高，可能會產生投資者不樂見的損失。若追蹤差距持續偏離適當範圍到一定以上的時間，則可能因符合停止上市條件，而遭到清算。因此投資者必須選

流動量提供者
股票市場中管理公司執行的流動量提供者，是在上市的個別ETF於一定時間範圍內無報價持，透過義務提出買進或賣出報價，解決流動性不足，促進交易活絡的角色。

---

*　　DIA是追蹤道瓊工業指數，VOO追蹤S&P 500，QQQ追蹤那斯達克100指數。AUM則是以2020年7月23日收盤價為基準。

擇維持一定水準以上平均交易量的ETF，並最好以3個月平均交易量
（以1日為基準）最少10萬股以上的ETF為主。

[圖3-16]ETF交易量舉例*

Historical Trading Data

1 Month Avg. Volume	540,146
3 Month Avg. Volume	759,574

出處：ETFdb.com

④ ETF每股價格（單價）

　　組成投資組合時，ETF的每股價格（單價）也是其中一個重
要的因素。比較整體投資金額規模，若要編入的ETF的每股價格太
高，則可能沒辦法按照自己想要的比重來安排。這時可以在追蹤同
樣標竿指數的眾多ETF中，將每股價格低的ETF編到投資組合內，來
解決此一問題。

　　舉例來說，追蹤金價的ETF中，SPDR Gold Shares（代碼：GLD）
跟Aberdeen Standard Gold ETF Trust（代碼：SGOL）等雖然追蹤相
同的標竿指數，SGOL的每股價格卻是GLD的1/10。投資者若想將

---

* 　　以1個月平均交易量跟3個月平均交易量呈現的ETF交易量舉例

黃金編到投資組合中時，如果應用每股價格較低的SGOL，就可以比較容易按照想要的比重去安排。因此投資者必須記得，ETF的每股價格（單價）也是選擇對自己有利的ETF的其中一個因素。

[圖3-17]追蹤金價的GLD跟SGOL的案例

GLD vs SGOL ETF Facts

Last Trade	Last Trade
$166.54 +0.74 (0.45%)	**$17.04** +0.08 (0.47%)
4:00:00 p.m. (ET) 06/25/20 Cboe BZX Real-Time Quote	4:00:00 p.m. (ET) 06/25/20 Cboe BZX Real-Time Quote
Ticker	Ticker
GLD	SGOL
SPDR Gold Trust	Aberdeen Standard Physical Gold Shares ETF
Issuer	Issuer
State Street Global Advisors	Aberdeen Standard Investments
Expense Ratio	Expense Ratio
0.40%	0.17%
Assets Under Management	Assets Under Management
$66.72B	$2.17B
Underlying Index	Underlying Index
Gold Spot	Gold Spot
Number Of Holdings	Number Of Holdings
1	1

出處：ETF.com

如何應用ETF？

06

　　大家應該都會有到初次去的咖啡廳，因為太多不熟悉的菜單名稱，導致不知道該點什麼的經驗。投資新手在看到美國股票市場上市的ETF時，應該也會有類似的感覺。ETF的種類多，因此有選擇幅度寬的優點，但對知識不足、投資經驗少的新手來說，在選擇上難免造成混亂。對此，我將透過幾種案例，來介紹ETF的應用方法。

① 如果特定國家的經濟之後可能會成長？
　　—— 國家ETF

　　被派遣到海外越南的A，在回國的飛機上回想過去1年在越南的產業界親自感受到的經驗跟氣氛。其地理位置和與美國同為G2的中國相連，海外投資資本穩定增加，越南政府也針對經濟成長展現強烈意志……等。A在腦子裡浮現這些想法，認為未來越南這個國家可能會像我國的高度成長期一樣，達到快速經濟成長。回到韓國的A嘗試查找越南的上市企業。

[圖3-18] VanEck Vectors Vietnam（VNM）ETF的詳細內容
（以2020年7月23日收盤價為基準）

VNM Top 10 Countries

Viet Nam	68.69%
Korea, Republic of	19.15%
Japan	5.68%
Taiwan, Province of China	3.92%
Malaysia	1.76%
United Kingdom	0.80%

VNM Top 10 Sectors

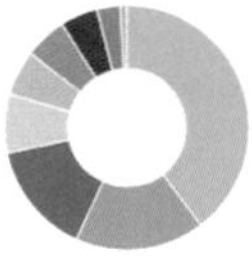

Financials	39.79%
Technology	17.08%
Consumer Non-Cyclicals	14.97%
Industrials	7.74%
Consumer Cyclicals	5.99%
Healthcare	5.68%
Basic Materials	4.84%
Utilities	3.10%
Energy	0.80%

VNM Top 10 Holdings

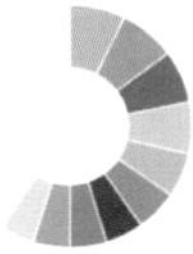

Vingroup Joint Stock Company	7.48%
Vietnam Dairy Products Corp.	7.36%
Vinhomes JSC	7.03%
No Va Land Investment Group Corp.	6.92%
Joint Stock Commercial Bank for Foreign Trade of Vietnam	5.90%
Vincom Retail JSC	5.51%
SEOJIN SYSTEM CO.,LTD	5.04%
Hoa Phat Group JSC	4.93%
DII Co., Ltd.	4.86%
MCNEX Co., Ltd	4.64%
Total Top 10 Weighting	59.67%

VNM Summary Data

Issuer	VanEck
Inception Date	08/14/09
Legal Structure	Open-Ended Fund
Expense Ratio	0.66%
Assets Under Management	$358.92M
Average Daily $ Volume	$4.02M
Average Spread (%)	0.21%
Competing ETFs	N/A

VNM Portfolio Data

Weighted Average Market Cap	$4.64B
Price / Earnings Ratio	16.12
Price / Book Ratio	2.04
Distribution Yield	0.84%
Next Ex-Dividend Date	12/21/20
Number of Holdings	26

VNM Index Data

Index Tracked	MVIS Vietnam Index
Index Weighting Methodology	Market Cap
Index Selection Methodology	Market Cap
Segment Benchmark	MSCI Vietnam Index

出處：ETF.com

從被稱為越南三星的Vin集團（Vingroup），到各種經常可以在路上看到的企業名稱都映入眼簾。但越南哪種企業會成長、股價會上漲呢？選擇起來感覺十分困難。所以A比起盤算個別企業的風險、選擇成長可能性高的越南企業，決定投資最能確實實現他最初因越南的經濟成長而想投資的想法－越南ETF。

上班族A決定投資的美國市場上市越南ETF名稱是VanEck Vectors Vietnam ETF（代碼：VNM）。這個ETF投資有在越南證券市場上市，或在越南有50%以上的銷售的企業，並包含市價總額前25名內外的標的。雖然越南的經濟往後看好，但選擇個別企業親自投資可能會比較困難，因此最適合上班族A這類投資者的ETF正是VNM。

雖然有像這樣追蹤特定國家市場指數的ETF，但如果是經濟規模大的國家，也有專注在該國特定產業的ETF。例如說，有主要投資中國網路平台企業的ETF－KraneShares CSI China Internet ETF（代碼：KWEB）。透過這個ETF，投資者就可以投資阿里巴巴、騰訊、京東、百度、拚多多等中國自己的網路平台企業。如果直接購買中國或香港市場上市的企業股票，有些標的外國人無法直接投資，股息或資本利得的稅金計算也會比較複雜。像這樣的問題，只要一個美國上市ETF就可以幫你解決。如此，若認為美國以外的特定國家經濟會成長，或想集中投資特定國家的產業時，都可以找找看「國家ETF」。

[圖3-19] KraneShares CSI China Internet (KWEB) ETF的詳細內容
(以2020年7月23日收盤價為基準)

KWEB Top 10 Countries

Hong Kong	49.77%
China	42.61%
United States	7.62%

KWEB Top 10 Holdings

Alibaba Group Holding Ltd. Sponsored ADR	9.96%
Tencent Holdings Ltd.	9.77%
Meituan Dianping Class B	8.55%
JD.com, Inc. Sponsored ADR Class A	6.15%
Pinduoduo, Inc. Sponsored ADR Class A	5.83%
Alibaba Health Information Technology Ltd.	3.95%
TAL Education Group Sponsored ADR Class A	3.90%
NetEase, Inc. Sponsored ADR	3.77%
Bilibili, Inc. Sponsored ADR Class Z	3.63%
Baidu, Inc. Sponsored ADR Class A	3.61%
Total Top 10 Weighting	59.12%

KWEB Summary Data

Issuer	CICC
Brand	KraneShares
Inception Date	07/31/13
Legal Structure	Open-Ended Fund
Expense Ratio	0.76%
Assets Under Management	$2.71B
Average Daily $ Volume	$114.18M
Average Spread (%)	0.05%
Competing ETFs	CQQQ, QQQC
Fund Home Page	

KWEB Portfolio Data

Weighted Average Market Cap	$127.19B
Price / Earnings Ratio	45.00
Price / Book Ratio	3.45
Distribution Yield	0.06%
Next Ex-Dividend Date	N/A
Number of Holdings	49

KWEB Index Data

Index Tracked	CSI Overseas China Internet Index
Index Weighting Methodology	Market Cap
Index Selection Methodology	Market Cap
Segment Benchmark	N/A

出處：ETF.com

② 如果想投資特定主題或有代表性的產業類型？ ──主題與產業類型ETF

　　大學生B從小就喜歡科幻電影跟小說，他甚至在大學主修物理學，長久投入該領域。某天B在主修課中學到有關第4次工業革命中機器人技術的相關內容，他花了幾天查詢Youtube、論文跟新聞，並埋頭尋找跟機器人工程相關的資訊。他看了調查的資料，發現機器人工程並不是獨立的領域，而是跟宇宙開發、奈米技術、自動化工廠等第4次工業革命的許多部分相連接，而美國有非常多與此相關的企業。B想著資訊通訊技術（ICT）的融合會讓許多企業相互作用，並創造新技術跟基礎設施，以及新的未來世界，因此他認為如果稍微投資這個領域所屬的企業股票，應該會很不錯。不過雖然有「第4次工業革命」這個共通點，但領域實在太多，各領域之下的企業也不少，單一企業涉及許多領域的情況也是加常便飯。由於還是學生，如果要買許多企業的股票，恐怕投資金額會有所限制，所以他開始尋找追蹤以「第4次工業革名」為主題的標竿指數的ETF。

[圖3-20] ARK Autonomous Technology & Robotics（ARKQ）ETF的
詳細內容
（以2020年7月23日收盤價為基準）

ARKQ
ARK Autonomous Technology & Robotics ETF

ARKQ Top 10 Countries

United States	84.44%
Belgium	7.15%
Hong Kong	3.09%
Japan	2.18%
China	1.13%
Israel	1.11%
Taiwan, Province of China	0.91%

ARKQ Top 10 Holdings

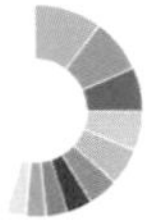

Tesla Inc	10.36%
2U, Inc.	8.16%
Xilinx, Inc.	6.75%
Materialise NV Sponsored ADR	5.89%
Proto Labs, Inc.	5.69%
Stratasys Ltd.	4.55%
Alphabet Inc. Class C	3.83%
Kratos Defense & Security Solutions, Inc.	3.35%
JD.com, Inc. Sponsored ADR Class A	3.05%
Deere & Company	2.98%
Total Top 10 Weighting	54.61%

ARKQ Summary Data

Issuer	ARK
Inception Date	09/30/14
Legal Structure	Open-Ended Fund
Expense Ratio	0.75%
Assets Under Management	$427.95M
Average Daily $ Volume	$7.64M
Average Spread (%)	0.16%
Competing ETFs	AIQ, BOTZ, IRBO, ROBO, ROBT

ARKQ Portfolio Data

Weighted Average Market Cap	$102.00B
Price / Earnings Ratio	-666.50
Price / Book Ratio	3.95
Distribution Yield	2.25%
Next Ex-Dividend Date	N/A
Number of Holdings	39

出處：ETF.com

　　在眾多ETF中引起B注意的，是ARK Autonomous Technology & Robotics ETF（代號：ARKQ）這個標的，這個ETF主要投資自動駕駛、3D列印、機器人工程與能源儲存（ESS）等自動化與機器人相關技術能力卓越的企業。B將目標訂為從現在開始購買這個ETF，然後用10年內的投資收益，買下特斯拉的自動駕駛電動汽車。因為有這樣以自動駕駛、雲端電腦、5G等特定主題為標竿追蹤的ETF，才能像大學生B的案例一樣，若對個別選項選擇有困難，或是對該主題相關的企業很感興趣時，應用「主題ETF」來投資。

另外，也有追蹤特定主題外的醫療保健、必需消費品、公用事業、不動產等11種MSCI代表產業類型指數的行業ETF。若覺得個別標的投資有負擔，或想在投資組合中確保特定產業類型的比重時，你可以參考第2章介紹的代表產業類型相關內容，來應用產業ETF。

[圖3-21]組成世界經濟的11個代表產業

③ 如果想找跟股票低關聯的投資？ ──債券ETF

C累積投資美國股票進入第3年，S&P 500跟那斯達克指數已連續幾年上升、不斷更新史上最高數值，看著自己逐漸增值的帳戶，情不自禁地露出微笑。但是C也有一個苦惱，就是帳戶幾乎沒有現金，只有持有個別企業的股票。他每個月都把錢換成美金當投資金，拿來買進看上的新企業股票，或是機械式地將持有標的中下跌

的企業追加買進，就造成了今日的狀況。因為市場的氣氛好，才讓只被股票填滿的帳戶評估餘額增加。雖然這是好事，但相反的，若在調整或大幅下跌時產生巨大損失，C也沒有自信能夠承擔。因此他的帳戶餘額愈多，心理的負擔跟憂心也隨之增加。

C想著是否有方法可以解決這種不安的心理，之後就找到資訊了解到，一般來說債券跟股市是處於低關聯的狀態，若將其編到投資組合中，就可以降低整體的投資組合波動性。從那時起，他就開始每個月一點一點購買由滿20年以上的長期債券組成的iShares 20+ Year Treasury Bond ETF（代碼：TLT）*。債券ETF可以針對不知何時來臨的下跌達到緩衝的作用，C將其比重一點點增加，就能夠用比之前更加安定的心情繼續投資了。如C案例所示，將跟股票呈現低關聯的黃金或債券等資產當作ETF編到投資組合時，就可以降低整體投資資產的波動性，進而繼續穩定的投資。

---

* 　用滿7～10年的中期債券組成的代表ETF有iShares 7～10 Year Treasury Bond ETF（代碼：IEF），用滿1～3年的短期債券組成的代表ETF則有iShares 1～3 Year Treasury Bond ETF（代表：SHY）。

[表3-5]以每日收益率為基準的各資產關聯度*

ETF 名稱	v	SPY**	QQQ	TLT	GLD
SPDR S&P 500 ETF Trust	SPY	-	0.91	-0.41	0.02
Invesco QQQ Trust	QQQ	0.91	-	-0.37	0.00
iShares 20+ Year Treasury Bond ETF	TLT	-0.41	-0.37	-	0.13
SPDR Gold Shares	GLD	0.02	0.00	0.13	-

出處：www.portfoliovisualizer.com，統計時間：2005 年 1 月 1 日～ 2019 年 12 月 31 日

④ 如果想用有限的投資金額獲得最大的績效？ ——財務槓桿型ETF

D投資美國股票已第4年，是大峙洞（韓國著名的補習街）的明星講師。在新冠肺炎導致的全球疫情，使股票市場大幅下跌時雖然受到驚嚇，但很快就打起精神找尋機會。D投入美國股票市場4年，他相信親身感受過的美國企業優秀的恢復靈活性，也認為雖然市場過度急遽下跌，卻也很快就會恢復成原來的樣子。他分析出，平常關注的線上商業模式的IT企業，在這次疫情中造成的業績打擊，跟其他一般企業比起來並不大。他用賣出投資組合大部分項目後獲得的美金存款，開始買進IT行業比重大，且將那斯達克指數的波動性擴大3倍追蹤的ProShares UltraPro QQQ（代碼：TQQQ）。由於市

---

*　表中數字顯示關聯度，並以－1～＋1的範圍標示。－1表示會以完全相反的形式移動，＋1則表示以完全相同的形式移動。

**　SPY：S&P 500，QQQ：那斯達克100，TLT：長期債券，GLD：黃金

場不安定，儘管那斯達克100指數是市場的平均指數，3月的大部分卻是以3%左右的大幅度在移動，將此指數擴大3倍追蹤的TQQQ ETF，一天之內在9%內外移動的狀況也是不計其數。D一開始就認為這次因新冠肺炎引起的下跌無法在短期間內解決，於是他分出整體存款的一部分，並拿來購買TQQQ ETF，每當價格比自己買進的平均價格掉-30%以上時，就按照事先訂好的比率追加買進，透過此來增加ETF的持有數量。混亂的美國股票市場，在一連串的應對政策後，從3月底開始一點點恢復，每次指數下跌時，平均買進單價也降低，而D將TQQQ分批購買的策略也獲得了成功的結果。

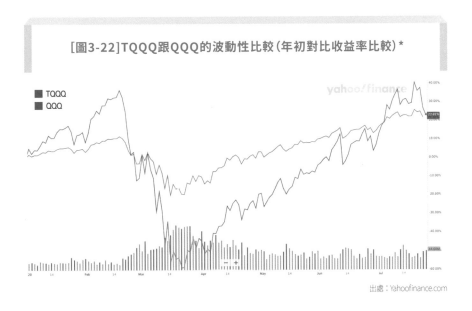

[圖3-22]TQQQ跟QQQ的波動性比較（年初對比收益率比較）*

出處：Yahoofinance.com

---

* 若是波動性比QQQ大上3倍的TQQQ，下跌期時會以比QQQ大上許多的幅度下跌，但回升的速度也快了3倍，因此若好好利用這樣的特性，就能用有限的投資金額將績效最大化。

投資者可以像這樣運用槓桿型ETF*來使自己的績效最大化。不過，槓桿型ETF的波動性非常大，如果投資的想法不對，或是跟市場投資者的想法背道而馳時，就可能會遭受巨大損失，因此必須非常慎重。此外，將金塊、原油、天然氣等原料當作槓桿追蹤，而非將指數當作槓桿追蹤的ETF，費用會比其他ETF高，也可能因為劇烈的波動性而在短期間內停止上市，導致失去大部分投資本金，這些都是要留心的地方。

如此我們透過三種代表性的案例，了解了應用ETF的方法。ETF省去了投資者煩惱個別標的的時間，並提供多種選擇。一起投資個別標的時，若能按情況善加利用事半功倍的ETF，就能一石二鳥地抓住收益率跟穩定性。

---

*　槓桿型ETF會將追蹤的標竿指數動性擴大，到目前為止大致可以分成三種類型（正向2倍、3倍以及相反方向（反向）2倍、3倍）。

ETF與稅金

US STOCKS CLASS

在美國股票市場上市的ETF（海外上市ETF），個別企業股票交易之類的稅金體系並不相同。因此透過ETF收到的股息（=分配金額）在進到戶頭前會代扣股息所得稅（15%），買賣收益也會產生資本利得稅。

另一方面，在KODEX美國S&P 500期貨（H）或TIGER美國那斯達克100等本國股票市場上市、追蹤海外標竿指數的ETF（本國上市海外ETF），分配金額跟收益*都會代扣15.4%的股息所得稅，在稅金方面跟海外上市ETF有差異。

即使是追蹤同一標竿的ETF，也會隨著在哪個國家上市而有不同的稅金體系。為了幫助各位理解，我用兩種案例來介紹海外ETF跟海外上市ETF的稅金差異。

---

*　以2020年為基準，若根據2023年施行的本國金融稅制改編，內容可能有所變動。

[表3-6]海外上市ETF跟本國上市海外ETF的比較*

類別	海外上市 ETF	本國上市海外 ETF
買賣收益課稅	資本利得稅 22%	股息所得稅 15.4%
分配金額（＝股利）	股息所得稅 15%	股息所得稅 15.4%
金融所得綜合課稅	非對象 （分配金額為對象）	適用對象
年度損益合計	適用對象	非適用對象

案例 1　　　第一個案例，A標的產生了2千萬韓元的利潤，B、C標的則各產生了1千萬韓元、750萬韓元的損失。由於本國上市ETF不適用合計損失跟利潤的計算方式，因此不考慮產生損失的B跟C標的，而只代扣A標的收益的15.4%為稅金。不過海外上市ETF會跟隨海外股票課稅體系，因此可以合計損益，並只對A標的的利潤與B、C標的的損失合起來後的淨利250萬韓元計算資本利得稅。不過海外股票交易收益每人每年會有250萬韓元的基本扣除額，因此在這個案例中，假設投資者沒有其他海外股票的交易收益，則實質上其實沒有需要繳交的稅金。

案例 2　　　第二個案例則是A標的中產生2千萬韓元，B、C標的中各產生1千萬韓元、250萬韓元的損失。本國上市ETF跟案例1相同，不是損益合計的對象，因此不考慮損失標的，只對A標的的2千萬韓元利潤代扣15.4%的股息所得稅。海外上市

---

*　　買賣收益跟課稅價格上升的部分中，會以較少的金額課稅

ETF的話，損益合計後的淨利為750萬韓元，假設沒有其他海外股票交易收益，則會針對扣除基本250萬韓元後的500萬韓元收益徵收22%的資本利得稅，於產生收益的隔年5月申報與繳納即可。

[表3-7]用案例來看本國上市海外ETF跟海外上市ETF的差異（單位：韓元）

類別	A標的	B標的	C標的	損益合計	需繳交稅金	
					本國上市ETF	海外上市ETF
案例1	+2,000萬	-1,000萬	-750萬	+250萬	3,080,000韓元	0韓元
案例2	+2,000萬	-1,000萬	-250萬	+750萬	3,080,000韓元	1,100,000韓元

* 假設沒有ETF外的金融與綜合所得
** 海外股票資本利得稅基本扣除額為250萬韓元

更上一層樓 LEVEL UP

雖然有很多提供 ETF 相關資訊的網站，但有三個專門只提供 ETF 資訊的代表性網站（ETF.com/ ETFdb.com/ ETFChannel.com），我在這邊簡單介紹一下他們的主要選單跟應用方法。

· 找尋想找的ETF

　　連上ETF.com網站→ETF Screener & Database選單→在ETF Filters用希望條件搜尋ETF

· 一次比較類似的兩種ETF

　　連上ETF.com網站→ETF Comparison Tool→在畫面左右側搜尋想比較的ETF代碼後比較

· 找尋投資者不知道的ETF主題或分類

　　連上ETF.com或ETFdb.com網站→ETF Channels選單→參考各網站的分類主題與類別

· 找以高比重持有特定企業股票的ETF

　　連上ETF.com→ETF Stock Finder選單→用特定企業的代碼搜尋

· 找有許多特定企業股票的ETF

　　連上ETFChannel.com網站→ETF Finder選單→輸入特定企業的代碼名稱搜尋（輸入多個可用逗號區分）

尚義民認為
比投資初期收益更重要的事

#01.投資初期，比收益更重要的各種經驗

　　投資的目的就是「追求收益」，由於可以獲得股息或資本利得，即使考慮到會有本金損失之類的風險，人們卻還是一腳踏入了投資的領域。我開始投資後到目前為止覺得做過最正確的事情，就是在投資初期將「收益」的順序，從最優先順位挪到了後面。大部分的投資者都是為了收益而投資，但我認為比起立即獲得的收益，打下可以長久投資的基礎更為重要。為此，我在投資時，將「努力不要忘記」跟「在投資的領域盡可能獲得各式各樣的經驗」兩種因素放到最優先的位置。當然，我看到周圍有人獲得令人刮目相看的收益，也曾焦急地產生幾次想趕快獲得收益，讓自己更接近財富自由的想法。不過看波克夏・海瑟威的巴菲特跟查理・蒙格都已經接近九十歲了，仍舊在投資的世界活躍，就可以了解到所謂的投資，不是只能做幾年的行為，而是可以做一輩子的。也因此，才重新讓自己焦躁的心安定下來。比起使用不多的投資金額追求收益，我努力透過各種經驗打下穩固基礎。然後持續持有累積的投資金額，在帳戶餘額漸漸增加後，可運用資產隨著時間變得充分足夠時，就下定決心要產生一定程度的投資收益。

　　之後我嘗試了很多方法，盡量讓自己獲得經驗。我曾把帳戶分成很多個，也曾集中投資、分散投資，在每次訂好的時間做

定額累積型投資，或是按照市場情況進行非定期的累積型投資等等。為了不讓自己遭受損失，我做了各式各樣的嘗試，最後得到結論——在可承擔的範圍內，盡量分散投資是最好的。因此我將整體管理資產對應個別標的的比重維持在3%以內，並配合組成市場的產業比重，努力在自己的投資組合內也安排類似的產業比重。擁有某種程度的投資組合後，針對擁有的標的跟產業進行更深的研究，將手中持有中有損失的標的，以累積投資金額追加買進，來降低平均買進單價。如此一來，就會自然降低整體投資組合的波動性，也會呈現與S&P 500指數方向類似的移動。我為了不遭受損失的努力，開始獲得了正面的成果。

我透過這樣的經驗發現自己原本不清楚的事實，並藉由每次面對意料不到的狀況跟大事時，經過苦惱與苦惱過後下的結論累積，感覺到自己的成長。我也發覺到，投資並沒有所謂的正確答案，而是必須找到屬於自己的方式，並訂定自己的投資原則，那才是最重要的。就這樣，我那無損失、尋求各種經驗的投資初期方式，成為讓我從2015年開始到現在超過5年的時間，仍存活在投資的世界中，也能創造收益的基石，也是我想推薦給現在要開始投資的人的方式。

#02.讓對個人投資者而言最大的武器 「時間」站到自己這邊

像我這樣在上班的投資者最強的武器正是「時間」。個人投資者不是拿他人的錢接受委託投資，也沒有義務需在定好的日子內交出成果，因此只要自己狀況允許，就可以長久投資。觀察代表美國市場的S&P 500跟那斯達克100指數的長期走勢可以發現，雖然有大大小小的波動，但長期來看最後仍會呈現往右上移動的上漲模樣。因此日後若能讓時間站到自己這邊，就可以獲得成功的投資績效。而為了將時間這項武器變成自己的，需要努力做到兩件重要的事情。

第一件重要的事情就是「練習不要跟他人比較」。雖然大部分的投資者投資的目的是為了增加自己的收益，卻會不斷地跟他人績效做比較。每個人身處的環境、策略、目的等都不同，卻只拿收益這個指標來互相比較。這種比較很可能會讓自己變得急躁，甚至做起不合理的投資，進而導致不良的結果。因此為了好好利用被賦予的「時間」武器，要持續練習不跟他人比較，只固守自己的投資原則，在投資的世界中長久生存下去。

第二件重要的事情是「建立能長久投資的環境」。如果是有徹底了解「時間」對於個人投資者的意義的人，就一定知道必須從長期的觀點進行投資。不過實際上，如果被問到是否已建立能長期進行投資的環境，有自信且回答肯定的人卻比想像中少。霸氣滿滿想說最少要投資10年而開始接觸美國股票的社會新鮮人，很可能會忽略到自己將來可能面臨的結婚、居住安排、子女出生與養育等人生大事的重量。換句話說，你可能會遇到想說最少投資10年以上，也訂下投資策略跟原則，卻為了安排結婚跟新婚房等等，在接近自己說的10年這個時間點之前，就必須把之前的投資金回收的狀況。因此必須避免將不知何時會用到的不確定資金，或一定期間內使用不明的資金，草率放進長期投資的帳戶中。如果之後生命週期中預定會有需要大筆資金的事情，且發生的機率高時，建議先把資金優先安排應對該事件，等事情平安結束後，再正式選擇去提高投資金額。

要長久維持帳戶完整、建立持續投資的環境絕非易事，要考慮的狀況很多，意料之外的狀況也不少。此外，一路上一定會不斷遇到一些自認必須優先解決的事情。而且也會經常需要抑制自己想要盡快提高投資金額的慾望。建立能夠長期投資的環境就是一件這麼困難的事，所以如果能確實做到，就可以得到相應龐大的報償。用一句話來說，就是等到時機成熟，名為複利的豐收果實就會結下，並獲得巨大的收益。若個人投資者能像這樣，做到持續練習不與他人比較、建立能夠長時間投資環境的兩件事情，讓時間站在自己這裡的話，就可以持續進行成功的投資。

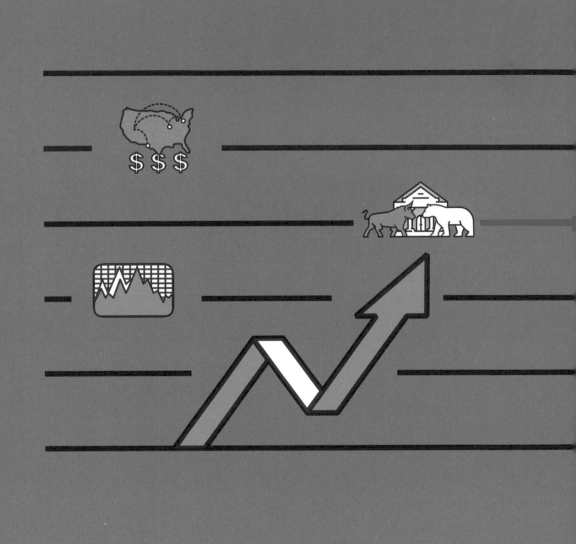

Chapter 4

股息

從股票股利開始的
美國股票投資

01

US STOCKS CLASS

　　如果想進行成功的投資，投資者就必須要會以自己的觀點來評估企業的價值。不過，評估企業價值的能力需要各種經驗以及很長的時間。即是說，這不是一朝一夕就可以獲得的能力。要一個剛開始投資的人來評估企業的價值，幾乎是不可能的事。所以通常會請周圍的人推薦不錯的企業，或是看其他人投資的企業，跟著一起投資。如果不是自己發掘、只是認為好的企業，可能就得相信自己的選擇以及該企業的競爭力，然後等待。但大部分的投資新手每天看著上上下下的報價螢幕，根本就睡不好覺。同時，日常生活中腦子裡也只充滿投資的企業，剩下的時間也時不時地查找相關資訊或新聞報導。如果持續這樣緊張的心理狀態，投資者最後會無法忍受，導致投資中斷，或立即離開投資的世界。投資新手在初期遇到的不安跟焦躁都是正常的。

　　當忍受跟戰勝這種不安時期的過程中所累積的經驗，昇華為自己專屬的投資原則時，我們才能真正走上一個成熟投資者的道路。

① 也有那種不那麼耗費心力跟不安的股票

所有投資新手應該都希望能夠不用太費力，並能緩解自己的焦慮。不安的心理程度，可能會隨你是從哪種特性的股票開始投資而有所不同。透過投資獲得的收益方式，比起只有資本利得一個關鍵因素的股票，若是可以期待獲得股息收益的股票，那投資者的心理應該就能舒緩許多。如果連波動性都小，那就更不用説了。不過，的確有股票有這種特性，那正是所謂的「股票股利」。過去數十年期間穩定支付股票股利，並擁有穩定股息政策的企業，自然會從投資者那裡獲得支持。當股票市場面臨危機，或因為外部因素導致股價大變動時，該企業的股價也能夠獲得溢價，使其不會掉到一定水準以下。即是説，數十年間累積的「連續股息」因素，能在危機來臨時，增加公司的生存力跟競爭力。

② 可估計企業競爭力的股息記錄

股票股利簡單來説，就是支付股利的企業股票。再正確一點説，就是可以持續且穩定支付股利，利潤增加時也可以提高支付股利的企業股票。在意股票股利的投資者，比起資本利得，更注意穩定的股利收取。所以他們會先觀察，該企業是否能持續不間斷地支付股利。長時間穩定支付股利，並且被認為將來也是如此的企業，一般來説財務狀態都很穩固，且企業也會在所屬的產業中擁有高市場占有率跟競爭力。總結來説，就是往後也跟之前一樣，會提升股利跟穩定支付的企業，就有很高的機率可以推論為優良且在各方便都傑出的企業。因此許多人會推薦投資新手，可以從股票股利開始投資。即使沒有縝密分析各方面的能力，只要好好了解「股息」這個指標，確認是否能穩定支付股利，就可以大幅降低損失風險。

股票股利擁有的
特性跟優點

02

US STOCKS CLASS

　　筆者於2015年步入職場，那年夏天初次獲得定期獎金後，就開始投資本國股票。之後過了1年來到2016年夏天，因為偶然的契機*開始買進美國股票，從那時起就以累積的方式投資美國股票，並持續到現在。自筆者從最一開始買進美國股票的2016年下半年，美國市場每年都會有高點爭議，也有大大小小的調節。但筆者帳戶餘額能持續提升，且到目前為止仍繼續投資的最大原因，正是因為第一次開始投資是從股票股利開始的關係。即使投資的企業股價大幅下跌，我仍會從每月自許多企業那裡收到的股利那兒，獲得巨大安慰。此外我也將收到的股利當作投資金額，再買進大幅下跌的

---

*　　當時使用的證券公司的MIS中，正進行海外股票手續費優惠活動，充滿好奇心的我就將買進本國股票後剩下的一部分存款換成美金，並隨便買了在MIS畫面上看到的公司。而我生平第一個買進的美國股票就是跟我國Dunkin'Donuts一樣販賣麵包跟蛋糕的Flowers Foods Inc.（代碼：FLO）這家烘焙公司，當時FLO呈現4%中盤的股息率。

企業，以希望能獲得更多股利的想法而持續投資。此外，針對持有企業中股價特別下跌的企業，我也積極研究確認其日後是否能穩定給予股利。這樣慢慢專注於分析企業，才造就了專屬自己的思維。用一句話來總結就是，我初次投資美國股票並買進的企業是股票股利，並因為股票股利擁有的許多特徵跟優點而度過諸多難關，才能到現在也持續進行投資。那股票股利到底有哪些特徵跟優點，適合投資新手呢？現在就來看看吧。

[圖4-1]初次買進美國股票時的記錄

① 顯示出企業穩定跟自信的股息政策

企業將獲得收益的一部分分給股東稱作股息，雖然單純，卻也暗藏各種意義。首先，企業施行股息政策，就是跟股東之間做默認的約定，因此股東回報政策從企業的信賴層次上來看，是不能輕易反悔或更動內容的。此外，企業支付股利，也意味著放棄相當於支付股利規模、可應對日後成長投資或預期利空的閒置資金。再加上，股息必須要以現金支付，若是無法確保持續的利潤跟完好財務狀況的企業，就無法輕易施行股息政策。從企業的立場來看，若是能穩定支付從各個方面來看都有負擔的股利，對投資者而言就是很吸引人的投資對象。

② 可期待現金穩定及持續流動的股票股利

一般來說，透過股票投資獲得的收益，是指透過將特定標的以比自己購買時的價格還貴的價錢進行轉賣，而獲得的資本利得。即是說，持有該股票的期間，如果股價不上升，則不管持有多少股票，也不會有收益。不過股票股利卻可期待比照持有股票數後，名為股息的穩定現金流量。投資者可透過投資企業的股息政策跟過去股息支付記錄，來判斷這個企業維持股息的穩定度，以及預測日後股息帶來的現金流量會是何種程度。

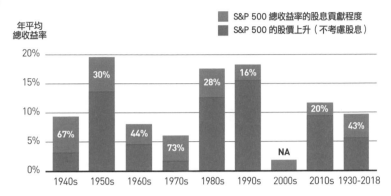

[圖4-2]股息在總收益率占的比重(10年單位)*

年平均
總收益率

■ S&P 500 總收益率的股息貢獻程度
■ S&P 500 的股價上升（不考慮股息）

| | 1940s | 1950s | 1960s | 1970s | 1980s | 1990s | 2000s | 2010s | 1930-2018 |
| | 67% | 30% | 44% | 73% | 28% | 16% | NA | 20% | 43% |

出處：Morningstar and Hartford Funds

③ 除了股價防禦外還有資本利得

　　持續穩定增加股利的優良股票股利，光憑此就能在市場中被認證為信賴度高的企業。這樣一來，該企業的股價即使下跌，如果原因不是來自企業本身，則投資者應該會用比過往低的股價買進該企業的股票。因此原本下跌的股價速度會減緩，而當被認為是股價下跌的原因獲得解決時，股價就會快速地恢復到下跌前的水準。像這樣，優良的股票股利股價下跌時，就會擁有卓越的股價防禦能力。

---

*　　S&P 500指數的總收益率在2000年左右是負的，但股利卻在10年期間提供了年度收益率的1.8%。

另一方面，由於股票股利是股票，若無毀損所謂「穩定且持續的股利支付」的核心價值，那麼隨著時間經過，股價就會自然而然上升。即是說，投資者在持有期間除了獲得股息收益，還會獲得資本利得作為另一收益，可以說是一石二鳥。

[圖4-3]可口可樂20年間股價與股利、股息收益走勢（2000年～2019年）＊

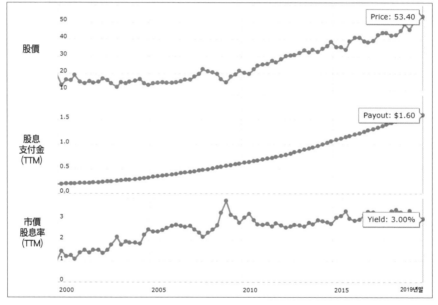

出處：www.macrotrends.net

＊ 從可口可樂（KO）的案例可以看到，優良的股票股利對照穩定成長的利潤，股息支付金也會提升，股價亦會跟著上升，形成理想的模樣。我們也可以從中觀察到，股息支付金跟股價算出的市價股息率（＝年度股息支付金/股價）隨著兩變數的上升，於2000年後維持在3%內外的一定水準。

④ 透過股息再投資，將雪球愈滾愈大

美國企業以每季支付股息為標準，但一部分股票也會每月支付股利。若將股息支付週期跟其他適當分散每月股息標的來投資，就能每月獲得股利，且不把收到的股利領出，而是應用來追加買進（再投資）股票，就能將投資金額以複利愈滾愈大。投資者用每月收到的股利，透過追加買進持有標的中評估損失的股票，降低該股票的平均買進單價，就可以看到對應買進的股息率提高之效果*。

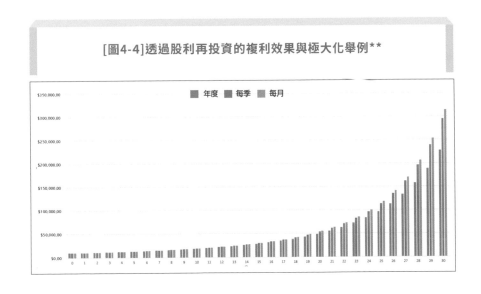

[圖4-4]透過股利再投資的複利效果與極大化舉例**

---

*　若以比既有平均買入單價低的價格追加買進A企業，則新的平均買進單價當然會降低。這時相當於股息率計算公式中分子的A企業，其支付的股利無變化時，相當於分母的平均買入單價會比之前低，所以股息率就會上升。

**　初期投資金額是$10,000，股息率是5%，假設股息上升率每年是5%，那麼股息再投資週期愈短，則整體期間中最後時機的複利效果愈能最大化。

這樣的股息再投資策略持續進行時，投資期間愈長，複利效果愈能最大化，因此跟無再投資時比起來，差異會顯得很大。

⑤ 可以維持心理穩定的股票股利

股價就像活著的生物一樣，會不斷地變動。投資者在自己投資的企業股價上升時，會擔心不知何時又會下跌，以及不知何時得賣出。相反的，股價下跌時，也會因為評估損失引發的不安跟焦急，而承受很大的壓力。這樣的心理不安跟負擔，很可能會阻礙投資者的理性判斷，並招來負面的投資結果。

但若有可週期性收到的股息，就會像乾旱大地降下的甘霖，減少投資者心中的不安，且幫助維持平常心。即使股價下跌或波動性變大，這段時間收到的累積股利跟之後預計會收到的股利，都能帶給投資者心理上的安定，也可協助其做出合理的判斷。

協助成為成功投資者的基石–股票股利

若是投資新手，就愈要特別注意到目前為止介紹的股票股利的共通特徵跟優點。因為愈是還未找到自己的投資原則跟建立標準的投資者，股息給的益處跟重要性就愈大。投資初期收到股息的絕對金額一定較少，不過持續且經常收到的股息，會讓投資者在變化倏忽且充滿不確定性的投資世界中存活許久，並成為其成長為成功投資者的重要基石。

愈是投資金額不多的投資初期，比起在成長可能性高的股票上獲得高收益，最好立下目標，努力透過在股票市場存活下來的許多經驗，打下長久投資的穩定基礎。因為比起你現在獲得的10%收益，往後變更大的投資金額的1%，在絕對性的收益金額上是會更大的。那麼現在就來了解一下，選擇好的股票股利的標準跟方法吧。

要怎麼選擇
好的股票股利？

03

US STOCKS CLASS

　　所謂好的股票股利，就是守著一致的股息政策，並能隨著增加的利潤增加股利，持續且穩定支付股利的股票。有這些特徵的股票股利，可以為投資者帶來持續的現金流量跟穩定的股息收益。投資者為了找到這樣「好的股票股利」，應該要觀察哪些具體的指標呢？

① 每股股利跟殖利率

　　（1）**每股股利**（DPS, Dividend per Share）：每股股利是指投資者買進的股票每股可收到的股利。一般來說，股利是以1年為單位支付的股息金額，並隨企業訂定的半年、季、月等支付週期分開支付。例如說，若有一個每股股利是$10、支付週期是每季支付的股票股利，則每季每股就可以收到$2.5的股利。

　　通常股利會以徵收股息所得稅金前為準來標記，本國證券公司則會代扣相當於支付股利15%的金額，再將稅後的股利以美金存進投資者的帳戶。

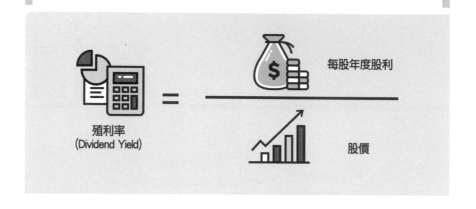

[圖4-5]理解殖利率公式

殖利率
(Dividend Yield) = 每股年度股利 / 股價

（2）**殖利率（Dividend Yield）**：投資者必須從殖利率來判斷該企業的股息收益是高還是低。殖利率是用每股股利去除以股價得來的，是適合在將股利跟各期其他許多股票股利比較時應用的指標。例如說，股價是$100的企業A跟$1,000的企業B，要支付$10的每股股利時，投資者雖然從兩個企業獲得同樣金額的股利，殖利率卻各是10%（企業A）、1%（企業B），差異相當大。此外，尋求殖利率時，殖利率的意義會根據需要股價是以何種價格訂定而有所不同。若以每天隨時都在變化的股價為基準去計算殖利率時，會稱作「市價股息率」，而以投資者的平均買進單價為基準計算時，則稱作「買進價對照股息率」。

另一方面，殖利率也可以在判斷該企業的股價水準時，當作輔助指標。某企業過去幾年平均殖利率維持在3%的水準，但目前殖利率比其低（高）時，投資者可判斷目前股價的高估（低估）與否，來決定賣出（買進）。

[圖4-6]萬事達卡最近10年間股價、股利與殖利率走勢
（2010年7月～2020年7月）*

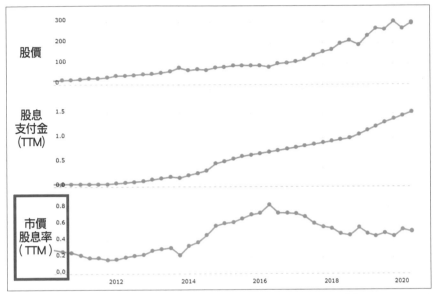

出處：www.macrotrents.net

（3）高殖利率很有可能是陷阱！

　　如同前面介紹的，殖利率是由「每股年度股利」跟「股價」兩種因素決定的。因此殖利率高的高股票股利，必須要確認是股利跟股價中哪個部分導致殖利率變高。若是基於企業增加利潤的股利而提高殖利率，則會被看作是正面的情況。但若是不願放過在市場上持續獲得利潤的企業股價，即刻上升的股價有很高的機率會再將該

---

*　萬事達卡（MA）的案例：若股價（上）上漲，支付的股利（中）也
　　會上升，使殖利率（下）持續維持不到1%。

企業的殖利率恢復成平常的水準。即是說，如同股利上升，股價也會上升，導致殖利率本身沒有太大的變化。

不過若是股利維持原樣，股價持續下跌，使殖利率變高的企業，就必須謹慎小心。企業的股價之所以會下跌有很多原因，但最大的原因可能在於競爭力降低跟利潤減少，而利潤作為股息的來源，其減少代表日後支付的股利可能縮減或中斷。

結論來說，投資者盼望高股息收益而買進高股利股票，但股息大幅縮減或中斷，使得股息收益也沒能拿到多少，股息問題也導致該企業的股價下跌，最糟的狀況還可能出現損失。因此各位必須記得，無條件只看高的殖利率來決定買進是很危險的。

更上一層樓
LEVEL UP

明明是同樣的企業，提供資訊網站的殖利率卻都不一樣，為什麼？

　　我們可以從各式各樣的網站中獲得企業股息相關的資訊。不過每個網站上，即使是同一個企業，資訊也可能不盡相同，而其中最具代表性的例子就是「殖利率」。通常這種情況會在每個網站對於年度股利的標準處於不同狀態時，該企業的支付股利提高時發生。

　　這個時候，有些網站會用最近4季的股利和來計算年度股利，另一方面也有其他網站會用最近上漲的季股利乘以4後的數值計算年度股利。這時即使是同樣的企業，不同網站的殖利率標示也可能有所不同。

[圖4-7]用高通的案例來理解各網站計算殖利率的方式

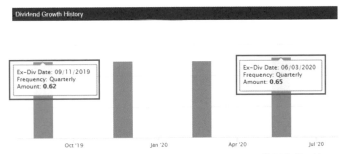

Dividend Growth History

Ex-Div Date: 09/11/2019
Frequency: Quarterly
Amount: **0.62**

Ex-Div Date: 06/03/2020
Frequency: Quarterly
Amount: **0.65**

Oct '19　　　　Jan '20　　　　Apr '20　　　　Jul '20

出處：Seekingalpha.com

　　如果我們將從2020年第2季開始股利上升$0.03的高通作為例子，用最近4季的股利和計算年度股利時，會是$2.51（=0.62+0.62+0.62+0.65）；而用最近上漲的季股利$0.65去乘以4所計算出來的年度股利則是$2.6（=0.65×4）。目前股價是$78.7，所以各自計算出來的殖利率會是3.19%*跟3.3%**。根據年度股利決定的不同，同樣企業的殖利率也會呈現不同的標示。

---

*　　　= 2.51 / 78.7×100

**　　= 2.6 / 78.7×100

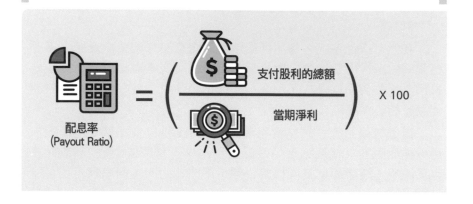

[圖4-8]理解配息率公式

配息率
(Payout Ratio) = (支付股利的總額 / 當期淨利) X 100

② 配息率

　　配息率（Payout Ratio）是表示企業在一定期間透過營業活動賺到的淨利中，要以現金支付給股東的股利總額比率。例如説，假設創下當期年度淨利10億美金的企業，支付了2億美金的股利，那麼這個企業的配息率就是20%。配息率指標是企業在對照賺取利潤，以判斷支付的股利規模是否適當時應用的指標。若是配息率超過100%的企業，則需支付比目前賺取的利潤更多的金額作為股息。如果近來利潤沒有大幅成長，那麼股利就有很高的機率在不久後被縮減。相反的，配息率若為50%下的企業，則可評估是利潤維持或成長，日後企業股利提高的可能性很高。

　　配息率並不是所有企業都適用的標準。此外，也並不是配息率高就一定好、低就一定不好。因為這可能根據企業所屬的產業而有所不同，也可能根據企業的生命週期目前所處的位置不同，而有不

同的配息率。因此，投資者必須比較視為投資對象的企業所屬產業的平均配息率，以及類似水準的競爭企業的配息率，來判斷支付股利是否恰當。

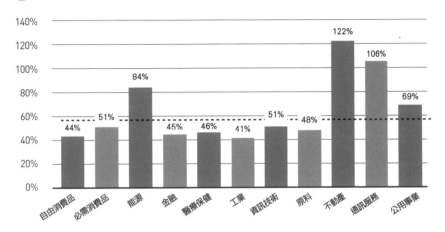

[圖4-9]羅素1000指數編入企業的各產業類型平均配息率
（以2018年1月為基準）*

出處：Smartdividendstocks.com, Bloomberg, Yahoofinance

---

* 羅素1000指數編入企業中排除未支付股息企業後的產出，以2018年1月為基準

不動產行業應該確認 FFO 跟 AFFO 的穩定性
而非配息率

　　不動產（REITs）對大多數的投資者而言，是指發行股票並將募集的資金投資在不動產或不動產相關股份的公司。不動產在法律上需支付課稅所得的90%以上作為股息，因此在找股票股利時，通常會是最先尋找的對象。不過不動產企業大部分配息率都會超過100%，因此有一些投資者會排除在投資標的之外。不過考慮到不動產取得資產後會將租賃所得分配為股息的行業特性，應該要用涉及實際現金流量的「FFO」跟「AFFO」等指標，而非會計上的利潤（當期淨利），來評估股利的支付規模是否合理。

　　FFO（Funds From Operations）＝當期淨利＋折舊費用－資產銷售差額（利潤的話減去、損失的話加上）

　　不動產（REITs）會編入許多不動產資產，因此會計上會產生與其相應的「折舊費用」。折舊費用雖然不是實際現金支出的費用，但會在會計上處理成計算上的費用，所以企業利潤會扣除相對折舊的費用。不過FFO會將無實際現金支出的折舊費用重新加到當期淨利，而透過加減持有資產銷售產生的一次性差額，就能呈現較為正確的企業現金流量。不動產企業需支付課稅所得90%以上為股息的特性上，確認身為股利財源的現金流量是否穩定健全非常重要，而FFO就是可以解決投資者這部分好奇心的重要指標。

　　AFFO（Adjusted Funds From Operations）＝FFO＋租賃提高－資本性支出－維修費用

　　AFFO是比FFO再更上一層，將租賃費調漲的部分跟資本性支出、維修費用等一起考慮進來，再更保守一點的企業現金流量呈現指標。像這樣，不動產企業在計算配息率時，算式中的分母值必須要用FFO或AFFO，而非當期淨利去計算，才能正確判斷相對利潤的支付股利規模的合理性。FFO或AFFO不

需要投資者親自計算，各企業在發表季度業績時會標記財務業績資訊，因此就能掌握對應FFO或AFFO支付股利的規模。

[圖4-10]可確認年度財務成果的FFO跟AFFO（Realtyincome案例）*

For the Years Ended December 31,	2019	2018	2017	2016	2015	2014
Total Revenue (1)	$1,423	$1,281	$1,170	$1,060	$980	$895
Net income available to common stockholders	$436	$364	$302	$288	$257	$228
Funds from operations ("FFO")(2)	$1,040	$903	$773	$735	$652	$563
Adjusted funds from operations ("AFFO") (2)	$1,050	$925	$839	$736	$647	$562
Dividends paid to common stockholders	$852	$762	$689	$611	$533	$479

出處：Realtyincome.com

[圖4-11]寶僑的長期股利支付走勢**

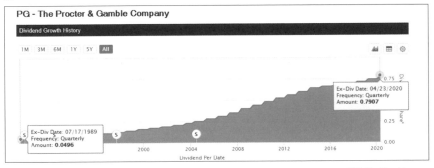

出處：Seekingalpha.com

---

* 作為有「The Monthly Dividend Company」商標註冊的月配息代表企業的其中之一，不動產企業「Realty Income（O）」的財務資訊中，可以確認到FFO跟AFFO。

** 美國的代表必需消費品企業寶僑（PG）長久以來經歷過數次危機，卻仍然穩定提升股利，且無股息中斷或裁減等狀況。1989年每股為$0.0496季度股息，在2020年7月已經變為每股$0.7907，在30餘年的歲月期間，足足增加了16倍。

③ 股息發放記錄

過去股息記錄（Dividend History）是判斷企業經營能力跟穩定股息支付能力的重要資訊。在全球金融危機或貿易糾紛、病毒導致的疫情等各種事件，使企業的銷售跟利潤可能會受到不利影響的情況下，也沒有支付股利裁減或中斷的記錄，就表示該企業在危機狀況下也能穩定支付股利，經營能力十分卓越。而過去股息有裁減或中斷記錄的企業，未來在遇到危機時有很高的機率會重複類似的行動，因此在選擇股票股利時，這部分需特別注意。

[圖4-12]從3M Company案例看股息連續成長的記錄

MMM - 3M Company

Dividend Summary

市價股息率(推測)	年度股利(推測)	配息率	5年間股息成長率	連續股息成長年分
3.79%	$5.88	71.68%	10.99%	61 Years

出處：Seekingalpha.com

④ 股息成長記錄

只看市價股息率或配息率來判斷吸引人的投資對象是不夠的，這裡還要額外考慮的部分就是「股息成長記錄（Dividend Growth History）」。我們必須要觀察股息增加的累積年分是幾年，以及最近幾年期間股息成長率的程度。

企業為了增加支付的股利，必須要先行增加身為股利來源的利潤，為了增加企業的利潤，就必須要增加銷售跟獲利。用一句話總結，就是企業需要持續成長。持續成長的企業利潤增加的同時，股利也就能持續增加。這些企業稱為「股息成長股」，雖然目前的殖利率低，但每年增加的股利規模非常可觀。股息成長股除了單純增加股利之外，企業本身也在成長，因此在市場中會得到好的評價，並有持續提高股價的傾向。由於股價會隨股利提升，殖利率（＝股利/股價）會有幾年呈現類似的狀態。

這種股息成長股的代表案例正是除了中國以外，全球市場占有率有50%以上的信用卡網路第1名企業VISA（V）。2009年1月初VISA的股價是$13.23，2009年年度股利是$0.44，而殖利率約在3%左右。這個企業在2009年以後10年期間獲得巨幅成長，並以此為基礎，每年股利成長25%，股價甚至在2020年7月底來到$196，年度股利是$1.2，殖利率連1%都不到。即是說，股利每年增加25%，使得股價也跟著提升不少，殖利率也比10年前更少。不過2009年當時VISA股票每股是$13.23，即使只買1股，現在的資本利得也已足足多了14倍以上，殖利率則是約超過9%（＝$1.2/$13.23），投資績效非常驚人。就像這樣，股息成長股在買進之後，即使只是長時間持有，以穩定的企業成長為基礎，就能一石二鳥抓住「資本利得」、「股息收益」，有很強烈的投資吸引點。

[圖4-13]VISA的股息的成長記錄跟過去各季殖利率

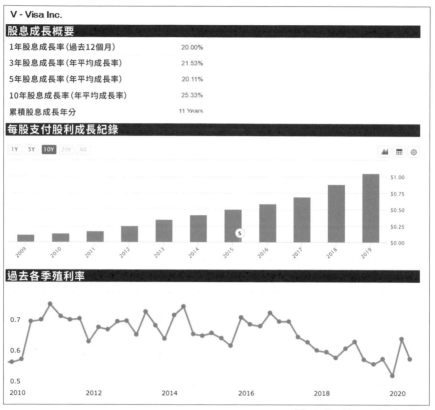

出處：Seekingalpha.com, Macrotrends.net

⑤ 其他財務資訊

如果想看看到目前為止介紹的標的之外其他資訊，可以去觀察該企業的財務資訊，讓投資判斷更加正確。必須觀察銷售（Revenue）跟利潤（Profit）是否持續增加，以及營業利率是否維

持，並留心在透過新投資或合併等負債增加時，是否有與其相應增加的利潤。「自由現金流量（Free Cash Flow）」被認為是預測股息穩定性跟持續性最重要的財務資訊。這個指標是企業營業現金流量（Cash Flow From Operating Activities）中，除去為了企業未來投資有、無形資產的資本支出，所剩下的現金。跟不動產企業的FFO/AFFO是類似的脈絡，是只檢視現金流入跟流出，測定企業可創造的現金量的指標。

[圖4-14]Apple的自由現金流量

出處：Yahoofinance.com, Macrotrends.net

就如同前面介紹過的，股息必須以現金支付，因此企業能賺取現金的程度就很重要。因為有很多會計處理方法可以造假，比起單純只看財務報表上的利潤，為了掌握正確的企業股息支付能力跟上升空間，必須參考可掌握到每季產出閒置現金規模的自由現金流量（FCF）。

[圖4-15] 在Yahoofinance網站上查詢企業的現金流量資訊*

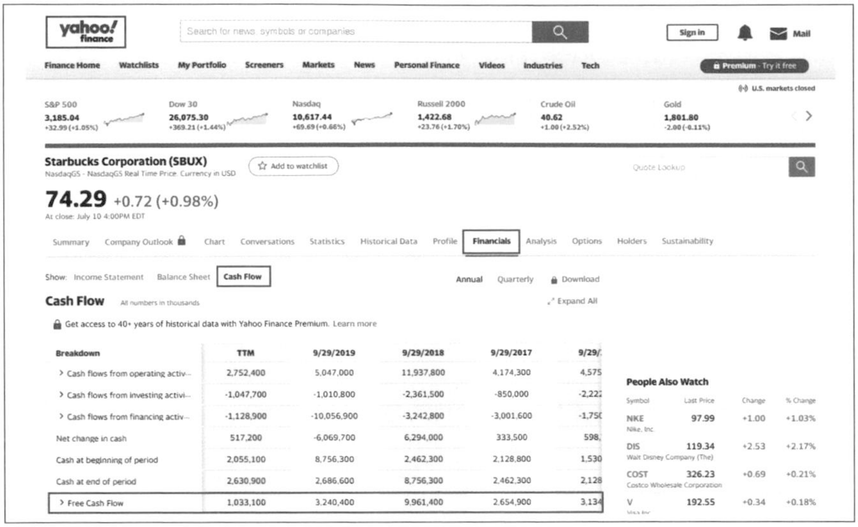

出處：Yahoofinance.com

⑥ 優良股票股利的別名

到這裡，你可能會覺得「啊，一定會有人有那種收集好的優良股票股利清單……」。不過恰巧的確有一些只屬於這些企業的別名。股息王（Dividend Kings）是50年以上，股息貴族（Dividend Aristocrats）是25年以上，股息成就者（Dividend Achievers）則是10年以上連續增加股利支付的企業享有的稱譽。** 2020年7月底股息王有30個企業，

---

* 企業的最新自由現金流量（FCF）資訊可以在YahooFinance網站上搜尋後，於「Financials」選單中的「Cash Flow」免費確認。

** 股息王或是股息成就者雖然沒有「屬於S&P 500企業」的條件，但股息貴族卻有「屬於S&P 500企業」的條件。

股息貴族有65個，股息成就者則有約260個企業。這種別名標準「連續股息增加期間」，是企業歷經無數經濟危機跟各種變數、不斷的競爭而能生存至今，並持續增加支付給股東的股利的榮譽指標。這個期間是累積的，因此假設中間股息有縮減或是中斷，則必須從頭開始累積股息增加年分，因此非常難達成。

[表4-1]一定期間以上連續增加支付股利的企業別名

別名	標準
股息王 Dividend Kings	〈50年以上股息增加企業〉
股息貴族 Dividend Aristocrats	〈25年以上股息增加企業〉
股息成就者 Dividend Achievers	〈10年以上股息增加企業〉

更上一層樓
LEVEL UP

股息貴族跟股息冠軍
有什麼差異呢？

A.股息貴族（Dividend Aristocrats）跟股息冠軍（Dividend Champions）都是25年以上連續增加支付股利的企業。不過股息貴族還有一個「屬於S&P 500的企業」條件，而股息冠軍則包含沒有屬於S&P 500的企業。即是說，雖然同樣是「25年以上連續股息增加企業」，但股息冠軍所屬企業數量會比股息貴族所屬企業數量來得多。

[表4-2]2020年股息王清單-各產業類型企業數跟企業名稱

2020 股息王目錄 (2020 Dividend King List)			
產業類型與企業數	企業名稱（代碼）	產業類型與企業數	企業名稱（代碼）
Consumer Defensive（必須消費品，9個）	The Colgate-Palmolive Company CL	Utilities（公用事業，4個）	American States Water AWR
	Hormel Foods Corporation HRL		California Water Service CWT
	The Coca-Cola Company KO		Northwest Natural Gas NWN
	Lancaster Colony LANC		SJW Group SJW
	Altria Group MO	Financial Services（金融，3個）	Cincinnati Financial CINF
	Procter & Gamble PG		Farmers & Merchants Bancorp FMCB
	Sysco Corporation SYY		Commerce Bancshares CBSH
	Tootsie Roll Industries TR	Consumer Cyclical（自由消費品，2個）	Genuine Parts Company GPC
	Universal Corporation UVV		Lowe's Companies LOW
Industrial（工業，7個）	ABM Industries ABM	Basic Materials（原料，2個）	Stepan SCL
	Dover Corporation DOV		H.B.Fuller FUL
	Emerson Electric EMR	Real Estate（材料，1個）	Federal Realty Investment Trust FRT
	3M Company MMM	Healthcare（醫療保健，1個）	Johnson & Johnson JNJ
	Nordson NDSN	Energy（能源，1個）	National Fuel Gas NFG
	Parker Hannifin PH	股息王：共30個	
	Stanley Black & Decker SWK		

Mega Caps	市價總額 $200 Billion 以上	3 個 (JNJ, PG, KO)
Large Cap	市價總額 $10 Billion ～ $200 Billion	11 個
Mid Caps	市價總額 $2 Billion ～ $10 Billion	8 個
Small Caps	市價總額 $300 Million ～ $2 Billion	8 個

持續增加支付股利超過一個企業的平均生存年份，即表示該企業擁有優秀的競爭力，也代表管理階層是視其為重要指標進行經營。這種優良股票股利穩定更新過去他們持續的「連續股息增加期間」，並以穩定性為最優先考量，也就表示是投資新手很適合買進的企業。

低波動與
可收固定股息的特別股

即使從過去到現在都有持續支付股息的記錄，你也不知道他會在何時裁減或中斷股利。若你對股利支付能力是否穩定抱持懷疑，該股利股票的股價就會受到影響，而這種波動也是投資者必須承受的部分。但是你知道，有那種波動性非常小，又每次都可以獲得固定股息的股票股利嗎？

① 雖無表決權，但有股利分配優先權的特別股

在股票市場交易的大部分股票中，有看持有股票數來決定表決權的普通股，但一部分企業也會發行普通股之外的「特別股（Preferred Stock）」。特別股雖然沒有表決權，但特徵是比起普通股，有領取股息的優先權。換句話說，若要支付普通股的股東股利，則需先支付給特別股股東股息才行。企業為了新投資或合併等需要籌措資金時，其中一項方法就是發行特別股。這個方法並不是從誰那裡承擔償還的義務，而是透過發行股票來籌措資金，因此負債比率不會受到影響，並能擴充資本金額。

[圖4-16]富國銀行集團特別股系列W的詳細內容

WFC.PRW — KEY STATS

Series: 系列	W
Alternate symbology: 代碼標記類型	WFC-W, WFC-PW, WFCprW
Redeemable?: 是否再買進	Yes
Call Date: 買進權利實施可能日	3/15/2021
Perpetual?: 是否有永久性	Yes
Cumulative?: 是否支付累積股息	No
Shares Offered: 發行股票數	35,000,000
Overallotment: 可能超過分配數量	5,000,000
Liquidation Preference: 每股發行與買進價	$25
Recent Market Price: 最近股價	$25.60
Premium to Liquidation Preference: 溢價 (More Preferreds Trading at a Premium »)	$0.60 (2.40%)
Annualized Dividend: 年度支付股利	1.425
Recent Ex-Date: 最近股息跌率	5/28/2020
Current Yield: 目前股價基準股息率	5.57%
Original Coupon: 發行初期基準股息率	5.70%
Pay Period: 股息支付週期	Quarterly
Pay Dates: 股息支付日	15-Mar, 15-Jun, 15-Sep, 15-Dec

出處：www.Preferredstockchannel.com

② 投資者必須知道的特別股發行條件

每個企業的特別股發行條件都不一樣，但一般會以支付股利固定的特別股（固定股息特別股）的型態發行。每股發行價（面額）是$25，股利支付週期則是一般季度，並從最一開始發行股票日經過一定期間後，發行企業會給予可用一開始發行每股單價重新購買的選擇（Call Date）。若看美國的跨國金融服務企業──富國銀行集團（WFC）發行的特別股（系列-W）的發行詳細內容，可以知道最一開始發行時每股單價（面額）是$25，並在每季（3/6/9/12月）支付一年5.7%（稅前）的固定股息。雖然沒有另外的到期日

（Perpetual is Yes），但從2021年3月15日（Call Date，買進權利產生基準日）之後，發行主體富國銀行集團希望時，任何時候都可以實施買進權利。買進權利是企業的選擇事項，即使超過權利產生基準日，也能不實施，而若要實施權利，則會在30～60日前通知股東。每當企業需要確保資金時，就可能隨時發行特別股，因此有可能接著好幾回發行特別股。每當發行特別股時，會用系列（Series）區分，並會傾向讓發行順序跟字母順序一致。也就是說，「系列-W」後面發行的特別股就會是「系列-X」等等。

③ 相對波動性較小的特別股股價

如果將固定股息特別股用比面額低的金額買進，就能打造不太會受到損失的構造。就像前面我們看過的WFC-PRW，以每股$25發行的特別股，必須在每季分開支付5.7%（稅前）的股息（年$1.425）。如果投資者以每股$23的價格買進，則在持有期間就可以每年都穩定獲得6.2%（=$1.425/$23，稅前）的股息。發行企業若實施買進權利，則必須以$25買回，因此就可以獲得每股$2的資本利得。從這方面來看，特別股雖然是股票，但反而在特性上跟債券有點類似。

若是希望股價波動性相較巨大收益來得小，並有持續穩定的股息收益的投資者，固定股息特別股應該會是很吸引人的投資對象。因此像富國銀行集團或摩根大通、高盛等優良企業發行的固定股息特別股在市場上很受歡迎，導致股價也高居不下。再加上，每個系列發行的股票有限，交易量也低，股價若跌得比面額低，就會有很多人跟著買進，之後就會回到跟面額差不多的價錢。這種股利支付沒有大問題的企業的固定股息特別股，也可能再加上溢價，在市場中以面額以上的價格進行交易。

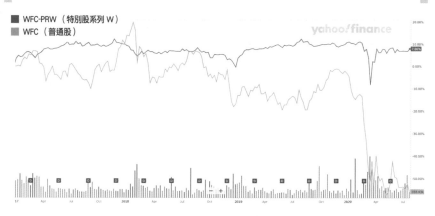

[圖4-17]富國銀行集團特別股（系列W）跟普通股股價變動差異
（2017年1月～2020年7月）

■ WFC-PRW（特別股系列 W）
■ WFC（普通股）

出處：Yahoofinance.com

④ 固定股息特別股完全沒有風險嗎？

　　即使是可以持續收到低波動性股利的固定股息特別股，也不是完全沒有風險。雖然可以比普通股先拿到股利，當經營惡化導致企業無股息支付餘力時，普通股跟特別股可能都會中止支付股息。而在特別股中，將未支付的股利累積下來，將來一定得支付的義務型累積（Cumulative）特別股，在公司將來狀況變好後可以一次收到過去延遲的股利。但非累積特別股的一般特別股，即使是固定股息特別股，也可能收不到股息。此外，再怎麼樣穩定的特別股，畢竟都還是股票，假設到了企業拒絕支付或破產的境地，仍有投資金全部報銷的風險。因此投資者在選擇固定股息特別股時，比起關注是否有高股息率，必須要先觀察可能為股息來源的企業銷售跟利潤穩定性、對應自由現金流量（FCF）的特別股總支付股利比重等。

⑤ 可獲取特定企業特別股資訊的地方

(1)發行企業的官網IR

最可以正確獲知特別股相關資訊的地方，就是發行企業的官網了。根據每個企業的官網設計或選單組成，有時特別股的相關資訊頁面可能會很難找，因此我推薦你使用在Google上用關鍵字搜尋的方法。例如說，如果想找富國銀行集團發行的特別股資訊，就在Google搜尋「WFC Preferred Stock List」，就可以馬上連到該企業官網的IR（Investor Relations）公布欄。你可以在IR公布欄上確認到目前為止發行特別股的所有資訊，也可以比較特別股的各系列發行的詳細資訊。

[圖4-18]有富國銀行集團發行特別股資訊的IR頁面

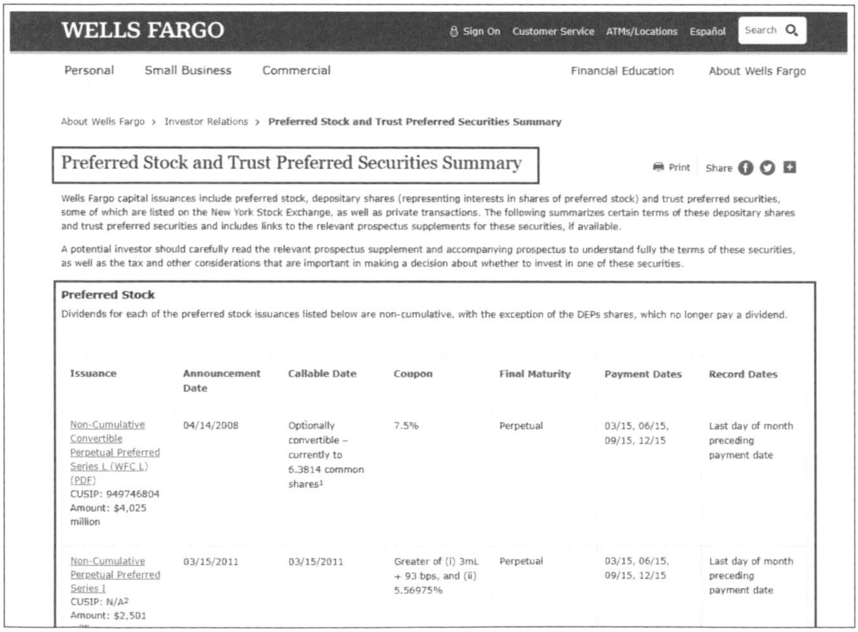

WELLS FARGO　Sign On　Customer Service　ATMs/Locations　Español　Search

Personal　Small Business　Commercial　Financial Education　About Wells Fargo

About Wells Fargo › Investor Relations › **Preferred Stock and Trust Preferred Securities Summary**

Preferred Stock and Trust Preferred Securities Summary

Print　Share

Wells Fargo capital issuances include preferred stock, depositary shares (representing interests in shares of preferred stock) and trust preferred securities, some of which are listed on the New York Stock Exchange, as well as private transactions. The following summarizes certain terms of these depositary shares and trust preferred securities and includes links to the relevant prospectus supplements for these securities, if available.

A potential investor should carefully read the relevant prospectus supplement and accompanying prospectus to understand fully the terms of these securities, as well as the tax and other considerations that are important in making a decision about whether to invest in one of these securities.

Preferred Stock

Dividends for each of the preferred stock issuances listed below are non-cumulative, with the exception of the DEPs shares, which no longer pay a dividend.

Issuance	Announcement Date	Callable Date	Coupon	Final Maturity	Payment Dates	Record Dates
Non-Cumulative Convertible Perpetual Preferred Series L (WFC L) (PDF) CUSIP: 949746804 Amount: $4,025 million	04/14/2008	Optionally convertible – currently to 6.3814 common shares[1]	7.5%	Perpetual	03/15, 06/15, 09/15, 12/15	Last day of month preceding payment date
Non-Cumulative Perpetual Preferred Series I CUSIP: N/A[2] Amount: $2,501	03/15/2011	03/15/2011	Greater of (i) 3mL + 93 bps, and (ii) 5.56975%	Perpetual	03/15, 06/15, 09/15, 12/15	Last day of month preceding payment date

出處：www.Wellsfargo.com

(2)Preferred Stock Channel(www.preferredstock-channel.com/)

這個網站收集了特別股相關的各種資訊。不僅有特定企業發行的特別股，還可以找到美國股票市場中眾多特別股的相關資訊。投資者可以透過這個網站的「Preferred Stock Screener」選單，用自己訂下的標準找到想要的特別股。不過，可以免費使用的頁面瀏覽次數有限，若希望獲得更多資訊，必須付費後使用。

[圖4-19]〈Preferred Stock Channel〉的
「Preferred Stock Screener」選單

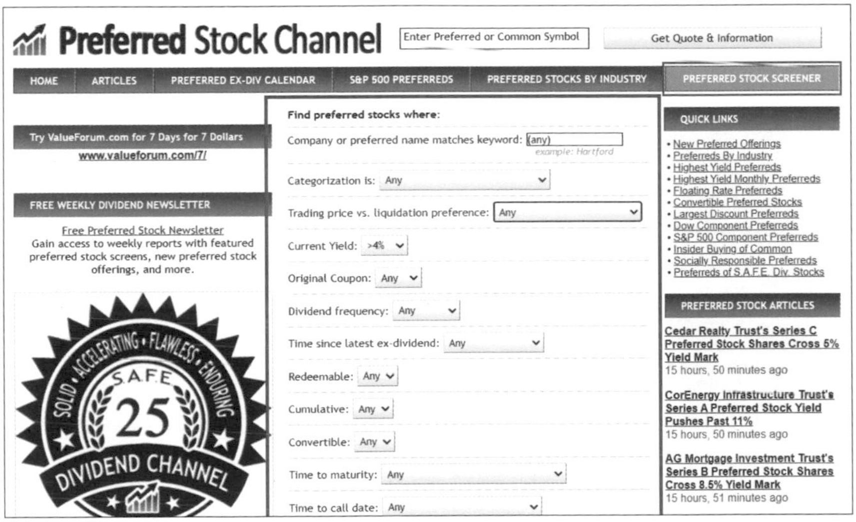

出處：www.Preferredstockchannel.com

特別股為什麼會以比面額貴、甚至加上溢價來交易呢？

　　如果投資者給特別股面額加上溢價後買進，在買進權利產生基準日前，可收到的股利比溢價還大的話，投資者就可以透過該特別股投資獲得收益。但這是在假設買進權利產生基準日時立刻實施權利時計算的狀況，若不實施買進權利，則可以繼續收固定股利，投資者的收益會逐漸增加。愈是財務結構優良的企業，愈有增加高溢價的傾向。

可對特別股多一點了解的內容

· 特別股每股發行價（面額）並不總是$25，可能隨企業訂定為$50、$100等等。

· 特別股發行中金融股占的比重雖高，但不動產或一般企業也會發行特別股。

· 最近發行的特別股在一定期間支付固定股息後，會連動到公司訂定的特定利率期貨，以支付股利不同的波動性股息型態發行。

- 市場中利率愈低，企業愈會償還用原有高股息率發行的特別股，並發行更低的新系列特別股。
- 特別股在每個資訊提供網站或證券公司的標記方式可能不太一樣。例如說，摩根大通發行的特別股系列-H會結合JPM-H、JPM.PRH、JPM.PH、JPM-PH、JPMPH等普通股的代碼跟表現特別股的PR或P、系列字母等來標記，因此在搜尋該企業時可能會比較辛苦。
- 也可以將投資含有特別股的ETF當作備案。

※用200個標的以上組成的特別股ETF Top3：
　①PFF, ②PGX, ③VRP（以營運資產規模排列）

擊退股票股利
投資勁敵的
4種祕訣

05

　　陷入股票股利魅力之中的投資者，要維持與優良穩定的股票股利長期同行的決心，絕對不是件簡單的事情。投資者一開始買進股票股利後獲得幾次股利時，還會感到滿足，但哪天看到其他企業不斷上升的股價，就會開始對股票股利投資感到遲疑。總覺得股票股利的低變動性停滯不前，持續進來的股利不是帶來穩定感，反而讓人覺得厭倦，甚至會將以好價格買進的優良股票股利賣出。就這樣，賣出股票股利的投資金額，會只拿來投資在短時間可以帶來高收益的企業。結果好的話會認為當初做了很好的選擇，但大部分的投資者其實都會在日後對自己過急的判斷感到後悔。從現在開始，我會介紹幾種方法，可以讓投資者在投資股票股利時，撐過各種誘惑，並減少後悔自己選擇的狀況。如果可以理解並應用這個方法，投資者不會只看到股息收益或資本利得，而會稍微從其他觀點找到投資的樂趣，並能持續長久的股票股利投資。

① 記錄股息月曆

[圖4-20]將每次收到的股利按月分記錄製成的「股息月曆」

종목명	JAN	FEB	MAR	APR	MAY	JUN	JUL	AUG	SEP	OCT	NOV	DEC	TOTAL
	$ 136.90	$ 225.90	$ 161.70	$ 157.20	$ 242.20	$ 180.70	$ 171.00	$ 261.70	$ 194.58	$ 182.00	$ 278.10	$ 208.60	$ 2,401.58
Altria Group, Inc.	$ 50.50	-	-	$ 52.70	-	-	$ 56.20	-	-	$ 62.40	-	-	$ 221.80
Cincinnati Bell Inc.	$ 43.20	-	-	$ 54.20	-	-	$ 61.20	-	-	$ 64.10	-	-	$ 232.70
AT&T Inc.		$ 142.10			$ 152.40			$ 162.30	-	-	$ 168.90		$ 625.70
Goldman Sach		$ 32.70			$ 35.40			$ 41.30	-	-	$ 45.80		$ 155.20
Wells Fargo & Company			$ 43.70			$ 46.80			$ 48.90	-	-	$ 51.20	$ 190.60
Exxon Mobil Corporation			$ 70.50			$ 72.50			$ 77.40	-	-	$ 81.40	$ 301.80
Realty Income Corporation	$ 30.50	$ 30.50	$ 30.50	$ 31.80	$ 31.80	$ 31.80	$ 31.80	$ 32.40	$ 32.40	$ 32.40	$ 32.40	$ 33.70	$ 382.00
Apple Inc.		$ 20.60				$ 22.60		$ 25.70	-	-	$ 31.00	-	$ 99.90
Visa Inc.			$ 10.00			$ 21.10			$ 25.90	-	-	$ 31.80	$ 68.80
Microsoft Corporation			$ 7.00			$ 8.50			$ 9.98	-	-	$ 11.50	$ 36.98
Occidental Petroleum Corporation	$ 12.70			$ 18.50			$ 21.80		-	$ 23.10			$ 76.10

製作股息月曆，將持有中的股票股息跟收到的股利都記錄起來。透過用項目跟月分兩種變數製成的股息月曆，投資者就可以一眼確認每個月收到多少股利、每檔股票一年期間收到多少股利等。

投資初期的投資規模較小，年度股利會分季或每月發放，因此收到的股息金額本身會比較小。但是如果將股息月曆的空格填滿，去完成一年的股息月曆，本身也是另一種趣味。當1年期間股息月曆的空格全部填滿時，那種欣慰的感覺實在無法用言語形容。

② 獲得100美金股息花了多少時間？

[表4-3]投資者開始親自定下領取股息金額目標的「Dividend Date Counting」

獲得股息 $100 所花時間				獲得股息 $1,000 所花時間		
次數	金額	所需日數		次數	金額	所需日數
#01	$100.43	68 日	LEVEL UP! →	#01	$1,002.64	105 日
#02	$101.32	47 日		#02	$999.97	94 日
#03	$100.76	29 日		#03	$1,010.54	81 日
#04	$102.04	13 日		#04	$1,007.27	69 日
:				:		

　　請將累積股利合計到達目標金額前的所需時間記錄下來。最好將目標金額對比投資規模，定下不會花太久時間又不會太快達成程度左右的金額。不要將收到的股利領出來，而是應用來追加買進股票，就會因增加的持有股票數，使日後得到的股利自然成長，這樣自然可以減少達到收取目標金額股利前所需花的時間。這就叫做「股息再投資的良性循環」。各位可以享受到投資時一邊配合成長的股利提高目標金額，並減少所需時間的種種樂趣。

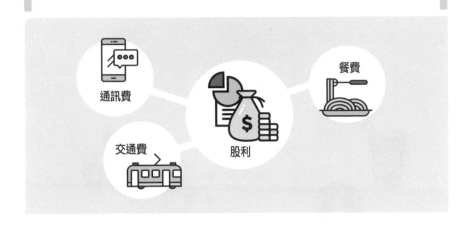

[圖4-21]用每月收到的股利支出固定費用

通訊費

餐費

交通費

股利

③ 將每月股利當成固定費用

　　雖然每個人都住在不同的環境，但交通費、通訊費、保險費、餐費等生活必須消費的「固定費用」應該都大同小異。如果是沒有投資的人，這種固定費用就得從自己每月所得裡面支出，但投資股票股利的我們，就可以用每個月收到的股利來充當這種固定費用。即使是施行季度股息政策的企業，每個股息支付日也都不一樣，如果能組合各個股票股利，將股息支付的行程分散，每個月就可以拿到平均的股息金額。

　　將金額帶類似的固定費用跟每月股利配對，並製作以股利充當特定固定費用的系統。每月股利成長愈多，能抵的固定費用也就愈多，過程中更能感到樂趣。

若這個月以前的股利拿來充當通訊費用的話，則從下個月收到的股利成長後，就還可以在通訊費用之外拿來抵保險費。隨著投資規模成長，股利也會增加，因此或許有一天，就可以用股利來抵每年或是每季的海外旅行也說不定。

④ 用股利消費該企業的產品與服務

用星巴克（SBUX）股利買星巴克的美式咖啡來喝、用麥當勞（MCD）的股利買大麥克套餐來吃、用艾克森美孚（XOM）的股利來給汽車加油、用AT&T（T）的股利來繳通訊費用、用Nike（NKE）的股利來買運動鞋、用Apple（AAPL）的股利來買APPLE WATCH或最新的iPhone等，這些使用股利的行為都很酷。雖然不特別注意的話可能會沒發現，但如果透過投資更靠近這個世界一點，就會意識到其實我們周圍有很多站穩腳步的美國企業產品跟服務。各位可以試著用自己從投資企業那裡收到的股利，消費該企業的產品或服務，這樣你就可以感受到跟平常消費時不同的欣慰跟滿足感。

到目前為止介紹的股票股利投資的相關內容，都是在說明收集資產的過程。就像為了建造堅固的建築，必須花很長的時間打地基一樣，透過投資凝聚資產的過程也是同樣道理。雖然可能會有點枯燥乏味，但透過這種過程逐漸成長的股利可以成為再投資的來源，並提升消費的質與量。雖然投資的目的是追求收益，不過建議比起埋沒在股利收益或資本利得之下，可以試著在其他地方找尋樂趣跟滿足。各位將會發現，這樣默默投資下來，就可以透過資本主義的良性循環，自然增加自己的資產。那麼，現在就開始為了資本努力工作吧！

股票股利的相關稅金

US STOCKS CLASS

租稅原則是「有收益或所得的地方就有稅金」，而從股票股利獲得的美金股利也會產生稅金。

(1)股息所得稅率15%

股利被分類為股息所得，因此得繳納一定稅率的稅金，而從美國企業收到的股利適用15%的股息所得稅率。韓國企業給的韓元股利包含居民稅，因此適用於15.4%的股息所得稅率，與此相較起來，從美國企業獲得的美金股息所得稅率是稍微低一點的。

(2)股息所得稅扣繳

證券公司在支付股利時會減掉股息所得稅後匯入。簡單來説，就是假設A企業給股東每股$100的股利，那證券公司就會在投資者帳戶匯入扣除對應15%的$15後，剩下的$85。這個方式叫做扣繳，證券公司會代替投資者，將股利支付前減去的金額作為股息所得稅繳給稅務所。

(3)跟本國金融所得合計後超過2,000萬韓元時,會成為金融所得綜合課稅對象

即使是從海外企業收到外匯股利,還是會跟每年金融所得合起來計算。因此將從美國企業獲得的美金股息的韓元換算金額,跟本國產生的利息與股息金額合計,年度超過2,000萬韓元(稅前)時,就會成為金融所得綜合課稅的對象。

除了以上內容,也需知道的「月所得保險費繳納對象」、「健康保險被扶養者」等與稅金相關的內容,在第8章會有詳細說明,敬請參考。

尚義民想炫耀的
特別經驗

　　我有一個想要跟別人炫耀的特別經驗。我曾經參加過我最信賴且珍愛的企業，也是我持有現今單一項目中，投資組合內占最大比重的波克夏‧海瑟威的股東大會。

　　「波克夏‧海瑟威」是由華倫‧巴菲特跟查理‧蒙格等活生生的傳奇投資者領導的美國跨國控股公司。這間公司每年5月第一個星期六，會在美國的中部內布拉斯加州的人口40萬小都市奧馬哈，舉辦3天2夜的股東大會。每年舉辦股東大會的時候，為了見到華倫‧巴菲特跟查理‧蒙格，全世界會有數萬名的股東前往奧馬哈。我想到年紀已經80幾歲的華倫‧巴菲特跟90幾歲的查理‧蒙格，或許親眼看到他們的機會所剩不多了，因此就在2019年不管三七二十一地買了前往奧馬哈的機票。我將一整年的休假全部投入到奧馬哈一行，且為了不浪費一絲一毫的時間，除了在奧馬哈的股東大會外，也加了前往美國西部舊金山跟東部紐約的行程。

　　等了又等，終於到了D-Day，我坐上了前往美國的班機。行程從舊金山開始，我租了特斯拉，並前往Facebook、Apple、Google等所在的矽谷。我結束在舊金山計畫的行程後，就動身前去舉辦

波克夏‧海瑟威股東大會的奧馬哈。我比股東大會的行程稍微早到了一點，之後就前往波克夏‧海瑟威的總公司，以及華倫‧巴菲特爺爺住家，也去巴菲特每天上班會去的麥當勞吃了大麥克套餐。之後終於到了期待已久的波克夏‧海瑟威股東大會當天。波克夏‧海瑟威股東大會並不是只單純分享公司相關事務的大會，它可以說是一種慶典。有可購買支配波克夏‧海瑟威控股公司的眾多企業產品跟服務的購物天、可跟華倫‧巴菲特跟查理‧蒙格以及全世界股東溝通的時間、股東與波克夏‧海瑟威關係人士在奧馬哈的市中心跑5km並捐出參加費的馬拉松等，這三個主要活動將3天2夜的股東大會行程填得滿滿的。3天的時光倏忽即逝，我連怎麼過得都記不清了。奧馬哈的行程都結束後，我就轉移到紐約，從金融中心－華爾街開始到24小時不熄燈、充滿華麗的時代廣場等，在這些地方都留下腳印後，就坐上了回程的飛機。

雖然我只是在2週的時間，看了我投資企業出生並成長的美國地一小部分，卻餘韻猶存。我去了美國這個位在地球另一邊的遙遠國度，儘管不是特別去見某人或從某人那裡親自學習到東西，卻也盡可能地努力去觀看學習、去感受。從美國回來後，我就變得更能專注在投資上，並且對於日後的投資方向跟目標、哲學有了更深的了解。過了1年多的現在，我心裡仍留存著無法言喻的奇妙感情，還有正向的能量。雖然美國旅行很短，我卻以這種經驗為基礎，產生了能長久享受有趣的美國股票投資且獲得收益的自信感。我感覺自己又成長到另一個階段。

[圖4-22]2019年5月，筆者照下的波克夏‧海瑟威股東大會的回憶

　　不僅如此，我也獲得了珍貴的緣分。雖然一個人出發充滿了害怕與擔憂，我卻偶然認識了一起參加波克夏‧海瑟威股東大會的人們，儘管是第一次見面，但因為有投資這個共通點，

　　所以彼此感覺不到尷尬，甚至成了連結彼此的媒介。在矽谷、波克夏‧海瑟威股東大會以及紐約，我們分享各自的經驗和想法，還有對於投資跟人生的相關故事，到現在仍維持良好的關係。或許日後能成為一生的投資夥伴，互相幫助、依靠的朋友也說不定。

就像這樣，我開始美國股票投資，並參加了名為波克夏・海瑟威的美國公司的股東大會，也去了趟舊金山跟紐約，短暫地體驗了資本主義至上的美國。如果我沒有投資美國股票，大概不會有這些寶貴經驗，也不會有這種一生的珍貴緣分。這麼看來，美國股票投資除了單純研究企業跟分析投資績效外，或許也隱藏著許多我們不清楚的各式魅力。希望各位也能如同我的經驗般，感受到發現隱藏在美國股票投資中魅力的趣味！

Chapter 5

研究各個企業

先研究各個企業再投資!

01

　　如果已經完成研究前面提到的產業類型、各行業代表企業、ETF與股票股利等,你應該會對購買企業股票躍躍欲試,甚至搞不好已經製作好投資組合也說不定。不過先緩和急躁的心情,稍微思考一下。現在想買的企業是否只要購買就好了呢?買了之後如果上漲當然是很好,但如果馬上就下跌的話呢?若是突然發生像2020年3月這樣沒有任何人預測到的暴跌呢?想到下跌,原本想按下買進按鍵的手是否遲疑了?那是因為你對於想買進的企業理解跟研究還不足的關係。如果對企業不夠確定,當價格下跌時,「損失」的巨大恐懼就會找上門來。這時說不定想著「果然我一買就是高點,投資跟我真不合」,然後犯下將好的企業草率賣出的錯誤。為了避免這樣的狀況,各位一定要好好研究並理解想投資的企業,再以此為基礎,提升對企業的信心,這樣才能下正確的決定。這點,不管強調再多也不為過。

　　但是研究簡單嗎?不管是誰,至少都要花上1～2年專心研究,也可能花上一輩子也得不到要領。雖然每個人的標準都不太一樣,

但絕對需要投入一定的時間跟努力。已經感到害怕了？因為是上班族，所以很難再抓出時間？為了這樣的族群，我同樣身為上班族，想跟各位分享我在一開始研究企業時，效果可見的特有研究方法。我將跟各位介紹，為了選定好的企業，最低限度一定要確認的事項，以及能幫助我客觀評價分析企業的網站。

① 提高對企業的基本理解

我周圍常常會有不研究某個企業是用什麼賺錢、有什麼優缺點，而直接開始買進的人。只因為是在全球市場優秀的大企業就開始投資，盼望著收益而把研究放到後頭。雖然的確可能如盼望的獲得收益，但為了長時間關注該企業的成長，以及從與其相應的股價上升中獲得利益，一定得對企業做基本的研究。那麼到底該研究企業的哪些部分呢？

最先要確認的莫過於企業的事業構造跟各事業在銷售中的占比。也就是說，要畫一張大的藍圖。透過此，就可以理解到企業是在哪裡、如何賺錢，主要販賣商品、服務是什麼，主要市場跟顧客又是誰等等。這些資訊最快可以在該企業的官網得到確認。若看企業官網的IR公布欄，就可以輕易找到該企業的商業模式跟主要產品、服務，還有他們主要顧客跟追求的價值等等。如果覺得用英文閱讀有困難，也可以利用韓國證券公司的報告。最近本國有很多證券公司會免費提供水準高的海外企業分析資料，而海外企業或產業相關的韓文報告，主要都可以在證券公司官網的研究中心中下載。可確認海外報告的網站如下。

[表5-1] 在本國證券公司網站上看海外報告的方法 (以2020年5月為基準)

證券公司	登入必要與否	看報告的方法
Hana 金融投資	不需登入	Hana 金融投資首頁 > 研究中心 > Global Research
KIWOOM 證券		KIWOOM 證券首頁 > 研究 > 海外股市
Hanwha 投資證券		Hanwha 投資證券首頁 > 投資資訊 > 企業、產業分析 > 海外股票分析
三星證券		三星證券 POP 投資資訊首頁 > 投資公告 > 海外股票
Daishin 證券	需登入	Daishin 證券首頁 > 投資資訊 > 全球策略
新韓金融投資		新韓金融投資首頁 > 投資資訊 > 全球投資策略 > 海外產業與企業分析
KB 證券		KB 證券研究中心首頁 > 海外投資
大宇未來資產		大宇未來資產首頁 > 投資資訊 > 企業 / 產業分析 / Global Company Analysis
NH 投資證券		NH 投資證券首頁 > 投資資訊 > Global Research
MERITZ 證券		MERITZ 證券首頁 > 研究

本國投資者想要深入研究企業時，可以像利用電子公告DART*一樣，透過美國企業或IR（Investor Relations）資料，進行深度的探討。**IR資料中雖然也有以可閱讀的PPT型態說明的地方，但一般來說可以在名為「10-K」的年度報告書中確認該企業的事業構造與組織圖、子公司、顧客等企業相關詳細內容，特別是可在10-K中的Part I「Business」部分確認到大部分的資訊。以下是Google的母公司Alphabet（Alphabet Inc.）的10-K***舉例。

[圖5-1] Alphabet的10-K舉例

出處：Alphabet Inc. 2019 年 10-K

---

*　　　DART：Data Analysis, Retrieval and Transfer System

**　　主要可在企業首頁的「Investor」選項中確認。

***　https://www.sec.gov/Archives/edgar/data/1652044/000165204420000008/goog10-k2019.htm

② 確認企業是否賺錢

(1)掌握銷售與營業利潤以及淨利

　　如果已經全盤了解企業的事業構造，接下來就得確認「是否有用該事業賺到錢」。企業的基本目的在於創造利潤，而創出更高利潤的企業就擁有更高的價值。但是我們應該用什麼來確認企業是不是有賺到錢呢？基本上可以透過銷售跟營業利潤、淨利等企業的業績來了解該內容。這些指標可以在企業的損益表（Income Statement）找到。這些都是分析企業時最重要且基本的事項，因此Yahoo Fiance、Google Fiance等網站中都可以輕鬆找到該內容。

　　這時比起單純關注銷售或淨利的高低，應該要確認這些指標近期的走勢跟方向。最少得看最近3年的數據，並確認企業的銷售、營業利潤、淨利是否持續成長。因為長久以來持續成長的企業，往後繼續成長的機率較高，在市場中也會得到較好的評價。特別是各產業類型中第1、2名的企業，這三個指標大部分都會持續上升，也會維持遵循的營業利潤率。

損益表（Income Statement）

這個報告書會將一定期間產生的收益跟費用分項目呈現，並計算淨利跟損失，以展示企業經營成果。跟資產負債表同為財務報表中最重要的部分。

(2)掌握現金流動

接下來要掌握企業的「現金流量」是否穩定。透過財務上企業的營業、投資、財務活動等呈現的現金流入跟流出，通稱為現金流量（Cash flow）。你可以把他理解為是呈現公司帳戶的錢進出的指標。如果現金流量是加號（＋），則代表現金進來，公司可以運用的現金增加。企業會透過此清算負債、支付費用，並應對未來可能發生的財務問題。換句話說，如果企業擁有的財產中，呈現負債占比的「負債比率」高，或即使銷售與營業利潤急遽成長，現金流量卻長期呈現負（-）的狀態，那麼該企業就會因為現金不足而走不久，導致破產可能性大，最好把它排除在投資對象之外。

另一方面，企業也會透過優良的現金流量再投資事業，並分配給股東。如前面第4章針對「股票股利」說明中提到的，現金流量要維持在好的狀態，企業才能持續支付股息，因此如果想投資股票股利，這部分就更要留意。

銷售額、營業利潤、 當期淨利等用語概念

[圖5-2]用損益表理解會計用語

銷售額		
(-)	銷售成本	
銷售總利潤		
(-)	銷售費用與一般管理費用	薪資、折舊費用、福利費用等
營業利潤		
(+)	營業外收益	租賃費等
(-)	營業外費用	利息費用、手續費用等
公司稅前淨利		
(-)	公司稅	
當期淨利		

　　如果想確認企業資訊，必須要知道「營業利潤」跟「當期淨利」有什麼差異。為了不熟悉會計用語的讀者，我想在這裡提一下這些用語的概念。首先是[銷售額]，如同字面上是企業提供商品、服務所賺到的錢。[營業利潤]則是從[銷售額]中扣除包含原料等銷售成本的「銷售總利潤」中，扣掉薪資或折舊費用等營業活動必要「銷售費用與一般管理費用（又稱管理銷售費用）」的費用。由於這是可以確認企業是否要做好本業的重要指標，投資者一定要進行確認。

　　接下來[當期淨利]是「營業利潤」中加減營業外活動中發現的收益或費用後算出的數字。如果把銷售額到當期淨利等順序記起來，在理解財務資訊上會很有幫助。

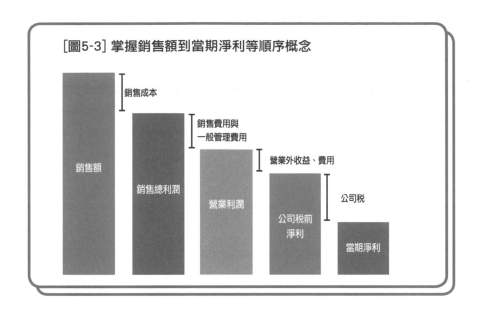

[圖5-3] 掌握銷售額到當期淨利等順序概念

銷售成本

銷售額

銷售總利潤

銷售費用與
一般管理費用

營業利潤

營業外收益、費用

公司稅前
淨利

公司稅

當期淨利

用Stock row確認指標

跟各位介紹Stock row*這個網站，它可以用直觀的圖表來確認企業最近9年期間的銷售、財務狀態、成長、現金流量等主要指標。最近10年期間的主要財務指標也整理得讓人一目了然，因此在了解企業數字上會有很有幫助。特別是在大部分的企業資料或分析數據都要付費的美國股票市場，這些財務指標都可以免費使用，對個人投資者而言非常具吸引力。

---

* http://Stockrow.com

[圖5-4] Step #01：連上Stockrow

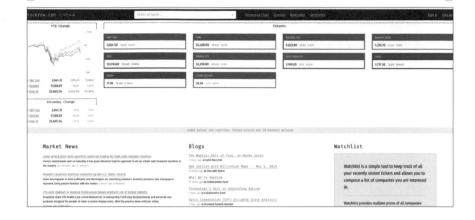

Step#01：連到Stockrow後，在搜尋欄輸入自己想確認的企業名稱，就可以確認到該企業的基本資訊跟財務報表。

[圖5-5] Step #01：在Stockrow的搜尋欄搜尋想找的企業

[圖5-6] Step #02：點選Snapshot確認各種財務報表

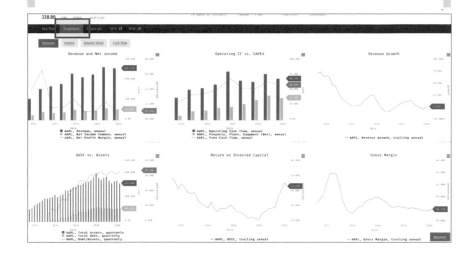

Step#02：點選Snapshot後，就可以用圖表確認到企業的財務
報表。

[圖5-7] Step #03：下載想要的圖表或長條圖

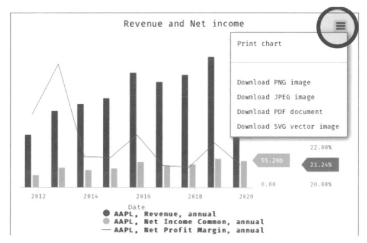

出處：Stockrow.com

Step#03：按下各圖表右上角的三條線按鈕，就可以下載圖片。

術語解釋

收益（Revenue）、費用（Expense）、當期淨利（Net Income）、當期淨損失（Net Loss）

③ 確認是否有充足的競爭力

針對想投資的企業確認其是否有充分的競爭力，即是否有經濟護城河（Economic Moat）是很重要的。經濟護城河是指高進入門檻跟穩固的結構性競爭優勢，可以保護企業免受競爭公司的攻擊。像無形資產、網路外部性、轉換費用、費用減少優勢、規模經濟等都是一例。

◎無形資產：品牌、銷售網、專利、證照等。好比說講到「男性刮鬍刀」，消費者就會想到「吉列（Gillette）」一樣，即是寶僑的品牌力量。

◎網路外部性：受到已經形成特定財貨跟服務需求的使用者集團網路影響，愈多人使用就會引進愈多人的效果。好比說，Youtuber有愈多優質的影片，就有愈多人會觀看，也因為觀眾多，使得影片生產多，吸引更多觀眾進來。

◎轉換費用：顧客購買其他公司的財貨或服務花的費用。如果轉換費用高，消費者購入一次品牌，就不會輕易轉換。好比說，熟悉Apple營運體系iOS系統的使用者，不會為了使用只能在Android下載的應用程式，而硬改成Android的裝置。

◎費用減少優勢：企業用比競爭公司低的成本做出同樣品質的產品。好比説，沃爾瑪尋求徹底的費用控管與有效率的物流系統，來確保費用上的優勢。並祭出「每日最低價（Everyday Low Price）」的策略，用低價來吸引消費者。

◎規模經濟：隨著生產規模擴大而可大量生產，並減少單位生產費用或節省投資費用。電力公司建造發電所、設置電力供應網，會花費很高的費用，但設置後消費者增加愈多，平均生產費用就會驟減。用一句話總結，就是能以比競爭公司低的費用提供電力。NextEra Energy在佛羅里達地區呈現完全壟斷的型態，並能以更經濟的方式提供500萬名顧客電力。

如果觀察各產業類型第1、2名的企業，就會發現到大部分都擁有這樣的經濟護城河。這些企業透過在劇烈的競爭中不斷努力，並打敗對手，來到了第1、2名的位子，且隨著時間經過，企業擁有的經濟護城河也愈來愈強。

像這樣掌握了企業的資本資訊，確認是否有賺錢、擁有充分的競爭力後，就完成了對企業的基本理解。下一頁的Apple資料，是筆者實際在研究IT產業類型的領頭羊Apple時整理的資料。各位可以當作參考，想想在研究時某些部分該如何整理。

什麼是護城河？

[圖5-8]實際護城河的模樣

出處：Unsplash.com

　　護城河（Moat）是為了抵禦敵人入侵而沿著城牆挖的池子。用作經濟用語時，則意味著競爭者無法輕易越過的進入門檻。這個用語是華倫‧巴菲特在1980年代發表的波克夏‧海瑟威（Birkshire Hathaway）年度報告書中首次提出，「經濟護城河」更成為了企業長期成長價值的標準。

Apple Inc. AAPL

[圖5-9]Apple的5年股價走勢

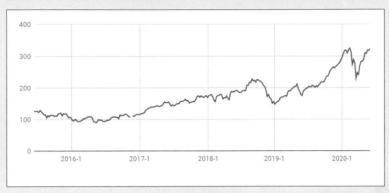

※Apple 於 2020 年 8 月底，以 4 對 1 的比率進行股票分割。　　　　　　　　出處：Google Finance

(1)企業概要*

　　Apple在1997年設立，銷售智慧型手機、個人電腦、平板、穿戴式裝置與飾品的設計、製造與銷售。2009年前主要從事PC製造，但在當年6月19日販賣iPhone 3GS，搶先占領了智慧型手機的市場，並於2011年成為了全世界市價總額第1名的企業。智慧型手機事業在結構上進入成熟期，以2015年為高峰，之後Apple的販賣量持續減少，但服務部門與iPhone外的其他硬體部門仍呈現高成長走勢，並成長為跨平台企業。Apple相隔4年，於2020年4月上市了中低價位的iPhone SE第二代（美本國價格為399美金，為目前Apple販售型號中最低價**）。比起降低硬體價格，他們的策略是盡可能普及裝置，讓消費者去習慣那些只能在

1　　出處：Apple 2019 10-K

2　　出處：Apple官網，以2020年9月為基準
　　　https://www.apple.com/iphone/

Apple產品上使用的服務。期待透過以Apple的硬體產品間高兼容性為基礎，吸引使用者訂購專屬Apple的訂閱型服務，從既有的「硬體企業」轉型成「軟體企業兼服務企業」。其事業主要可以分成5種。

1. iPhone：iPhone是以Apple的iOS營運體系基礎的智慧型手機系列。

2. Mac：Mac是以Apple的MacOS營運體系基礎的個人電腦系列。

3. iPad：iPad是以Apple的iPadOS營運體系基礎的多功能平板系列。

4. 穿戴式裝置、家庭與飾品類（Wearables, Home and Accessories）：包含了AirPods、AppleTV、Apple Watch、Beats產品、HomePod、iPod touch，以及與第3方公司合作的Apple產品。

5. 服務（Services）：可以分成包含App Store與Apple Music、Apple TV＋等的「數位內容商店與串流服務（Digital Content Store and Streaming Service）」；Apple硬體保險服務「AppleCare」；每月有訂閱費用的儲存空間「iCloud」；包含在Apple Safari搜尋引擎先搭載Google的TAC（Traffic Acquisition Cost）與專利費用的「Licensing」；包含Apple Arcade、Apple Card、Apple News＋、Apple Pay等的「其他（Other Services）」等部門。

Apple正統整醫療數據到iPhone，並在iOS上市可應用的應用程式，來擴張在醫療保健的市場。不僅如此，也開始投資名為「泰坦計畫（Project Titan）」的自動駕駛產業。

(2)銷售組成

　　以2019年為基準，Apple創下了260,174百萬美金的銷售。銷售額比重中，iPhone占最大比重55%，服務是18%，Mac是10%，穿戴式裝置、家庭與飾品類是9%，iPad則是8%。這裡要關注的是，在iPhone占有率高的先進國家中，隨著智慧型手機普及率超過80%，iPhone事業在銷售占的比重減少，但服務的比重卻增加了。作為參考，以iPhone銷售達到高峰的2015年為基準，當時Apple整體銷售中iPhone的比例是66%，而服務部門的銷售不過9%而已。但以2019年來看，iPhone的占比是55%，比4年前減少了11%，服務部門的占整體銷售的比例卻大幅成長來到18%。

[圖5-10]Apple的銷售組成

Apple 2019 年度銷售（單位：百萬美金）

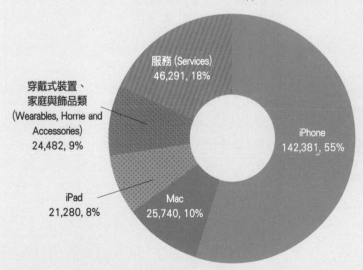

服務 (Services)
46,291, 18%

穿戴式裝置、
家庭與飾品類
(Wearables, Home and
Accessories)
24,482, 9%

iPhone
142,381, 55%

iPad
21,280, 8%

Mac
25,740, 10%

出處：Apple Inc. 2019 10-K

(3)基本指標

[圖5-11] Apple銷售與利潤

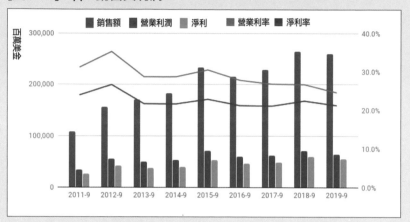

[圖5-12] Apple的成長走勢

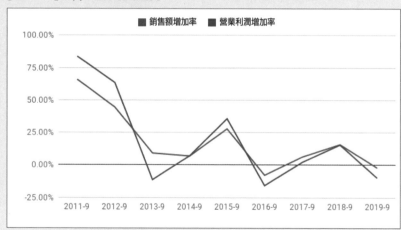

[圖5-13] Apple的現金流量

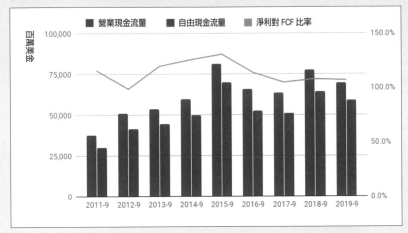

[圖5-14] Apple的股息走勢

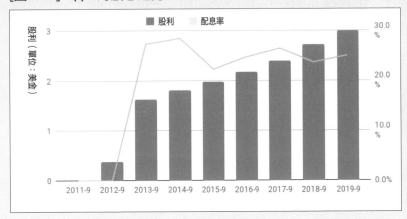

資料：Apple IR、Morningstar、Google Finance

應用網站
來提高投資成功率

US STOCKS CLASS

　　如果你已經都確認過研究投資企業時最基本的觀察事項，可能會想說「我想只看符合這些條件的企業！」。如果選出符合自己想要標準的企業，再深入研究，應該就比較容易找到優秀的企業，並持續長久的投資，過程也會比較有趣吧？我現在要介紹的「Finviz」網站的Screener功能，可以滿足並最佳化各位的這種需求。

① 在Finviz.com選擇符合希望條件的企業

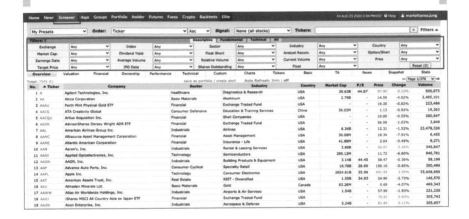

[圖5-15] Step#01：點選Finviz首頁上方的「Screener」

Step#01：在Finviz首頁上方點選「Screener」。看「篩選器」可以發現，可以用許多條件來篩選企業。點選條件值上方最右側的按鈕「All」，就可以一次看到所有可篩選的條件。

[圖5-16] Step#02：可用各種條件設定的Screener功能

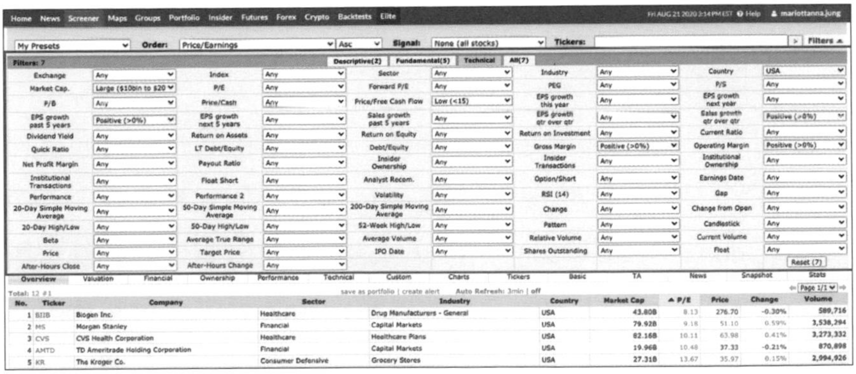

Step#02：由於我們主要是投資美國股票，因此國家會選擇美國。雖然可以選擇很多條件，但請盡可能在Filter的「Market Cap」選擇Mega或Large。Market Cap代表市價總額，Mega/Large則代表市價總額的大小。如果開始投資股票沒有多久，從企業規模大的領頭羊開始看起應該會比較安全。此外，也可以從前面提過的「銷售跟營業利潤、淨利」上升的企業、「現金流量」好的企業來開始挖掘。

[圖5-17] Step#03:詳細看結果

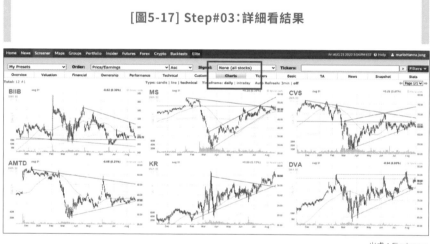

出處：Finviz.com

Step#03：如果條件都設定好後，就可以確認符合這些條件值的企業清單。這個篩選結果並不是只單純地列出企業名稱，而是可按照Valuation、Performance、Technical等項目分別確認各種資訊。特別是在「Charts」中的企業最新股價走勢，可以一次同時確認好幾個企業，非常好用。

② 應用TipRanks來完成客觀且綜合性的思考

認知心理學有所謂的「確認偏誤」概念，意味著想確認原本有的想法或概念的傾向。在投資領域，投資者只想看關注的企業或是買進企業的正面新聞或資訊，就可以稱作是「確認偏誤」。以此為基礎，若對於自己的判斷或知識的評估，比實際誇張，陷入「過度自信」的話，就會呈現「我選的投資結果不會有錯！」、「我買了就會漲！」之類的態度。

為了成功的投資，最好遠離上面這些偏差態度。那麼為了從這些偏差之中跳脫出來，我們應該該怎麼做呢？儘管有各式各樣的方法，但確認其他人的想法、特別是專家的各種投資判斷跟證據，應該會對遠離偏誤特別有幫助。這時有一個很適合參考的網站，就是「TipRanks」*。TipRanks是綜合呈現投資銀行股市分析家、避險基金、企業內部人士、有名投資部落客等專業投資人的意見與投資心理、買賣動向等的網站。由於是付費網站，有一些功能有使用上的限制，但免費的部分已足夠閱覽眾多專家的意見了。確認各式各樣的意見，會讓自己的投資想法或關注企業的角度變得更為客觀。

---

*　　https://www.tipranks.com

請這樣應用「TipRanks」吧！

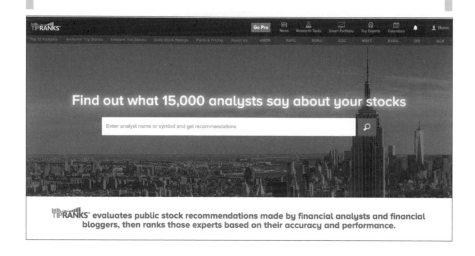

[圖5-18] TipRanks首頁

先在TipRanks首頁的搜尋欄搜尋想確認的企業。

[圖5-19]「Stock Analysis」畫面可以確認各種評價指標跟10種階段的投資等級

　　搜尋之後，在最先出現畫面的「Stock Analysis」選單中，可以確認到眾多投資者對於其企業有何種評價。並以八種評價指標為基礎，呈現目前該企業在10種階段的投資等級中處在何種位置。從下面的圖片可以看到，Google的母公司Alphabet是屬於第6級，對應到「中立」。

[圖5-20]「Analysts」畫面可以確認分析師的投資意見跟目標股價

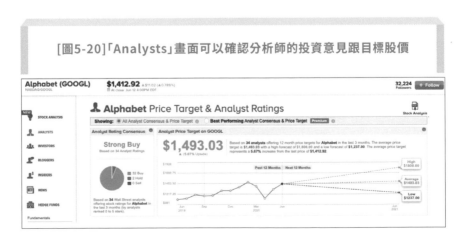

左側副選單上方從「Analysts」到「Hedge Funds」可以確認各專業投資者對於該企業的意見。點選「Analysts」時，就可以確認到分析師對於該標的的投資意見跟目標股價。

[圖 5-21]「Investors」畫面可以確認個人投資者的持有比重跟投資心理

點選「Investors」則可以了解個人投資者對於該標的持有多少，以及他們的投資心理。

[圖5-22]「Bloggers」畫面適合比較針對企業不同的意見

點選「Investors」時，會出現投資部落客對該標的的各種意見。你可以比較認為下跌可能性高（Bearish）的部落客跟認為上漲可能性高（Bullish）的部落客的意見。

[圖5-23]「Investors」畫面可以確認企業內部人士的股票變動明細

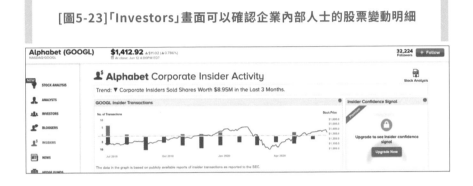

點選「Investors」時，可以確認企業內部人士針對該標的，是何時買進賣出的。由於公司內部人員對於公司的狀況最清楚，一般「賣出」就是負面的信號，「買進」則是正面的信號。

[圖5-24]「News」畫面可以確認企業相關的各種新聞

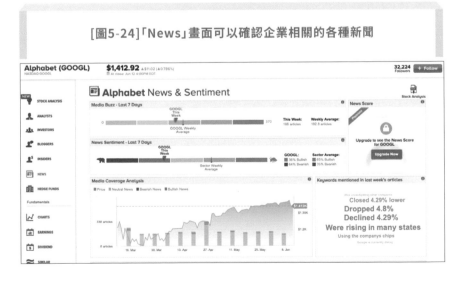

點選「News」時，可以確認最近這週期間，該標的的正負面新聞有多少。

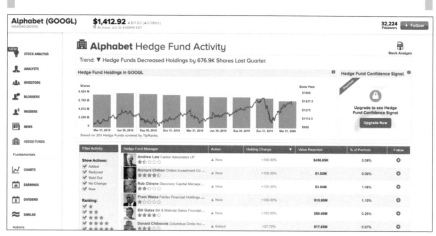

[圖5-25]「Hedge Funds」畫面可以確認到避險基金的買賣動向

出處：TipRanks.com

最後點選「Hedge Funds」時，可以掌握到持有該標的的避險基金買賣動向。

像這樣透過TipRanks來觀察各種投資意見，就能從各方面來分析企業，並擴大視野。你將不再被困在自己固有的思想中，而是能夠透過各式各樣的意見，養成客觀綜合思考的能力，持續成功的投資。

③ 應用Portfolio Visualizer 來檢視自己的投資組合

個別企業各買一兩個時，就會不知不覺創造自己的投資組合。你應該會想評估一下自然持有的捆綁企業投資組合。特別愈是開始投資沒有多久的人，對於持有標的的整體組成跟比重就會愈有疑問跟擔憂。回想起來，筆者在投資初期買進許多標的製作投資組合時，也是想了很多。「用這樣的比重投資對嗎？」、「如果突然來了像2008年的危機該怎麼辦？我的投資組合裡有比較能應對危機的標的嗎？」等等，投資期間總是在擔心，因此消耗了不少時間。這時幫助我許多的，正是「回測（backtest）」。

回測指的是確認自己組成的投資組合跟投資策略，在過去獲得了多少成果。以過去的數據為基礎，確認目前投資組合跟投資策略在特定期間的成果跟波動性如何，並評估投資組合的穩定性或成功可能性。當然過去成果不代表未來也會持續下去，但優點是可以衡量自己的投資組合在日後的動向。特別是2000年初期IT泡沫危機或2008年全球金融危機等，過去市場曾經歷過這種大幅下跌的時期，因此確認目前尋求的投資組合跟投資策略呈現何種績效是很重要的。因為我們可以事先了解到我們的投資組合，在將來面對不知何時會發生的巨大危機時，會呈現出何種績效。比起單純在頭腦裡預想，確認以過去數據為基礎的回測結果，更能實際地組成穩固的投資組合。

「Portfolio Visualizer」請這樣利用

　　「Portfolio Visualizer」*是投資者在做回測的時候最能應用的其中一個網站。它可以免費使用，且最大可以同時比較3個投資組合。第一次組成投資組合時，會想要涵蓋許多標的，即使是同樣的標的，在比重的調整上也會傷透腦筋。而Portfolio Visualizer就是可以協助你解決這種煩惱的有用工具。此外也可以比較SPY**等標竿，進而比較出自己的投資組合對應標竿會呈現何種績效、波動性會有多大等等。此外，分析的內容可以儲存成PDF或excel檔案，拿來跟其他數據結合或加工等。

---

*　　https://www.portfoliovisualizer.com/

**　　是SPDR S&P 500 Trust ETF的代碼，追蹤S&P 500指數的代表ETF

[圖5-26] Step #01：Portfolio Visualizer主畫面 –點選「Backtest Portfolio」

Step#01：這是連上Portfolio Visualizer網站後呈現的首頁。點選上方左側「Backtest Portfolio」中的「Backtest Portfolio」。

[圖 5-27] Step #02: Backtest screen - 設置初始時間點和基準

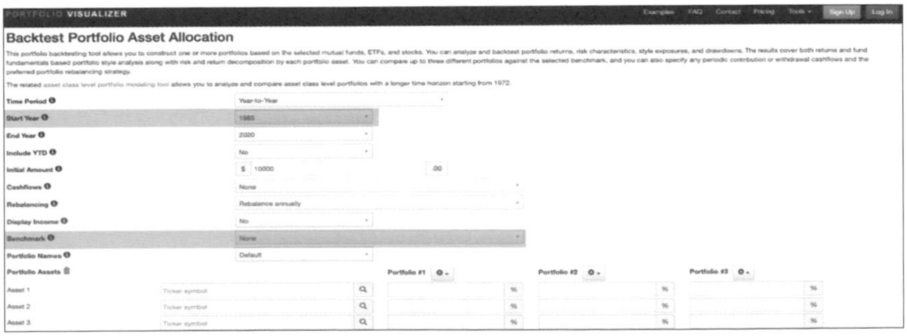

Step#02：回測時可以設定測試期間、初期投資金額、現金流量等各種條件，建議在熟悉回測功能前，有兩個變數請親自調整。

第一個調整的條件：回測開始時間點

回測的開始時間點（Start Year）請至少設定在2008年以前。因為景氣可能會隨著經濟週期變好變壞，有必要確認自己的投資組合在景氣停滯的狀況或景氣不好的時期會受到多少衝擊。因此在設定回測時間時，請盡量包含最近的景氣停滯期，也就是2008年金融危機期間，這樣才能確認投資組合在重大危機時的穩定程度。

第二個調整的條件：標竿功能

如果透過回測出現的年平均收益率百分比沒有比較對象，那麼只用這個數字很難判斷它的意義，以及是否是良好的投資組合。為了解決這樣的問題，最簡單的方法就是在回測的調整數值中，在標竿設定追蹤市場指數的代表ETF。通常可以設定美國的3大代表指數中，追蹤S&P 500的的SPY或追蹤那斯達克100的QQQ為標竿（Benchmark），來比較投資組合績效。如果投資組合績效比標竿指數好，那目前的投資組合組成就是很不錯的；若相反，則有修正跟補充的必要。

[圖5-28] Step #03：搜尋標的以製作進行回測的投資組合

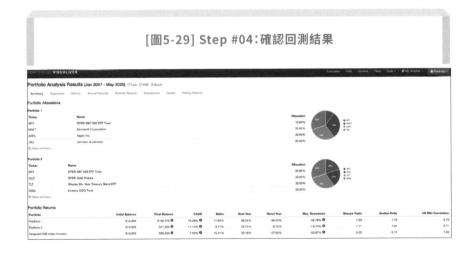

Step#03：輸入投資組合跟各比重後，按下「Analyze Portfolios」按鈕，就可以確認結果。

[圖5-29] Step #04：確認回測結果

Step#04：確認各投資結果以過去的數據為基礎會呈現何種績效。「Summary」中會呈現投資組合的狀況概要。

你可以將產出的結果透過「CAGR*」確認年平均收益的程度。「Stdev」代表標準差，這個數值會顯示投資組合的波動性或是風險。而在舉例中可以看出Portfolio 1波動性比市場更大，Portfolio 2的波動性則較小。

接下來會看「Max Draw Down」，這個指標會顯示受到最大損失時的下跌幅度。Portfolio 1顯示-42.78%，Portfolio 2則顯示-19.73。在確認Max Draw Down時，要問自己在遇到這樣巨大的危機時，是否能撐得住這種程度的下跌。即使投資組合的收益率再高，也得在遇到大幅下跌時不會因為恐懼而賣出股票逃跑，並撐下來，才能獲得成功的果實。

如此透過Portfolio Visualizer親自組合各種變數模擬，就可以創造各位想要的最佳投資組合。此外，對於投資組合產生自信，可以幫助提高成功機率，並擁有自己專屬的精密投資策略跟風格。愈是還沒確實找到自己投資風格或策略的投資者，愈建議自由變換眾多變數，並以過去數據為基礎，大量進行可評估的回測。**

---

* Compound Annual Growth Rate的簡寫，顯示年平均成長率或收益率。

** 跟各位推薦很仔細又親切說明Portfolio Visualizer使用方法的影片。這是已經在韓投資界很有名氣的姜煥國（音譯）先生Youtube頻道「做得到！了解後投資」中的第47個影片「[新手]回測指南（1）- 資產分配」。筆者也是透過這個影片了解讓回測更精細的方法，並將其應用至投資中。非常感謝姜煥國先生。https://youtu.be/JPsUmR_gbDc

想跟讀者分享的寶貴經驗

因新冠肺炎疫情而襲來的劇烈變動，與其中獲取的教訓

2020年，讓全世界陷入恐慌的新冠肺炎病毒，重挫世界經濟，股票市場也直接受到打擊。原本升到3,386.15點的S&P 500指數掉到2,237.4點，並在一個月又一點點的期間下跌了約34%。那斯達克100指數也從9,817.18的最高點掉到6,860.67點，在同樣的期間約下跌30%。在短期間無止境下跌的全球股票市場，以美國為首的先進國家，透過極高流動性的供給跟財政政策快速應對，並在3月底開始呈現恢復的態勢，那斯達克100指數與S&P 500指數分別於6月初跟8月中旬突破最高點。

在經歷過2008年金融危機後，到發生新冠疫情前，美國股票市場持續了最長時間的上漲。我從2016年下半期開始投資的投資組合的持有標的，儘管是累積型的投資，大部分都有獲得收益。我認為反覆上漲跟下跌的股市，在特性上一定會有崩跌的時候，因此為了應對這樣的時期，我開始一點一點地收集可以降低整體帳戶波動性的長期債券ETF－TLT跟黃金ETF－GLD。升得愈高也跌得愈慘，所以我想著應該要做一些緩衝。

雖然我認為該為這種暴跌做準備，但在遇到突然的熊市時也是感到非常慌張。因為我雖然找到了在市場慘跌時，可以讓心理穩定的位子，但並沒有在實際遇到時應對的具體「執行計畫」。不過我馬上就振作起來，並開始苦惱應對的方法。我最先苦惱的是在持有的投資組合中，要以何種優先順序將持有的標的賣出，

再買進什麼新標的，並整理了對應高點下跌某種程度時，要使用多少百分比的可用資金。然後每天記錄股票市場的突發變化，並將我的感情跟心理狀態像日記一樣記錄起來。雖然看著每天驟跌的股市，不安的心理會增長，但每當將應對市場變化的執行計畫一一具體化時，不安的心情就會漸漸緩解。配合在煩惱結束後完成的施行計畫，於下跌期間賣出跌幅比較不嚴重的標的，並買進雖然下跌很多，但進入恢復期間會最快衝高的標的，果斷進行投資組合的再平衡。其結果為，我的投資組合比市場指數早一步轉正。雖然帳戶恢復快的這點很不錯，但我產生了之後就算再遇到危機，也可有智慧對應的專屬投資原則這點，才是我透過這次經驗得到的最大收穫。不僅如此，即使日後遇到大波動，我也可將這次熊市記錄的內容拿出來參考，並建立克服的自信心。2020年上半年的新冠肺炎疫情，讓我獲得不可替換的巨大無形資產，也讓我更期待日後的投資旅程。

經歷新冠肺炎疫情帶來的熊市後，「尚義民」整理的施行計畫

1. 施行計畫執行條件：市場指數掉了10%以上時執行

2. 施行計畫的內容：用賣出持有現金與股票股利或不動產股等防禦股、投資組合中比重低的成長股的存款，追加買進持有標的中自己認為很確定的成長股

3. 施行計畫的根據：以大幅調整後會重複上升週期，並長期呈現上漲的美國股票市場歷史為根據，加深上升時幅度最大的標的比重，將收益最大化

4. 施行計畫的具體策略與內容：

- 平常成長股跟防禦股與現今的比重放70：30（成長股70%、防禦股與現金30%）

- 累積型投資金額在持有標的記錄到平均買進單價以上的股價時，禁止追加買進，並擴大股息王或股息貴族等穩定的股票股利或支付固定股息的特別股、美金存款的比重

- 市場指數掉超過10%以上時，將整體防禦股跟現金比重中的一部分，拿來追加買進投資組合內持有的成長股

- 具體配合對比前高點-10%、-20%、-30%的時機分批買進，按照防禦股及現金性資產的20%、30%、50%比重，照順序追加買進時使用

- 追加買進的資金執行順序為〈①透過持有現金買進，②波動性相對低的股票股利及比重低的成長股賣出資金，③TLT、GLD等負相關資產賣出資金〉。

- 對比前高點市場掉到-30%以上時，在整體海外投資組合中占30%比重的「防禦股與現金」耗盡，成長股為100%時，應用適當槓桿，等待追加買進後的回升

5. 施行計畫的期待效果：在熊市分隔區間後持續追加買進的標的，必須要是能在恢復的區間中以高波動性為基礎快速上升的高成長標的。可在熊市賣出最無下跌的標的後，以低價大量買進下跌更多的標的，因此在進入完全恢復的區間時，能期待最大化的投資績效

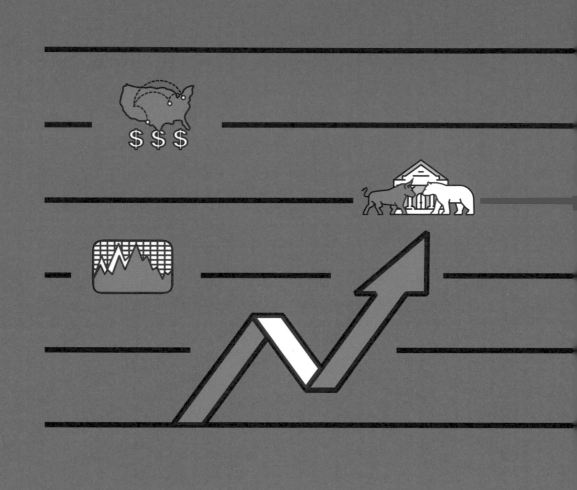

Chapter 6

時機

什麼時候買進？

　　大部分的投資新手會犯的其中一項錯誤，就是想要找到「市場擇時」的基底，也就是夢想著在最低點買進，並在最高點賣出的最大資本利得。因此新手最常問的問題就是像「現在可以買這個股票嗎？」、「這個股票便宜嗎？」等有關時機的問題。但我們能辨認所謂的市場時機嗎？有很多情形顯示，覺得現在的市場是最低點所以投入所有的投資金額，但股價卻有可能再跌；覺得似乎會從最低點回升，而立刻放了很大比重的投資金額，卻比之前下跌更大等等。即使運氣好，有幾次成功在最低點買進，但即使是投資長久的高手，要猜到最低點始終不容易。

　　像「這是選投資標的時的產業領頭羊嗎？」、「這是股息持續上升10年的領頭羊嗎？」等訂定專屬自己的幾個原則一樣，在買進時間點也需要所謂的原則。代表性的買進原則大致可以分成兩種：①無關價格、像機器一樣買進的方式，以及②在認為「便宜」的時間點買進等。

這邊並沒有針對適當買進頻率跟股價的絕對標準。你必須透過「有助於投資收益率的買進頻率」跟「買進時心裡舒服的價格」等眾多經驗自行找尋。知道要自己找，但該從何開始找起呢？雖然各自對舒服的價格認知不同，但沒有什麼可以稍微更便宜買到的方法嗎？你可能在心裡會有這些疑問。這一章將為了心裡有這些疑問的讀者，整理在初次開始投資並設立自己的原則時可以參考的方法，以及多少能提高便宜買進機率的技巧。

① 建立原則

(1)透過像機器一樣固定買進的「DCA方式」　　來設立買進原則

我想推薦給開始投資沒多久的人的其中一個方法，就是「累積分批買進」。累積分批買進法最具代表性的其中一項方法是定期定額法（Dollar Cost Averaging），即DCA。DCA方法簡單來講就是用「訂好的金額」定期買進「無關金額」的特定標的的方式。例如說，每個月第一週機械式地買進其中一個追蹤S&P 500指數的代表性ETF - SPY 1000美金。DCA方式的好處大概可以分成三種。

DCA買進方式好處

1｜可建立有效的預算

2｜投資計畫不會因為短期市場狀況而動搖

3｜節省找到最低買進時間點所花的時間跟努力

4｜價格較低時能買到更多股票的安心感

第一個好處就是可以建立有效的預算。如果訂定可投資的時間跟金額，就可以輕易計算出年度需要的投資金額。好比說，如果每月要投資500美金，則可以預想一年會需要6,000美金的預算。

第二，因為設定了投資金額跟期間，所以不會受到短期市場狀況的大幅影響。投資者每個月會用一定的金額買進選定的標的，因此不會為了在該時間以更便宜的價格買到特定標的而煩惱。即是說，即使市場在買進的時間點較平常下跌或上漲，都還是只用訂好的金額買進可能的量。

第三個好處是可以大幅減少為找到最佳買進時間點（通常稱為「最低價」），所花費的時間跟努力。機械式買進只要心裡不受動搖，或是始終記得這個方式的原則，就幾乎不需要花時間努力苦惱了。

最後是透過此種方式，投資者可不顧股價方向，只要想著對自己有利的事情就好，也可同時維持心理上的安定。如果下個月買進時間點的股價比自己一開始買進的股價還高，則代表股價在一個月

就上漲，是很不錯的；相反的，若是股價下跌，則可以用比一開始買的股價更低的價格買到更多股票，平均買進的單價會降低。這樣不管股價上漲或下跌，投資者都可以維持穩定的心理狀態，並正面思考。

DCA方式雖然沒有用精密科學創造出來的邏輯，但對於還沒找到自己專屬的投資哲學的新手來說，有著可輕鬆理解並跟隨的優點。此外，即使股價變動，也能維持心理上的安定，因此在投資初期是很值得使用的買進方法。

(2)訂定用特定指標買進價格範圍

一定也會有人認為不管價格，而機械式地買進會有點不方便。如果你覺得「這怎麼可能不看價格買進啊？」，請放心。我來跟各位介紹訂定「自己專屬的買進可能價格範圍」時可以參考的標準。我們可以用「52週股價範圍對目前股價」、「PER BAND」、「市價股息率」等這三種標準來訂定買進原則。一個一個來看吧！

a.「比較52週股價範圍跟目前股價」，來訂定買進原則

一開始抓買進標準時可以有效利用的方法，是去比較52週（1年）最高價格、最低價格跟目前價格。這樣就可以事先訂定「對比52週最高點下跌-20%以上時，可從這以下開始買進」、「對比52週最低點上漲+20%以上時是高評估區間，因此可買進後持有」等專屬自己的可買進區間跟條件。一般企業幾乎不會有在1年之內只持續上升或下跌的情況，因此以1年為基準，若是過度上漲的狀態，就預計會接受一些調整，過度下跌時，則會有期待回升的心理，在此狀態中使用這樣的方法。不過要注意的是，並不是只靠一

次就能訂定自己專屬的範圍。必須在對比高點、低點10%、15%等各種區間中用不大的金額試著買進數次股票，訂定專屬自己的可買進時間點。52週價格範圍可以透過證券公司或各種網站上提供的篩選工具輕鬆找到。下方圖片是透過CNBC.com應用程式看到的52週新高價、最低價對比目前價格的畫面。

[圖6-1] 52週價格比較

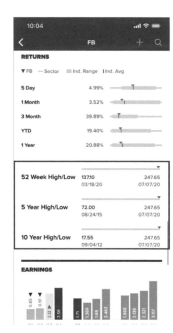

出處：CNBC 應用程式

b.應用「PER範圍」來建立買進原則

還有另外一種標準是確認企業的本益比（Price Earnings Ratio），即PER指標。PER是指股價（Price）除以每股盈餘（Earnings Per Share）後的數值。如果某個企業的每股價格是$100，而該企業的年度每股會產生$10的淨利的話，那麼這個企業的PER就是10。確認PER時，並不是單純只看個別企業的PER，而是要一起看該企業所屬的產業的平均PER跟競爭企業的PER。因為隨著行業跟企業的成熟度等因素不同，PER的模式跟數值也可能會有所不同。因此假設該企業的PER跟產業的平均PER或競爭企業的平均PER比起來較高，則代表每股利潤對比股價是高的，顯示目前是有些高估的。

另一方面，在確認PER的時候，也要一起確認12個月預估本益比（Forward PER）。因為一般在算PER時，會用「公司目前股價／公司的前年度淨利」這樣的公式。即是說，在假設過去業績走勢在未來也會持續的情況之下所求得的數值，若日後的業績走勢不同，該數值可能就會不太正確。因此通常分析師會在推敲之後，用12個月間的淨利來比較計算過後的預估PER數值跟目前PER，在某種程度上預測這個公司的業績將來會變好還是變壞。如果預估PER比目前PER還大，那麼就代表業績變糟的可能性大。這種情況下，即使目前股價看起來較低，未來還會因為業績惡化導致股價變更低，故必須重新思考現在的股價是否為「便宜的價格」。當然預估PER並不是說100%準確，但在大略抓股價水準時，仍是值得參考的有用指標。

PER是其中一個基本企業指標，除了HTS、MTS之外，在Yahoo Finance、Google Finance等證券資訊提供網站上搜尋，也可以馬上

找到。好比說筆者想確認12個月預估PER時最常使用Finviz*，只要在Finviz網站上搜尋想確認的企業，就會像下圖一樣，一眼就可以看到所有P/E或Forward P/E等企業資訊。

[圖6-2]在Finviz確認PER、Forward PER

出處：Finviz.com

---

* 　　https://finviz.com/

行業PER可以在許多網站確認，但筆者主要會參考Fidelity.com
上提供的資訊。在Fidelity.com＊網站上確認PER的方法如下。

在Fidelity確認行業P/E

[圖6-3] Step #01：Fidelity 首頁

[圖6-4] Step #01：Fidelity Markets & Sectors畫面

Step#01：在Fidelity首頁的「News & Research」中選擇「Markets & Sectors」，並在「Markets & Sectors」畫面左側選擇「U.S. Sectors & Industries Overview」。

[圖6-5] Step #02：「Sector&Industries Overview」

⊕ Consumer Staples\n6 Industries	0.00%	$3.26T	+0.02%
⊕ Energy\n2 Industries	+3.71%	$1.91T	-40.49%
⊕ Financials\n7 Industries	-0.92%	$5.13T	-22.14%
⊕ Health Care\n6 Industries	+0.07%	$5.92T	+9.17%
⊕ Industrials	-1.33%	$3.34T	-21.36%
⊕ Information Technology\n6 Industries	+1.42%	$8.53T	+14.48%

Fidelity Learning Center.

Fidelity Insights

Q2 2020 Quarterly Sector Update (PDF)

Q2 2020 Quaterly Market Update (PDF)

View more Fidelity Insights.

Step#02：在「Sector&Industries Overview」中選擇想檢視的產業類型。

[圖6-6] Step #03：確認產業類型P/E ratio

Step#03：在產業類型畫面上方確認產業類型P/E ratio

[圖6-7] Step #04：點選「Industries」並確認所屬行業。

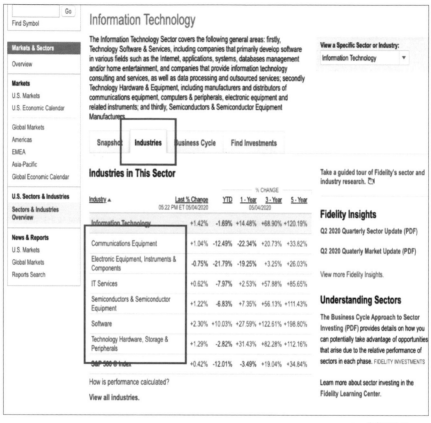

出處：Fidelity.com

Step#04：如果想確認產業類型所屬的細部行業P/E，可以在點選「Industries」後選擇想要的所屬行業。

c.如果是股票股利，就以「股息率範圍」為基準來建立買進原則

如果是持續支付股利的企業，就可以透過以長久以來支付的股利記錄為基礎形成的固定股息率*範圍（BAND），來判斷是高估還是低估。即使股利沒有大變化，若目前的股息率超過數年間維持的平均股息率範圍，那就應該要觀察該企業的股價目前是被低估或是高估。若目前股息率比平均股息率範圍還低，就表示比起到目前支付的股利，股價已上漲許多，因此可推測股價是在高估的範圍內。

為了幫助理解，一起來看看實際企業的股息率範圍案例吧！以下是股息王（Dividend King）代表企業3M、嬌生、P&G最近5年間**的股息率。

[圖6-8] 3M股息帶

---

*　　股息率＝年度支付股利/股價

**　　根據個人狀況不同，平均股息率確認期間或許會超出或短於5年。

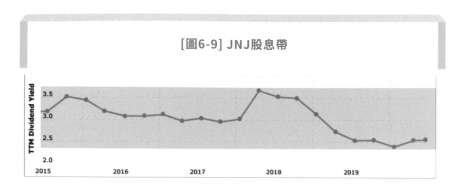

[圖6-9] JNJ股息帶

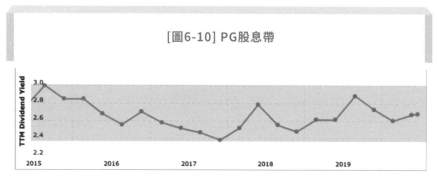

[圖6-10] PG股息帶

出處：Macrotrends.com

　　資料顯示3M股息率在2～4%一帶、嬌生股息率在2.5～3.5%一帶、P&G股息率在2.4～3%一帶。3M目前股息率為3.68%，位在股息範圍上方，因此可看出低估，而嬌生的2.56%可看出，跟平均股息率比起來偏低。即是説，這表示3M股價比平常低，而嬌生股價則比平常高。P&G股息率是2.68%，停留在平常呈現的平均股息範圍內，因此可看出目前是在適當的股價水準。雖然這裡只用股息這一個指標來判斷股價，但若跟前面說明的52週股價範圍及PER範圍等方法一起應用，那在買進股票股利時，就能掌握到更適當的時機。

② 利用市場波動

看了前面的介紹，應該會有人訂下如「我不想想得那麼複雜，我要直接用DCA的方式機械式買進！」或「我要參考特定指標，然後訂好買進價格後買進脫離該範圍的標的！」之類的買進原則。即使訂下這類的原則，要買進時也還是會想再便宜個1美金或50分，這是人之常情。

雖然要找到完美的買賣時機很困難，但若能事先掌握並運用價格波動變大的時間點，就能以稍微再好一點的價格買到。即在「一月一買進」或「對比最高點下跌-20%時買進」等原則之下，在變動性大的時間點附近抓「買進日期」。在波動性變大的時間點之前，使用一半的投資金額，時間點過後價格波動變化時，使用剩下投資金額的一半的方式，就是其中一個例子。假如原本預想的波動出現後，股價比之前上漲，之前事先以便宜價格買的買進量就會受降低平均買進單價的因素影響。相反的，若波動出現後股價下跌，則可以用剩下的投資金以變低的價格購買股票，心理上對股價變化的衝擊減小，也能稍微減緩「我想用稍微再好一點的價格購買！」之類的慾望。

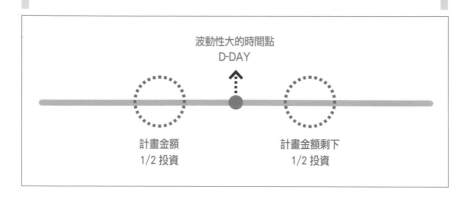

[圖6-11]抓波動性變高的時機點附近當買進時機

波動性大的時間點
D-DAY

計畫金額
1/2 投資

計畫金額剩下
1/2 投資

那麼波動性變高的時間點是什麼時候呢？一個是「業績發表季」，另一個則是「標準利率變化時」。*

(1)業績發表季

業績發表季是上市企業發表各季業績報告，並呈現日後業績相關預測值的時間。一般來說，各季的最後一個月如12月、3月、6月、9月結束後過1～2週，業績發表季就會開始了。即是說，你把它想成大部分上市企業是在1月、4月、7月、10月發表各季業績即可。**雖然業績發表季沒有官方的結束時間，但大部分企業的業績

---

*   當然除此之外，「主要經濟指標發表日」或「經濟事件」等影響市場波動性的時間點還有很多。這本書的附錄整理了主要經濟指標發表日的相關基本事項。雖然對於新手來說可能有些困難，但了解一下會很有幫助。

**   當然每個公司季度結束的時間點不太一樣，因此該月間也可能會有許多企業的業績發表。

發表通常會在業績發表季開始後6週內結束。業績發表季除了企業之外，還有CNBC跟華爾街日報等金融媒體，也會參考各企業的業績跟市場預測值來積極報導。

a.是否符合市場期待、企業的預測值如何等很重要！

這個時期，投資者會透過個別企業的業績跟預測值，掌握該企業是否有創造銷售跟收益、日後是否會成長，而下投資決定。因此市場的交易量會變多，股價也自然有波動性變高的傾向。價格可能因超過預測值的業績與正面預期，導致買進聲勢變強而上漲；或因令人失望的業績導致賣出量變大而下跌。特別是比起企業業績是否比上一季更好，「是否比市場的預測值更好」會帶給股價更大的影響。這是因為，目前的股價是市場預測值的反映價格。根據市場調查機關FactSet所述，最近5年業績比預測值好時，股價平均上升了＋0.9%，而業績比預測值差時，則平均下跌了-2.8%。

同樣的，企業日後的業績預測值也很重要。由於股票基本上就是反映對於未來的期待，不管怎麼說，比起已成過去指標的上季業績發表，呈現企業未來的前景預測會更加重要。舉2020年第2季業績發表當時為例子。亞馬遜比起前年同時期，銷售成長了＋26%，雖然出現超出*預測值的銷售，但在發表說第2季的利潤會用在對應新冠肺炎，而非所有企業的成長上後，股價足足掉了-7.6%以上。這可以說反映出了市場對於第3季的業績將不佳的失望感。

預測值

針對企業的銷售額、營業利潤、當期淨利等業績的預測值。通常有很多公司會在年度或是各季發表，並於年初呈現年度預測業績。

---

*　　預期：$73.74B＜實際：$74.45B

[圖6-12]比起業績,受預期發表更大影響的亞馬遜股價

出處:Yahoo Finance

b.確認業績行程

　　如果你已經理解企業業績季為什麼波動性會變大,那麼接下來就可以來探討,各企業什麼時候發表業績、業績內容可以在哪裡看等等。「Earnings Whispers」*這個網站可以按照日期來確認企業的業績,發表行程。進官網後,就可以按照日期了解企業的業績預測值、實際業績(EPS、銷售)、去年同期對比成長率、預測值對比業績比較等等。

EPS(每股盈餘)

EPS 是 Earnings Per Share 的縮寫,叫做「每股盈餘」。每股盈餘是企業賺的淨利(當期淨利)除以該企業發行的總股票數後的數值。即是說,它是表現每股可以創出多少利潤的指標。作為參考,股價除以 EPS 就會是 PER 值。

* 　　https://www.earningswhispers.com/calendar

利用Earnings Whispers

[圖6-13] Earnings Whispers官網畫面

　　在Earnings Whispers官網可以看到企業業績相關的各種資訊，但筆者利用過後，認為透過Earnings Whispers推特帳號下載月曆是最有用的。*該特推帳號的時間線，會按照業績發表季分成每月、週、日，呈現主要企業預計業績發表的資訊月曆，你可以免費觀看。筆者會在業績發表季開始前，透過每月月曆確認感興趣的企業，並制定買進、賣出的計畫。

---

*　　https://twitter.com/eWhispers

[圖6-14] Earnings Whispers推特

出處：Twitter.com

[圖6-15] Earnings Whispers提供的各企業每月主要業績發表行程

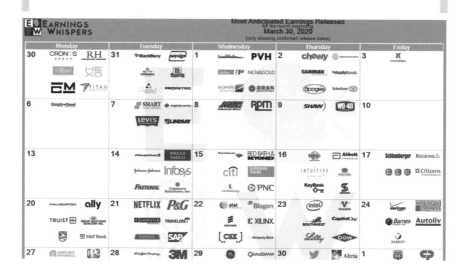

作為參考，Earnings Whispers也可以用電子郵件收到業績發表行程，只要在網站上註冊電子郵件地址就可以了。韓國時間每週星期六晚上可以收到下週要業績發表的企業目錄，及可確認各企業業績預測值的內容。

[圖6-16]在Earnings Whispers註冊電子郵件地址

出處：EarningsWhispers.com

c.確認業績內容

了解業績發表日期後，就只剩下確認當日業績了。要怎麼樣才能確認企業的業績呢？最正確的方法，就是在企業的官網確認業績發表資料跟電話會議*的資料。你可以在首頁的「Investors」**類別中確認資料，或在Google輸入「企業名稱+Investor Relations」搜尋，就可以馬上連到相關的頁面了。下面是Apple的官網中確認企業資料的方法舉例。

[圖6-17]在企業官網中確認業績資料

出處：Apple 官網

不過業績發表資料的數字或內容很多，如果是不熟悉觀看方法的投資新手，可能會比較困難。此外也可能有人比起業績的細部內容，更想只單純確認企業的業績呈現是否良好，或只想快速挑出各項目主要內容觀看。這時「AlphaStreet」***就會是很好用的網站。

---

* 上市公司為了説明自家公司業績跟預期展望，以機關投資者與證券公司分析師等為對象而開的會議。

** 位在上方分類或首頁下端。

*** https://news.alphastreet.com/

用AlphaStreet一次掌握業績

該網站可以用一張資訊圖表*來看企業的業績，因此也是筆者愛用的網站之一。連到AlphaStreet首頁後，搜尋好奇業績的企業代碼，就可以輕易找到企業業績的圖片資料。

[圖6-18]在AlphaStreet首頁透過代碼搜尋企業業績

[圖6-19] AlphaStreet提供的企業業績相關原頁面資訊圖表

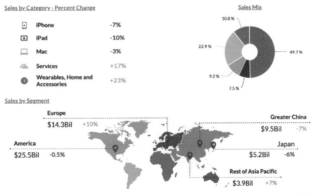

出處：AlphaStreet.com

---

* infographics，意指將資訊、數據、知識以視覺化的方式表達。

(2)標準利率變化

隨著業績發表季後波動性變大的另一事件即是「標準利率變化」。雖然有點基本，但這裡可能得先提一下所謂的利率。利率是作為借錢代價收的利息，或是本金利息的比率。如果把錢當作是一個投資商品，利率就是「錢的價值、錢的收益率」。利率的種類很多，其中的「標準利率」意味著在眾多利率中，以中央銀行政策管理的利率。美國聯邦準備系統（以下稱「聯準會」）就如同我國的中央銀行，其決定的「聯邦基金利率」正是標準利率。標準利率十分重要，因為經濟主體借貸時，適用的市場利率，就是標準利率加上利差與其他條件後來決定的。

市場利率＝標準利率(聯邦基金利率)＋利差＊＋其他條件

利率雖然是銀行等經常接觸的概念，但它到底會給經濟跟市場帶來什麼影響呢？我們一步一步來看，利率跟股價是何種關係，以及會給市場波動性帶來什麼影響吧。

＊　利差：按照信用度等條件附加的利率。如果信用度高、風險低，利差會降低；或信用度低、風險高，則利差會變高。

a.標準利率變化跟股價

如果標準利率上升？

如果聯準會利率上升，則市場利率也會提高，個人跟企業在借錢時利率會更高。升高的利率會提高有借貸或日後要借貸的人需支付的利息負擔，進而減少可支配所得*。若可支配所得減少，自然人們只購買必需物品的傾向會增強，整體消費會較之前減少，而導致生產作為消費對象的產品跟服務的企業銷售下跌。不僅如此，企業貸款利息也增加，因此費用加大，淨利也受到影響。若以極端的例子來看，甚至企業營運時需要的資金調節也會遭遇困難，要開始新事業或擴張會比較坎坷，導致斷然進行組織調整，這對企業來說絕對不是正面的消息。

如果標準利率下降？

相反的，若聯準會聯邦基金利率下跌，則可預期會有不同的結果。可支配所得增加時，除了必需品外，奢侈品消費也會提高，透過抵押貸款利率的住宅購買會增加。也就是說，整體消費會有所提升。企業的生產會增加，用低利率借的錢可以在更多地方進行投資。這樣的消息可預測企業的業績將會提高。**

---

* 意指個人所得中可以自由消費、儲蓄的所得。

** 金融產業類型是例外，其在利率變動時，會有跟其他產業類型呈相反走勢的傾向。組成金融產業類型的銀行、仲介業、抵押公司擔任借錢給金融消費者的角色，如果利率低，則代表借貸利率與存款利率差異的存貸差額會減少，利潤也會降低。不過過了一定時間後，金融機關會對應減少的借貸利率，降低存款利率，讓存貸差額維持跟利率降低前類似水準。

如上所述的利率變化要影響整體經濟，至少會花上12個月。
不過股票市場會反映對於未來的期望，因此會有即時反映利率變化
的傾向。若利率上升，可透過前述過程預測日後會給企業銷售與利
潤帶來負面影響，因此股價可能會下跌；相反的，若利率下跌，則
可預期為企業銷售跟利潤帶來正面影響，因此股價可能會上漲。此
外，利率只要訂好一次方向，就會持續維持該方向，故市場感受到
的歡欣跟憂愁也會更大。以下圖片顯示1990年到2020年聯邦基
金利率的走勢。可以看到利率如果開始上升，就會邅升，若開始下
降，則會邅降。

[圖6-20]利率若訂好方向，則會持續進行該變化

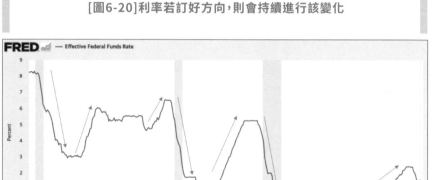

出處：fred.stlouisfed.org

同時確認市場的經濟期望

股票市場並不會隨著「利率下降股市就上升、利率上升股市就下跌」這樣的公式一板一眼地移動。因為利率跟投資、消費相互會複雜地作用，並根據經濟狀況產生變數，可能出現跟之前不同的結果。雖然利率降低會減少借貸利息，但若日後的經濟期望值是負面的，則家庭、企業不會增加消費跟投資，因此股價也不容易上升。相反的，若利率上升，借貸利息增加，但市場參與者預想之後經濟繁榮，儘管利率高，也會透過貸款來擴張事業，並創造更多就業機會，家庭消費也會增加。因此，利率的變化跟針對經濟狀況的市場心理要一起確認才行。實際上2001年美國IT泡沫化，景氣衰退後，標準利率至少降了11次，股票市場卻仍持續下跌。因為經濟狀況非常不好，市場對經濟持續抱持負面的預期態度，導致降低利率沒有太大的效果。

b.標準利率是什麼時候定的？

假設你已經如上確認好利率跟股票市場的關係，那麼現在就要來實際了解標準利率是何時訂定的了。你要知道這個時機，才能事先應付市場的波動性，並且掌握可能變化的方向。標準利率是由聯邦公開市場組織委員會（Federal Open Market Committee，以下稱FOMC）決定的。FOMC是聯準會最高決定組織，聯準會會根據法律義務，1年舉辦8次FOMC。*在FOMC會議上會決定美國政策利率與

---

*　根據情況，也可能在定期會議外隨時召開。會議會以非公開的方式進行，並在會議3週後向大眾公開會議記錄。FOMC會進行兩天，並在最後一天以聯準主席的發言結尾。

貨幣政策方向。FOMC舉行日跟會議記錄等資料可在聯準會官網*確
認。作為參考，2020年的舉辦日同[表6-1]。

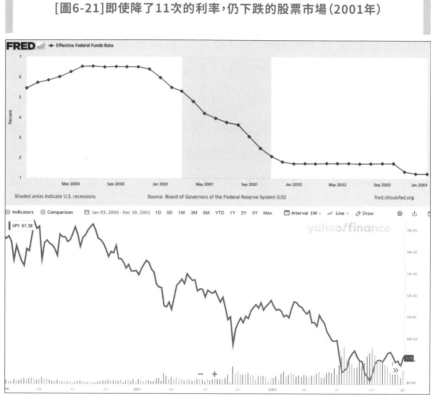

[圖6-21]即使降了11次的利率，仍下跌的股票市場（2001年）

出處：fred.stlouisfed.org, Yahoo Finance.com

---

*　　https://www.federalreserve.gov/monetarypolicy/fomccalendars.htm

[表6-1]2020年FOMC行程*

2020 年 FOMC 行程	
1月	28~29 日
3月	17~18 日
4月	28~29 日
6月	9-10 日
7月	28~29 日
9月	15~16 日
11月	4~5 日
12月	15~16 日

c.在FOMC要確認什麼？

　　那麼看了會議結果，應該要確認什麼呢？第一個，FOMC舉辦之後是否有利率的變化。第二個，透過聯準主席的發言，注意目前聯準預期的經濟樣貌與日後的計畫。若利率下降，股價就很可能如前面說明的一樣上漲，但如果感覺聯準會預期之後的經濟狀況會劇烈惡化，因擔心成長減緩，市場很可能會無關利率變動而下跌。因此不能只單純確認利率的變化，也必須確認聯準主席的發言內容與感覺、一個月後官方發表**在聯準官網的聯準會議記錄中的利率變化，以及聯準政策的背景跟脈絡。雖然可以在聯準會官網確認最正確的資料，但FOMC本來就很重要，所以我國本國的媒體也會即時上傳將該內容整理解析的報導，故不用對英文感到過於負擔。

---

*　　2020年3月新冠肺炎給經濟帶來混亂的重大影響後，緊急在3日跟15日召開了兩次會議，取代原定的17～18日。

**　https://www.federalreserve.gov/monetarypolicy/fomc_historical.htm

FOMC 是由什麼組成的？

　　FOMC是由7名聯準理事跟5名聯邦準備銀行的（以下稱聯準系統）行長所組成。聯準理事會是由總統得到上議院承認而任命，任期為14年，2年會替換1位。聯準銀行行長中，紐約銀行行長是直接上任，4名聯準行長則是採輪流制。即是説，紐約銀行行長每年會有決定利率的投票權，其他地區聯準行長則是輪著執行投票權。輪流制會從下列4組內各選出1名。

A.波士頓、費城、里奇蒙

B.克利夫蘭、芝加哥

C.聖路易斯、達拉斯、亞特蘭大

D.堪薩斯城、明尼亞波里斯、舊金山

[圖6-22] FOMC組成

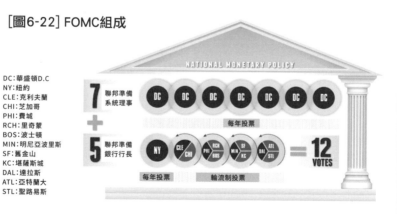

DC：華盛頓D.C
NY：紐約
CLE：克利夫蘭
CHI：芝加哥
PHI：費城
RCH：里奇蒙
BOS：波士頓
MIN：明尼亞波里斯
SF：舊金山
KC：堪薩斯城
DAL：達拉斯
ATL：亞特蘭大
STL：聖路易斯

出處：Federalreserve.gov

以2020年8月1日為基準，FOMC組成人員如下：

- Jerome H. Powell：聯邦準備系統理事，主席
- John C. Williams：紐約聯邦準備銀行行長，副主席
- Michelle W. Bowman：聯邦準備系統理事
- Lael Brainard：聯邦準備系統理事
- Richard H. Clarida：聯邦準備系統理事
- Randal K. Quarles：聯邦準備系統理事
- Patrick Harker：費城聯邦準備銀行行長
- Robert S. Kaplan：達拉斯聯邦準備銀行行長
- Neel Kashkari：明尼亞波里斯聯邦準備銀行行長
- Loretta J. Mester：克利夫蘭聯邦準備銀行行長

什麼時候賣出？

US STOCKS CLASS

① 不能輕率賣出的理由

(1)長牛市跟短熊市

　　既然已經知道什麼時候要買了，那現在就該來了解一下「什麼時候要賣」。投資新手在大幅上漲時會開始煩惱「是不是要現在賣才有利潤？」或是「跌很多了，是不是現在趕快要賣呢？」。雖然人的心理一定會想說，要在可以創造某種程度的利潤時買賣，但如果單純看價格漲跌，而不考慮企業的狀況就賣出，很可能過不多久就會後悔了。因為從歷史記錄來看，美國股票市場的牛市會比熊市長，上升幅度也會比較大。下圖是1929年到2020年6月30日每日美國市場的績效。牛市（Bull Market）期間平均是2.7年，該期間平均呈現＋111.7%的上漲；相反的，熊市（Bear Market）期間平均是9.5個月，平均下跌-35.5%。當然，並不是所有企業長久持有就會帶來好結果。不過如果有優良大企業的股份，比起被短期的波動

所左右，因為相信該企業的長期成長跟穩定而長久持有時，就可以
期待更好的績效。*

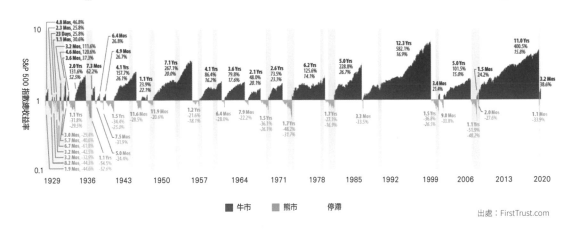

[圖6-23]長牛市、短熊市(1929年～2020年上半期)

出處：FirstTrust.com

■ 牛市　　■ 熊市　　停滯

---

*　　為了擁有長期的成長，一開始一定要選定好的企業。請利用前面第5
　　章介紹的各股票選擇法，選出可長期持有的企業。

美國股票
HARD CARRY

牛市跟熊市是什麼？

牛市（Bull Market）

意指市場指數比前期低位上漲+20%以上，且在相當一段時間持續更新之前創下的高點並上升的市場。由於股價上漲的現象就像牛（Bull）向上頂出的角，所以才產生了牛市這樣的名稱。

熊市（Bear Market）

意指市場指數從最高點下跌-20%以上，並持續相當一段時間的市場。股價下跌的現象就像熊（Bear）向下揮的手掌模樣，因此被稱為熊市。

(2)股票分割跟股息的力量

長期持有優良企業股票時，就有可能從「股票分割」跟「股息」等活動中獲得期待以上的收益。好比說，星巴克（SBUX）從1993年到2015年進行了6次的2比1比率的股票分割。股票分割時，每股價格會降低，交易量會變得較活躍，因此股價上升的機率很高。如果在1992年星巴克上市時，投資了每股$17共100股的話，即使不額外買進，帳戶在現在的時間點也會持有6400股，$1,700的投資金額會上升到$493,284*，約成長了29,000%。這是長期間股價持續上升，以及6次股票分割所締造的傑出收益率。

---

*　套用8月22日收盤價$77.07

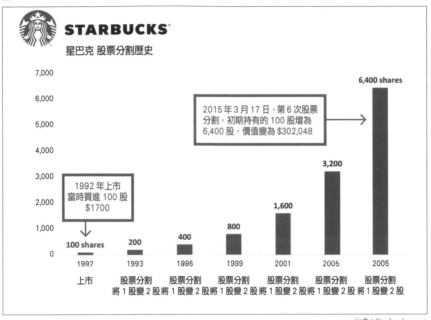

[圖6-24]星巴克的股票分割與股價上升帶來的傑出收益率

STARBUCKS®

星巴克 股票分割歷史

2015年3月17日，第6次股票
分割，初期持有的 100 股增為
6,400 股，價值變為 $302,048

6,400 shares

1992 年上市
當時買進 100 股
$1700

年份	說明
100 shares	1992 上市
200	1993 股票分割 將1股變2股
400	1996 股票分割 將1股變2股
800	1999 股票分割 將1股變2股
1,600	2001 股票分割 將1股變2股
3,200	2005 股票分割 將1股變2股
6,400	2005 股票分割 將1股變2股

出處：Starbucks.com

更驚人的是，這個是除去股利的收益率。初期是成長股的星巴克，不知不覺間就確保了穩定的現金流量，並從2010年開始發放股息，並以持續的成長為基礎，持續增加股利，5年期間年平均股息成長率高達170.91%*。如果2010年8月23日開始到2020年8月21日為止共10年期間，合計星巴克支付的股利，績效會是多少呢？投資星巴克的初期投資金額是$10,000，無股息再投資，10年過後股利

---

*   出處：Dividend.com，以2020年9月4日為基準

總合計收益率是621.2%，年平均收益率可以達到21.84%。如果將收到的股利再投資買進星巴克股票會如何？同樣用$10,000投資星巴克，並同樣10年的期間，每次收到股利都拿來再追加買進星巴克時，就會得到668.13%的總收益率，跟年平均收益率22.61%。星巴克這樣的案例，可以說是能見識到長久持有績優股時，可累積的股票分割、股息、股息再投資的代表案例。

[圖6-25] 10年間星巴克投資收益率（2010年8月～2020年8月）

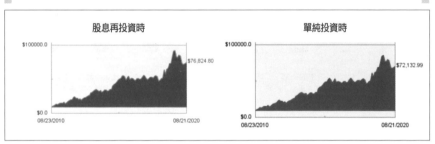

出處：Stocksplithistory.com

[表6-2]按10年間投資星巴克股息再投資與否的收益率比較*

Category	股息再投資時	無股息再投資
開始時間點	2010 年 8 月 23 日	
結束時間點	2020 年 8 月 21 日	
投資期間	10 年	
初期投資金額	$10,000	
開始時間點每股股價	$11.84	
結束時間點每股股價	$77.07	
開始時間點買進股票數	844.59	
結束時機點買進股票數	996.67	
每股再投資的股利	$8.32	-
總收益率	668.13%	621.20%
年平均收益率	22.61%	21.84%
結束時間點金額	$76,824.80	$72,132.99

　　總結來說，基本上績優股長期來說上漲的機率高。而且在股價上漲的過程中，為了活躍交易，也可能出現「股票分割」。如果成長過程中確保穩定的現金流量，就會發放股息給股東，若企業持續成長，則每股支付的股利也會逐漸增加。像這樣將「股票分割」、「股息支付」、「股息成長」等要素合在一起，就能達到想像以上的收益。因此，愈好的績優股長期持有愈有利，要賣出股票時，必須再次確認這個股票現在必須賣出的理由。賣出也跟買進時一樣，必須要有自己的原則才行。

---

*　　可在Stocksplithistory.com確認。

什麼是股票分割？

　　所謂的股票分割（stock split）就是企業在不影響整體市價總額的情況之下，增加股票數的意思。如果進行2對1的股票分割，則每股股價會降低1/2，流通的股票數則會增為2倍。企業透過股票分割可以確實得到的效果，就是能降低每股價格，讓投資者能以更低的價格購買股票。因此，股票分割理論上不會給市價總額帶來影響，但卻能提高投資者的接近性，並增加交易量，以帶來讓股價上升等正面效應。以2020年8月底為基準，Apple（AAPL）進行1/4、特斯拉（TSLA）進行1/5的股票分割，觀察日後這些企業的股價影響也是有趣的地方。

② 等一下！賣出前確認一下吧

　　我們會在何種狀況下想要將持有的股票賣出呢？雖然也有人會在買進的企業股票上漲得比想像高時，考慮是否實現收益，但大部分的投資新手，容易在股價大幅下跌時產生賣出的心理。因為這個時間點會擔憂繼續下跌，比起理性思考，較易被感情左右而按下賣出的按鍵。不過若在事前就做好「賣出前確認清單」並應用，就能透過客觀且理性的判斷來減少失誤了。

確認清單#01：訂好買進企業的「賣出標準跟原則」了嗎？

　　我們一般只會集中在買進股票，卻忽略了將買進企業賣出的這一塊。這樣在股價波動性劇烈時，就容易因「嗯，現在應該是高點吧？」、「下跌太多了，現在該賣了吧？」等一時的感情或感覺而犯下錯誤賣出。為了防止這樣的失誤，必須要在事前就訂好專屬自己的賣出標準。你可以事先訂下如「對比期間，達成高過目標收益率時賣出」，或是「對比買進時間點，下跌-20%以上時認賠賣出」等賣出的標準。這裡並沒有一定的方式或公式，你必須自己主動投資後精密制定。將自己訂定的賣出原則記錄在經常看的智慧型手機記事本或社群上後隨時確認，並堅守原則。

確認清單#02：訂好應對需賣出時的「優先順序」了嗎？

　　如果因為結婚或購買住宅、搬家等立即需要資金，當然會需要賣出股票。但是這種情況也不是把股票通通賣出，而是訂好「優先順序」，從認為價值最低的企業開始出售。就如前面提到的，預期會長期上漲的績優股最好在最後再賣出。筆者的話，在這種情況下會從成長相對弱的企業股票、不太確定的股票開始賣出。如果賣出時像這樣先訂好順序，在需要資金而需出售的狀況下，就可以做出比較明智的決定。

確認清單#03：「買進理由」是否仍有效？

　　在需將持有的標的賣出時，會只集中在賣出，而忘記當初為什麼會決定買進該標的。愈是這種狀況，在確認需賣出的理由時也愈要同時再檢視，當時為何買進。若是一開始買進時考慮到的部分消

失或毀損了，那自然也沒有再持有該股票的理由了。為了持續收到股息而買進，但公司狀況經營不善，導致股利裁減或中斷時，就可以看做是買進的理由毀損。成長股原先期待成長率而買進，但總被競爭公司奪去市占率，並被市場所淘汰，自然也沒有繼續持有該企業的必要。但若不是像這樣持有企業的理由消失或毀損，在賣出前就該再問一下自己：「這個企業現在一定要賣出嗎？」。

③ 賣出時有用的2種小訣竅

如果賣出前需注意的事項都確認過後，就可以放心地賣出了。我跟各位分享，在最後賣出時可參考的兩種好用訣竅。

Tip1：利用分批賣出、波動性

賣出跟買進時一樣，也必須分批賣出。如前所述，若利用市場波動性變大的時間點「業績發表季」與「標準利率相關事件」分批賣出，就能期待比在同一時間點賣出所有股票稍微獲得多一點的績效。此外，若一次全部賣出，投資者過不了多久就會因為股價上漲而後悔。不過若是分批賣出，因為可用上漲的股票價格出售剩下部分，投資者也較能維持心理上的安定。

Tip2：也可將帳戶分開

選出好的企業買進後長期持有，這句話就跟教科書一樣，每個人都會深感共鳴。不過就算清楚，中間不斷感受到的厭倦感仍可能形成投資的障礙，也是需要克服的對象。若持有優良的企業，就會

不斷產生想在股價上漲時賣出以實現收益的慾望，並為了感受購買股票行為的樂趣，而進行無意義的買賣行為。

為了克服像這樣在買進後持有的期間，向自己襲來的厭倦及誘惑，你可以開設多個帳戶經營，來作為替代方案。也就是說，按照「買進後持有用」、「短期買賣用」、「退休用帳戶」等不同目的開設多個帳戶。這樣的話，那些希望實現收益的慾望或想感覺買賣趣味的誘惑，就可以透過整體投資金額中，只用一部分經營的副帳戶來解決，而有較多投資金額的主帳戶，就有防止不必要買賣的效果。

AnnaJoung！
你開始投資美國股票後，
有什麼地方不一樣了呢？

許多人會在20歲中旬開始投資，但我因為較早開始投資，所以複利效果很好，也聽到很多羨慕的聲音。我也對於自己早早認知到複利效果的重要性，而比他人提早開始投資這件事感到很滿足，但我在投資上得到的最大成果，其實應該是「生活態度的變化」。

養成節約並比較價值的習慣

不管發生什麼事，我為了遵守自己訂下的每個月投資金額，養成了節省的習慣。自從開始投資後，不管我要消費什麼物品或服務，都會自然將其價值跟股票做比較。「用喝星巴克咖啡的錢買星巴克股票吧」、「我想買的這個包包，背個一兩次就膩了，但用這個錢買Apple股票的話，還可以拿股利」等等。比起將錢「消費」在隨著時間經過價值會降低的消費財上，不如「投資」在隨著時間經過價值會提高的優良股票上，並透過這個過程獲得更大的喜悅。我不只是自然養成節約的習慣，也學會了有智慧的消費。

比平常更勤勞了

開始投資後要研究的東西很多。你必須讀書、聽課，但將這些資訊消化的過程是必須的。因為是上班族投資者，一天可以利用的時間有限。如果是要加班、聚餐的日子，就連研究的時間都沒有，只覺得疲累不堪。但我訂下了「一天讀2個小時吧！」、

「至少一天讀1份報告書吧！」等個人目標後，每天都努力完成。從產業與企業研究，到投資過程記錄、思緒整理等，研究過後要整理的東西很多，必須仔細抽出時間專心進行。也因為這樣的過程，讓我能更有效率地管理跟使用時間。

對世界的關注與好奇心增加

這是我個人覺得變化最大的地方。我本來對於自己有關注的領域之外的事情沒什麼興趣，也不太想知道。不過開始投資美國股票後，就徹底地研究了世界經濟跟美國歷史。「為什麼反壟斷法會成為焦點？」、「作為關鍵貨幣，美金是擔任何種角色？」、「為什麼聯邦準備委員會重要？」、「猶太人在美國社會中扮演的角色？」等，除了單純的企業研究之外，我也對於歷史、社會、文化等進行多方面的了解。此外，我也養成了讓生活的每一部分都跟投資產生關連的習慣。即使週末出門，我也會觀察我正在投資的Apple商店有多少人駐足，去超市也會確認商品的製造業者，並確認是不是我投資的公司產品。這種關注跟好奇心提升的同時，也克服了投資之前的經常感受到的無力感跟倦怠感。

雖然開始的時候只是為了賺錢，但我的個性跟生活態度卻藉由投資而有所改變，也得到了許多機會。我透過海外股票投資，認識了職場生活中不會遇到的人，也得到了許多有關投資跟生活的觀點。甚至還得到在超過300個聽眾面前演講的機會，也寫了書。

我覺得我運氣一直都很好。不過所謂「運氣」這件事，還是得在你至少開始之後才會找上門來。如果你到現在還想著「美國股票太難了。」或是「是不是到凌晨都還要一直盯著市場啊？」等，猶豫著是否開始投資美國股票的話，不如想想我在開始投資後生活態度改變的故事，挑戰一次看看如何？

Chapter 7

一定要銘記在心的
投資心理

先各買1股吧！

US STOCKS CLASS

　　初次開始投資的人為了長久留在投資的世界，並達成良好績效，最需要的是什麼呢？儘管對世界經濟的走勢、產業跟企業的分析能力、觀察企業的銳利眼光、未來世界的想像力，以及明智的洞察力等各種要素都是必要的，但最重要的莫過於投資者本身的取向，擁有多少時間、是以何種目的來投資等，這種「自己專屬的投資哲學與原則」。

　　投資世界有數不清的複雜變數，並對市場的波動性造成影響。用自己的哲學跟原則來應對波動性的投資者，在任何情況下都能以自己的方式持續投資，而無法如此的投資者就會受市場的氣氛與噪音所困，進而遭受巨大損失或退出市場。因此這個章節要介紹「開始投資前最好有的心理建設」，來幫助各位建立投資必備的自我投資原則及哲學，並協助各位在劇烈的波動中也能維持平常心、不輕易動搖。

大部分的投資者不論是什麼原因，在被特定企業吸引後，都會找尋該企業相關的各種資訊，並下定決心一定要購買該企業的股票。不過這份馬上就要按下購買按鍵的心情，若是能在看過最近的股價走勢，再稍微等待一下的話，當股價比目前再下跌時，那必買的內心可能會有所改變也說不定。

市場時機的效益

在之前的章節有說明到，比起算準市場的時機，最好建立屬於自己的買賣原則。但為了買賣時機可能還抱有一點疑問的讀者，我必須再強調一次。為了找到低點而觀察市場時機，實際上只是在浪費時間而已。

股市長久以來的其中一個爭論，正是所謂的「市場時機」。應用長久累積的數據跟高度技術找到最佳的時機就能獲得高收益的論點，以及抓住市場時機是神的領域，因此應該把這樣的努力跟時間花在其他地方上的論點，這兩大陣營各自有其對於市場時機的主張。雖然對於哪個陣營的論點更有說服力，在於投資者自己的判斷，但若讀過接下來要介紹的案例，大部分的人都會做類似的判斷。

**透過極端比較兩種案例，
了解市場時機的效益**

[圖7-1]連續30年每年投資S&P 500指數$1,000的兩種情況

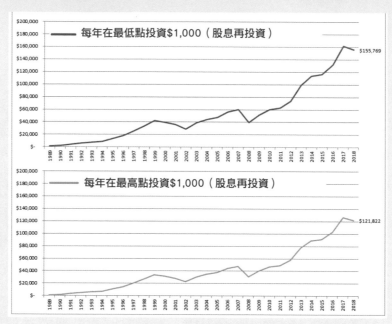

出處：Albert Bridge Capital，「THE FUTILITY OF MARKET TIMING」

　　以1989年為基準，25歲的瑪莉跟查爾斯決定在30年間每年投資S&P 500指數$1000。瑪莉在30年期間，每年都只選在該年股價最低的日子投資$1,000，查爾斯則每年都只選在該年股價最高的日子投資。作為參考，連續30年都選到最佳日子（或最糟日子）的機率是（1/253)^30。即是說，是在1240後面至少加上69個0之後的數字分之1。總結來說，這可以說是為了檢視市場時機的效益，而將實際上最難發生的兩種極端例子拿來比較的案例。總投資期間是30年，投資本金是3萬美金，分成兩個例子以過去實際的數據為基礎計算，

每年在最低點買進的瑪莉帳戶會是155,769美金，每年在最高點買進的查爾斯的帳戶則會是121,822美金。每年都做出最完美選擇的瑪莉跟每年都完美選錯的查爾斯的效益差別約僅是22%。即使將30年的期間改為10年，兩個例子的結果也是在20%上下，差異並不大。

「約20%內外」的投資績效差異說大不大、說小不小，如果考慮到30年的長時間，實際上不太可能發生、接近極端案例這點來說，市場時機對投資績效來說具有重大效益這個主張，多少有點不合理。

不過各位可不能誤解成，在投資中市場時機不重要，或是可以忽略之意。只是想到對比為抓住市場時機而投入的努力跟時間，最後獲得的績效多寡，若將力量放在對投資績效影響較大的其他部分，應該會比較好。這是有關市場時機的討論跟研究結論，也是主流的意見。

是貴是便宜，要試一試才知道

不管是匯率還是股價，若能透過分析產出正確的價值，就能判斷出對比價值後目前價格的水準，但對剛開始投資的新手來說，這還太遠了。投資者的行動結果，會隨著時間自然顯現。要以買進的價格為基準來看日後的股價，才能知道是買便宜還是買貴。因此，比起茫然等待比現在稍微再便宜一點的價格再買進，或以這段時間股價上漲很多，所以應該快下跌等單純的想法而遲遲不買進，不如

先小額買進各企業的1股，來抓「基準點」。比起為了用比投資金額小很多的金額便宜買進而等待市場時機，以立刻就能負擔的價格買進後準備下個階段，對整體投資的績效更有幫助。反正在買進的時間點是不可能正確評估價格的。因為比買進價格再上漲的話就是便宜買到，下跌的話則是買貴，只要用變低的價格再買進就可以了。因此與其苦惱市場時機，不如先由股票或是換匯開始，從小的點開始一個個試起吧！

持續用
儲蓄型的方式投資吧！

02

US STOCKS CLASS

　　投入投資金額的方式大致可以分成①一次投入一大筆錢的遞延型投資，以及②每到一定期間持續放入投資金的累積式型態。如果你問「兩個方法中哪個方法比較好？」，我會回答你「這會根據是誰去投資而有不同」。以傑出的分析能力為基礎，並有從市場中選出低估股票的眼光跟實力的投資者，可以將最低估的企業以遞延式的型態投資，來將收益最大化。不過若是還沒有實力、在入門階段的投資者，比起將重點放在將收益最大化，應該先集中在讓投資金無損失。這時最適合的方法就是「累積型投資」。

3種投資失敗的理由

　　剛開始投資或投資經驗短的投資者，可能會發現①對企業的理解不足、②對買進的企業沒有自己的明確投資想法、③沒有建立自己專屬的投資原則跟哲學。這三種不足點若持續，很可能會因為無法克服波動性、輕易被動搖，而最終失敗作收。但是所謂的投資，就是在你填滿這些不足的部分之前，也必須持續去做的事情。

一樣的研究、不同的結果

為了填滿這些不足的地方，最終仍得投入市場，並從中學習。努力在投資實戰中得到各種經驗，並將其中得到的教訓變成自己的。不過也有人會在自認充分做好投資準備後，先從模擬投資開始。這些人跟以小額進行實戰投資的人比起來，雖然是同樣的研究，學習效果卻會截然不同。投入自己辛苦賺來的珍貴投資金的人，會有創造收益、避免損失的鮮明目的，因此從研究投資時的心態，或接受市場給予經驗的態度開始，就已經相當不一樣了。

從小的金額開始持續累積！

每個人的適當初期投資金額範圍都不盡相同。如果意欲過多，一開始就投入大量金額的話，自己經營該資金會很有負擔。相反的，如果金額太小，也會很難專注在投資上。因此你必須自己考慮整體資產規模，再訂下適當的水準。照這樣訂好初期投資金額後，接下來就要訂每個月累積型投資的金額了。累積型投資可以在每個月用一定的金額進行，也可以根據情況自由決定金額。重要的是，必須讓每個月累積型的投資成為習慣，並持續才行。

如果擬定好初期投資金額跟每月累積型投資金額，就可以來選擇要投資的標的了。一開始投資，一定會有很多想要買進的標的，這個看起來很好，那個看起來也不錯。但初期投資金是有限的，所以一般來說會在其中選擇最具吸引力的企業後，用類似的金額分批買進這些企業的股票。完成最初的買進後，隨著時間過去，持有的標的股價就會自然而然產生變動。這時若有下跌幅度特別大的標的，就可以運用每月累積型投資金額中的一部分追加買進，降低平均買進單價。如果持有標的大部分有收益，或跟買進價格沒太大

差異時，就可以用累積型投資金買進新標的，或拿來確保現金的比重，也是不錯的辦法。

愈填滿不足，愈能提高成功機率

把錢放進去擱置並祈禱產生收益，並不能稱之為投資。你必須要深入研究自己投資的企業是以何種結構賺錢、有什麼樣的競爭力、是否能存活到未來等等。此外，最一開始投資考慮的點是否仍有效，或是產生新的投資想法後，既有的投資構想是否已擱置了，這些都要持續檢視才行。

重複這些過程的期間，投資者自然會面臨市場的波動性。從各企業預料之外的風險，到市場整體一股腦地大幅下跌，投資者會面對無數大大小小的事件，並累積各種經驗。投資者也會從這些經驗中學到許多教訓，這些累積的教訓會幫助自己產生專屬的投資原則跟哲學。最終藉由從失敗的投資者身上發現的共通點，一點一點補齊自己的不足，投資的成功率就會愈來愈高。

損益不平衡的解決方案──累積型投資

每股以100,000韓元買進的股票被分成兩半後，收益率會-50%，並可預期50,000韓元的評估損失。但若希望將這個股票恢復成本金，必須要再創出多少的收益率呢？可能會有人說＋100%，也可能會有人覺得既然-50%，那再＋50%就是回到本金了。這個概念就是我們在投資時一定要知道的「損益不平衡」。損益不平衡而導致的損失規模愈大，為了恢復其損失，就必須提高到更大的收益率。

[表7-1]損益不平衡

損失率	本金復原需要的收益率
-1%	1%
-10%	11.11%
-25%	33.33%
-50%	100%
-75%	300%
-90%	900%
-95%	1900%

　　損益不平衡雖然是單純的數學原理，但若計算按損失率而需復原的收益率，就可以立刻理解為什麼應該把投資的方向集中在避免損失，而非創造收益了。不過即使了解這些內容，投資的世界勢必無法避開損失，即使是盡全力慎重買進的標的，也可能會產生預料之外的重大損失。而遇到預料之外的重大損失的投資者，可以做的事情就是①確定損失並認賠賣出，或②等到本金恢復等兩種。

　　雖然可能根據標的及事由造成不同的重大損失，但若對該企業的投資構想或經濟護城河等仍有效，那麼投資者就應繼續持有該標的。不過即使是判斷需繼續持有的優良企業，在遭受重大損失的狀態下只是等待恢復會花太長時間，因此「累積型投資」就是可在這種狀況下減少等待本金恢復時間的一種解決方法。如果針對損失中的標的，以自己的原則用累積型投資的型態追加買進，該標的的平均買進單價就會自然降低，並有降低重新恢復到本金的基準點的效果。

當然，若投資構想毀損或企業本身有問題，卻還追加購買的話，就有可能將損失最大化；或是在損失幅度還沒到很大時就追加購買，反而會讓效果變差；每個標的若投資規模愈大，則為降低平均買進單價，就需要大量的追加投資金額等等，這些也都是累積型投資方法中需要注意的部分。不過從投資開始沒多久的新手角度來看，累積型投資方式可以培養對投資損失跟波動的耐性，並透過各式各樣的經驗，建立自己專屬的原則，是很有效的方法。

稍微分散地方投資吧！

「我是想要1,000萬韓元投資的投資預備軍。集中投資兩個500萬韓元的標的跟分散投資20個50萬韓元的標的，哪個方法比較有效呢？」

環繞周遭，就會發現有很多人都抱有如上的疑問。如果觀察集中投資跟分散投資的特徵，就會發現各自有很明顯的優缺點。通常在上漲的局面集中投資會較好，在下跌的局面則是分散投資較好。不過上述問題的答案，還是要從自己是處於何種位置的投資者、是以何種目的投資來看，而非專注在市場的方向性。

為了透過集中投資追求巨大收益，就必須考慮到與之對應的損失。此外，也必須具備能選出要集中投資的少數確定標的的能力。但這種對於高波動性的思考能力及項目選擇能力，很難在短時間形成。因此若是你才剛開始投資的新手，比起收益，應該先集中在減少損失跟波動性上。而「分散投資」就是在減少這種損失跟波動性上，單純又明確的方法。我們必須透過分散投資帶來的穩定性跟生存能力，在投資的世界中累積多種經驗，並提升投資的能力值。

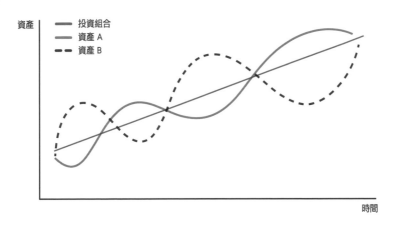

[圖7-2]呈現負相關的兩種資產所顯示的分散投資效果

資產

— 投資組合
— 資產 A
--- 資產 B

時間

出處：Roger Gibson，《Asset Allocation：Balancing Financial Risk》

分散投資的核心——相關性

　　於IT公司任職的上班族A想到「不能把雞蛋放在同一個籃子裡」的名言，於是將投資金拿來投資微軟（MSFT）、Google（GOOGL）以及Facebook（FB）等自己很了解的IT領域的數檔股票。某天市場面臨各種不確定性，股價大幅下跌，A知道這天總會到來而進行分散投資。但A打開帳戶一看，發現帳戶竟比市場還掉了更大幅度，不禁感到悵然若失。為何A謹守了不要將雞蛋放在同一個籃子的箴言，但帳戶結果卻無法發揮分散投資的優點，反而下跌得更嚴重呢？這正是因為沒有考慮到「資產間相關性」的緣故。A只把分散投資理解成分裝的概念，卻忽略掉分開盛裝的資產帶有類似的性質跟方向性。即是說，雖然將雞蛋放在不同的籃子裡，但那些籃子卻都放在同一個搬運車上了。

相關性是指在兩種變數中若一方產生變化，另一方也會跟著產生變化，並會在-1跟＋1的範圍內以相關係數表現。例如說，A跟B的相關係數是-1，那麼A跟B就會呈現完全相反的方向移動，稱之為「負相關」。相反的，若相關係數是＋1，則兩者會像成雙般往同個方向移動，稱之為「正相關」。因此為了呈現將波動性跟損失最小化，並將收益最大化的分散投資效果，必須理解資產間的相關性，並在帳戶中分開盛裝往不同方向移動的資產群。

分散投資的真正益處

許多投資大師都會說「投資的勝敗有一半以上在於投資者的心理跟態度」。這意味著雖然為了得到成功的投資績效，分析資訊的能力很重要，但保持平常心，並按照自己的投資原則做出理性、合理的判斷，是更重要的。股票市場的波動性會帶給投資者身心極大影響。投資者可能會因持有標的對比市場的績效，而體驗到各種不同的情感。好比說趕不上牛市的市場平均上升率時，投資者會有一種被排斥感。而在熊市中持有的所有標的遭受損失時，則會因極大的不安感而七上八下。這些投資者感受到的負面情感會讓投資者的心理變得急躁，進而可能在不想被市場打敗的慾望下做出非理性的判斷。

不過若能在各種標的中分散投資，帳戶內就很有可能有在牛市中高出市場平均收益率的標的，或在熊市中下跌狀況比市場稍好的標的。這些出眾的投資標的在給投資者安定感上扮演舉足輕重的角色。畢竟投資者比起持有標的的整體績效，若看到呈現比市場更好績效的少數標的，就可以得到安定感跟滿足感。若投資者不管市場怎麼變動都不會動搖，並能維持平常心，就能以自己訂定的投資原則跟哲學為基礎，走上成功投資的道路。

從長期的角度投資吧!

US STOCKS CLASS

股票市場中,像我們這樣的個人投資者,跟國際投資銀行的基金經理人,或避險基金經理人等是在同樣規則下活動的。個人跟專家比起來,不管是資訊能力、分析能力、判斷能力等,在各種領域中一定都處於劣勢,但卻有一樣比他們更有利、更強悍的武器,就是所謂的「時間」。

讓「時間」站在我們這邊的先決條件

拿投資金營運資金的經埋人有著在一定期間內呈現超越市場平均績效的義務。不過投資的責任跟績效皆要自己考慮的個人投資者,不會被時間所追趕,因此有著可以長久投資的優點。即是說,在投資上擁有能將時間變成跟自己同一國的選擇權。不過即使是個人投資者,時間也可能隨以何種資金投資而成為缺點。若是用非閒錢、必須用在某處的資金,或有期限跟償還條件的貸款來投資,就有可能得在不希望的時間點回收投資金。這種情況下別說是活用

時間的優點，還可能會被時間追趕，只能做倉促的投資。因此為了將「時間」確實變為個人的武器，必須避免發生在投資期間突然得回收資金的狀況。如此，就必須在投資之前，規劃各期間投資的計畫與投資金額規模，再用即使長時間投資也無妨的多餘資金投資，才能在緊急需要資金時用其他方法募集資金，並讓時間站在自己這邊，為投資帶來良好的結果。

長期投資的複利魔法

長期投資時，投資者可以得到的最大好處就是「複利效果的最大化」。不將透過投資得到的買賣收益及股息收益領出，而是繼續再投資，就可以漸漸提升投資金額，產生一點點上漲也可以帶來巨大收益的複利效果。就像在雪原上滾動的雪球愈大，即使只轉一圈也可以捲起大量的雪一樣。在持有價格持續上升的資產前提下，「收益率」跟「期間」這兩種變數會決定複利效果的程度。即是說，當投資同樣的金額時，年平均收益率愈高、投資期間愈長，複利效果就能愈大化。這兩種變數若一起應用，就可以感覺到複利效果以等比級數的形式成長。這樣的話當然所有投資者都會為了將複利效果最大化，而希望將這兩種變數設定成有利於自己的方向。不過所謂期間的變數，若投資者有打算長期間持續投資的意志，就能充分控制住；相反的，收益率這個變數則大部分得看市場的狀況來決定，投資者無法自行控制。

因此為了將複利效果最大化，比起被市場所決定的「收益率」，必須多將注意力放在可控制的「期間」變數上。這裡的長期間投資並不是抽象的概念，而是如果你訂了10年，就必須在10年這個自

訂的期間內不回收資金，持續努力投資才行。創造長期投資的環境後，如果也做好應對意料之外危機的各種安全措施，各位就能親自體驗到投資金如雪球般愈滾愈大的複利魔法了。

為了達到徹底的複利效果，必須持續待在市場

經常分散投資以確保穩定性，並期望長期投資的投資者，有時可能會對市場的波動性帶來的收益變化較為敏感。即使帳戶整體仍穩定航行，卻開始將持有標的買進賣出，斷然進行不合理的再平衡。這時可能會讓本來穩定的投資組合產生龜裂而失去重心，最壞的狀況還可能就此倒下，從此一蹶不振。執著於收益率的投資者，是無法克服內心的急躁、進行不合理的再平衡導致投資組合衰敗，進而退出市場的代表性案例。投資者為了不招致這種負面的結果，比起個別要素，應著重在經營投資組合的各資產比重，或是否穩定提升了整體規模。也就是說，必須集中在整個森林的模樣跟大小，以及拓寬的面積上。我們必須記得，投資的目的是讓穩定成長的投資組合跟複利效果，一起在未來帶來巨大收益金額。此外投資者也不能忘記，在避開許多誘惑跟陷阱後，在能徹底發揮複利效果的未來某個時間點之前，一定要持續待在市場。

無法超越「長期投資期間」的價值與意義

以長期投資為基礎的複利效果，其特徵在於，並非在整體投資期間平均發生，而是大部分都會在後半部展現。也因此，尋求複利效果的長期投資者，必然得在複利效果開始正式產生的未來某特定時間點前，忍耐並克服未有複利效果的期間。有時長期投資者可能會在該期間被其他類型的投資者嘲諷說「用這種方式什麼時候可以賺到錢」、「為看到複利效果而長期投資，結果在那之前就死了怎

麼辦」等等。但這也是長期投資者為了達成投資初期設定的目標，所必經的一種痛苦過程。此外，需經許多時間累積而達成的「長期投資期間」，並不是晚出發的人能搭時光機回到過去逆轉的變數。「長期投資」即是像這樣，跨越了單純投資長久時間的表面意涵，內含極大的價值。因此投資者需相信自己的投資方式，並在複利效果最大化的終極目標達成前默默前進。

[圖7-3]呈現單利跟複利的累積收益差異之案例*

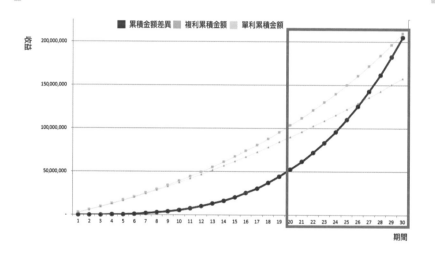

* 　30年的整體時間中，單利跟複利的累積收益差會開始呈現出來的時機是20年以後，可以確認藍色框框的部分。即是説，為了看到長期投資的複利效果，必須克服茫然的投資初期到20年之間這段艱苦的期間才行。

最重要的
是掌握並理解自己！

05

　　我們活在可以輕易找到含眾多國內外投資大師的投資經驗與教訓的書或影片的世界。大多數的個人投資者會看這些投資相關的內容，承襲他們的哲學或原則，並為了得到成功的投資績效而努力。不過即使是在長期市場獲得良好績效的投資大師的建言，人們也可能對於同樣的狀況或策略抱持著不同的主張。有人說這個方法最有效，也有人不以為然，投資者看著看著可能就會陷入混亂。也有許多人因為陷在這樣的狀況之中，反而讓投資績效變得更糟糕。

先從理解自己開始，再到自我的投資原則及哲學

　　再怎麼好的投資方式或策略，也可能因為運用對象而有截然不同的效果。有人會找只符合自己的投資相關內容，並只接觸需要的部分，快速提升投資實力；相反的，也有人只追尋他人推薦的內容，結果別說是提升實力了，連時間都一起被浪費掉。花了類似的時間跟努力，結果卻截然不同，這是為什麼呢？正是因為「投資者

對於自己的理解」不足的緣故。我們應該要先從自己有何種傾向、追尋何種目標，抱著何種程度的時間序列投資了解起，但大部分的人反而會想先找更好的投資方法、更有效果的策略等等。

了解自己之所以重要，是因為那正是進行判斷跟選擇的標準。投資股票股利跟成長股、個別標的跟ETF、分散投資跟集中投資、各資產適當比重等，要決定的要素不計其數，但這些問題的答案應該要從自己開始找起才是。透過這些累積的問題，而設立標準的投資者，就可以跟比自己擁有更多經驗和投資實力的人學習，進而建立屬於自己的投資原則跟哲學。投資者的煩惱愈深廣，愈需要時間，但對應時間所產生的精密且穩固的原則與哲學，將會成為讓自己在市場中長久生存的堅強支柱。

投資者最忌諱的「比較心理」

雖然我們各自都擁有不同的問卷，卻總是忙著去抄他人的答案。即使問卷中的問題選項不同，也還是會去跟他人做比較。這種情形也經常在投資的世界出現。將跟我年齡差不多的某人，或是跟我待在類似的公司的某人視為競爭對手，開始比較收益率或投資規模、投資績效等等。儘管自己跟他們類似的點才不過幾個，仍會將在與他們的競爭中獲得勝利作為目標。不過遺憾的是，這種競爭心理、比較心態，很容易造成焦慮或讓人下過於急躁的決定，並招致負面的結果。跟彼此的取向跟投資環境、目標都不同的他人之間的競爭與比較，大部分都是毫無意義的。因為即使走在他人前面，也無法持續到永遠，在這場競爭中獲勝，自己獲得的報償可能也不大。反而是必須比競爭者做得還好的比較心理會壓迫投資者，並使

其容易在這種壓迫中違背自己的投資原則，進而下了錯誤的判斷。因此，我們在投資時，不管在哪一種情況下，都必須專心遵守自己訂下的原則跟哲學。請不要忘記，在投資領域中，我們的競爭對手不是別人，正是自己。比起贏過他人的喜悅，我們應該追尋的，是克服各種誘惑、遵守自訂的原則時的爽快跟欣慰。

艱辛的過程與無趣的時光，最終都會是良藥

以對自己理解為基礎的投資原則跟哲學，是無法在一天之中就建立起來的。基本上來說，投資者需在投資時苦惱各種可能浮現的想法，並在苦惱結束後領悟到答案，但即使如此，世界無止盡地改變，我們也會不斷地產生新的煩惱。此外，投資時會面臨到的狀況很多元，愈是變化無常，投資者就愈能逐漸獲得更精密的原則跟哲學。不過在來到這種境地之前，會需要某種程度上的忍耐時間。這種針對無止境的煩惱找尋答案的過程，以及為累積各式各樣的經驗忍耐的時間，是絕對必要的。在這過程中，投資者雖然無法愉快地面對，但為了長期存留在市場上，這都是必備的要素。所謂「良藥苦口」，這種艱苦的過程跟無聊的時光，對於日後必須持續懷抱的投資原則跟哲學，也可以說是一種補樂的存在。

從小的地方開始記錄起！

US STOCKS CLASS

　　人工智慧（AI）、自動駕駛、大數據、物聯網等，都是些光聽起來就讓人心動的單字。這些都是指稱展開全新世代的尖端技術的單字，也是所有國家或企業為了確保在日後各種領域中的競爭力，正全力投入的領域。開發跟發展這種尖端技術最重要的，正是所謂的「數據（Data）」。過去曾是產業命脈的石油，在將來的世代會被數據所取代。而國家或企業會根據能否確保及分析活用這種數據，來決定其競爭力。

　　數據的重要性並不是只侷限在國家或企業上，對個人而言也是相當重要的。個人也會在各種領域中累積自己的數據，如果熟悉如何分析跟應用該數據，那麼就可以讓自己跟該領域的其他人差別化，並獲得強大的競爭力。此外，經過長久時間累積的數據，可以在客觀理解及分析自己，進而往更好方向發展上，有極大幫助。

　　客觀化的數據應用，在會受個人感情與心理影響的投資領域中，特別受到推崇。如果觀察周圍，可以發現進行投資的個人，大

多會依照過去自己的記憶或經驗來下重要決定。不過，人們的記憶其實比我們想像的還要不正確得多。某人堅信的記憶，實際上可能經過扭曲或儲存成其他內容，而依靠不正確的記憶所下的判斷，很有可能會招致危險的情況。不過若在投資時將能記錄的所有事物持續記錄下來，分析這些累積的數據應用在投資上，就可以大幅減少做出錯誤選擇的風險，並培養與他人差異化的投資競爭力。在這個章節會介紹為什麼要記錄某些項目，而日後投資上又該如何應用這些記錄起來的內容。

[圖7-4]應用Google試算表管理的投資組合舉例

項目名稱	股息週期	項目代碼	行業	評估損益	整體比重	股息率 買進價	股息率 市價	貨幣	買進價	現價
Vanguard S&P 500 ETF	Monthly	VOO	股票指數	10.1%	5.7%	1.8%	1.7%	USD	274.472	302.100
ProShares UltraPro QQQ		TQQQ	股票指數	124.4%	5.0%	0.0%	0.0%	USD	55.100	123.670
Invesco QQQ Trust	Monthly	QQQ	股票指數	21.4%	3.8%	0.7%	0.5%	USD	221.563	269.060
IShares Edge MSCI USA Quality Factor ET	3/6/9/12	ATS:QUA	股票指數	7.1%	0.7%	1.5%	1.4%	USD	94.500	101.210
Direxion Daily CSI China Internet Index Bull 2X Share		CWEB	股票指數	17.2%	0.6%	0.0%	0.0%	USD	43.400	50.880
Berkshire Hathaway Inc.		BRK.B	金融	8.4%	5.7%	0.0%	0.0%	USD	184.274	199.820
Alphabet Inc.		GOOGL	資訊技術	3.5%	3.5%	0.7%	0.0%	USD	1428.000	1,477.380
Apple Inc.	2/5/8/11	AAPL	通訊服務	45.8%	3.1%	1.0%	0.7%	USD	301.653	439.840
Visa Inc.	3/6/9/12	V	金融	6.7%	2.3%	0.7%	0.6%	USD	179.394	191.360
Microsoft Corporation	3/6/9/12	MSFT	資訊技術	12.9%	3.5%	1.1%	1.0%	USD	188.680	213.070
American Tower Corporation	1/4/7/10	AMT	不動產	-2.6%	1.2%	1.6%	1.7%	USD	266.300	259.270
NextEra Energy, Inc.	3/6/9/12	NEE	公用事業	13.2%	1.3%	2.3%	2.0%	USD	245.900	278.390
Prologis, Inc.	3/6/9/12	PLD	不動產	10.5%	1.2%	2.4%	2.2%	USD	94.790	104.700
Crown Castle International Corp	3/6/9/12	CCI	不動產	-5.5%	1.2%	2.8%	2.9%	USD	173.400	163.900
Johnson & Johnson	3/6/9/12	JNJ	醫療保健	2.5%	1.0%	2.5%	2.4%	USD	143.420	146.970
Occidental Petroleum Corporation	1/4/7/10	OXY	能源	52.7%	0.4%	31.6%	20.7%	USD	10.000	15.270
Altria Group, Inc.	1/4/7/10	MO	必需消費品	-1.7%	2.9%	8.0%	8.2%	USD	41.893	41.200
Cincinnati Bell Inc. PFD CV DEP1/20	1/4/7/10	CBB-B	股票指數	-1.4%	1.7%	7.1%	7.2%	USD	47.723	47.050
AT&T Inc.	2/5/8/11	T	通訊服務	-8.2%	3.5%	6.4%	7.0%	USD	32.266	29.610
Starbucks Corporation	2/5/8/11	SBUX	非必需消費品	-5.5%	2.5%	2.0%	2.2%	USD	80.540	76.100
Invesco Ltd	3/6/9/12	IVZ	金融	-13.3%	2.6%	5.4%	6.2%	USD	11.515	9.980
Exxon Mobil Corporation	3/6/9/12	XOM	能源	-4.6%	3.0%	7.9%	8.3%	USD	44.077	42.040
Pfizer Inc.	3/6/9/12	PFE	醫療保健	12.4%	1.4%	4.4%	3.9%	USD	34.260	38.520
3M Company	3/6/9/12	MMM	工業	-4.1%	1.1%	3.8%	3.9%	USD	156.600	150.230
Invesco S&P 500 High Dividend Low Volatil	Monthly	SPHD	股票指數	0.5%	2.4%	5.6%	5.5%	USD	33.374	33.530
Realty Income Corporation	Monthly	O	不動產	9.2%	1.4%	5.1%	4.7%	USD	54.282	59.250
Main Street Capital Corporation	Monthly	MAIN	金融	0.8%	1.2%	8.2%	8.2%	USD	29.886	30.120
Global X NASDAQ 100 Covered Call ETF	Monthly	QYLD	股票指數	5.1%	1.0%	11.1%	10.5%	USD	20.630	21.690
現金		USD	現金		12.5%			USD	5,257.51	5,257.51
現金		KRW	現金		8.9%			KRW	4,496,865	4,496,865

項目名稱	股票數	買進價 韓元	買進價 外幣	現價 韓元	現價 外幣	季度股利	年度股利	收到股利(韓元) 2020	收到股利(韓元) 綜合	[illegible]	最初買進日	持有期間
Vanguard S&P 500 ETF	8	2,624,501	2,195.78	2,888,680	2,416.80	1.3	5.20	22,475	22,475	10.9%	2020. 02. 07	178日
ProShares UltraPro QQQ	17	1,119,591	936.70	2,512,882	2,102.39	0	0.00	0	0	124.4%	2020. 02. 27	158日
Invesco QQQ Trust	6	1,588,939	1,329.38	1,929,584	1,614.36	0.35	1.40	2,667	2,667	21.6%	2020. 02. 07	178日
IShares Edge MSCI USA Quality Factor ET	3	338,853	283.50	362,914	303.63	0.35	1.40	0	0	7.1%	2020. 06. 30	34日
Direxion Daily CSI China Internet Index Bull 2X Share	5	259,369	217.00	304,072	254.40	0	0.00	0	0	17.2%	2020. 07. 24	10日
Berkshire Hathaway Inc.	12	2,643,042	2,211.29	2,866,018	2,397.84	0	0.00	0	0	8.4%	2020. 03. 04	152日
Alphabet Inc.	1	1,706,817	1,428.00	1,765,838	1,477.38	0	0.00	0	0	3.5%	2020. 06. 08	56日
Apple Inc.	3	1,081,652	904.96	1,577,156	1,319.52	0.77	3.08	3,034	3,034	46.1%	2020. 02. 11	174日
Visa Inc.	5	1,072,103	896.97	1,143,615	956.80	0.3	1.20	2,179	2,179	6.9%	2020. 02. 11	174日
Microsoft Corporation	7	1,578,638	1,320.76	1,782,703	1,491.49	0.51	2.04	1,842	1,842	13.0%	2020. 02. 26	159日
American Tower Corporation	2	636,590	532.60	619,785	518.54	1.08	4.32	0	0	-2.6%	2020. 07. 07	27日
NextEra Energy, Inc.	2	587,824	491.80	665,491	556.78	1.4	5.60	0	0	13.2%	2020. 07. 07	27日
Prologis, Inc.	5	566,489	473.95	625,713	523.50	0.58	2.32	0	0	10.5%	2020. 07. 07	27日
Crown Castle International Corp	3	621,789	520.20	587,704	491.70	1.2	4.80	0	0	-5.5%	2020. 07. 07	27日
Johnson & Johnson	3	514,268	430.26	526,998	440.91	0.9	3.60	0	0	2.5%	2020. 07. 07	27日
Occidental Petroleum Corporation	10	119,525	100.00	182,515	152.70	0.79	3.16	121	121	52.8%	2020. 03. 18	138日
Altria Group, Inc.	30	1,502,178	1,256.79	1,477,329	1,236.00	0.84	3.36	40,779	40,779	1.1%	2020. 02. 07	178日
Cincinnati Bell Inc. PFD CV DEP1/20	15	855,614	715.85	843,548	705.75	0.8438	3.38	0	0	-1.4%	2020. 07. 01	33日
AT&T Inc.	50	1,928,297	1,613.30	1,769,568	1,480.50	0.52	2.08	15,984	15,984	-7.4%	2020. 02. 07	178日
Starbucks Corporation	14	1,347,716	1,127.56	1,273,419	1,065.40	0.41	1.64	4,070	4,070	-5.2%	2020. 02. 17	168日
Invesco Ltd	110	1,513,963	1,266.65	1,312,145	1,097.80	0.155	0.62	13,310	13,310	-12.5%	2020. 02. 07	178日
Exxon Mobil Corporation	30	1,580,491	1,322.31	1,507,449	1,261.20	0.87	3.48	0	0	-4.6%	2020. 05. 28	67日
Pfizer Inc.	15	614,239	513.90	690,615	577.80	0.38	1.52	0	0	12.4%	2020. 07. 01	33日
3M Company	3	561,528	469.80	538,687	450.69	1.47	5.88	0	0	-4.1%	2020. 07. 07	27日
Invesco S&P 500 High Dividend Low Volatil	30	1,106,709	1,001.22	1,202,302	1,005.90	0.155	1.86	2,199	2,199	0.7%	2020. 05. 28	67日
Realty Income Corporation	10	648,806	542.82	708,186	592.50	0.2325	2.79	11,917	11,917	11.0%	2020. 02. 07	178日
Main Street Capital Corporation	17	607,261	508.06	612,016	512.04	0.205	2.46	10,791	10,791	2.6%	2020. 02. 10	175日
Global X NASDAQ 100 Covered Call ETF	20	493,160	412.60	518,499	433.80	0.19	2.28	10,168	10,168	7.2%	2020. 05. 28	67日
現金	1	6,284,039	5,257.51	6,284,039	5,257.51							
現金	1	4,496,865	-	4,496,865	-							

① 整體投資組合現況表

　　如果是分散投資跟累積型投資並行的投資者，為了讓自己投資的企業跟該企業的投資組合內比重*能一眼看懂，應該要記錄起來並隨時確認才行。管理投資組合的方法雖然有很多，但利用每天自動更新變動股價的Goggle試算表會最方便。Goggle試算表**是Google提供的線上版本的Excel，可以透過函數把所有表格連接起來自動計算，並且可以跟Google Finance的各類股票行情連動***。

　　你可以在這個頁面上記錄持有標的跟股息週期、標的代碼跟成長股、股票股利、績優股、股息成長股等自己訂定的資產分類項目、試業等，整體投資組合內的比重，或若也投資美國以外國家的股票，也可以將各國家的比重記錄下來。此外，最好將股息的相關資訊與可計算持有期間的最初買進日也記錄下來。該頁面可用函數將所有表格連接起來，並只將追加買進後的平均買進單價與持有股票數等會變動的資訊手動輸入在該格內，剩下的表格就會因為連接的函數而自動修正，因此非常方便。

---

*　　各產業比重、成長股或股息成長股、股票股利比重、韓元跟外匯比重等

**　　Google試算表：https://docs.google.com/spreadsheets

***　　從Google Finance帶到Google試算表的行情是延遲15分鐘的行情。

② 用圖表顯示各種投資比重

若將整體投資組合的投資現況整理成用數字跟文字組成的表，當資訊愈來愈多時，就會變得很難一眼掌握現狀。這時可以透過Google試算表提供的圓餅、長條、泡泡等各種型態的統計圖表，解決這個問題。

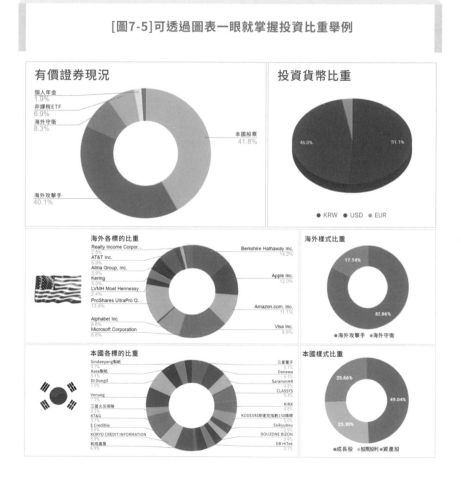

[圖7-5]可透過圖表一眼就掌握投資比重舉例

投資者可以透過這種圖表，將整體投資資產的各帳戶比重或投資貨幣比重、各國家投資企業的比重等各種投資比重視覺化，讓自己一眼就能看懂投資明細。此外，由於這種圖表是以記錄在投資組合投資現狀表的內容為基礎製成的，在輸入表中的內容時，圖表也會自動一同修正，非常方便。

[圖7-6]以企業與各月股息領取明細製成的股息月曆舉例

(單位:韓元)

項目名稱	JAN	FEB	MAR	APR	MAY	JUN	JUL	AUG	SEP	OCT	NOV	DEC	TOTAL
	81,034	79,582	148,878	358,618	147,521	78,772	106,566	124,403	36,648	32,869	86,974	80,851	1,362,716
AT&T Inc.	-	25,329	-	-	35,410	-	-	36,548	-	-	36,266	-	133,553
New York Mortgage Trust, Inc.	28,552	-	-	30,480	-	-	30,480	-	-	-	-	-	89,512
Macquarie Infrastructure Corp	-	-	38,552	-	40,641	-	-	-	-	-	-	-	79,193
Invesco Ltd.	-	-	3,387	-	-	3,649	-	-	18,657	-	-	36,851	62,544
三陽光學	-	-	-	21,920	-	-	-	33,840	-	-	-	-	55,760
Realty Income Corporation	4,406	4,531	4,563	2,180	2,288	2,295	2,276	5,813	5,696	5,707	5,629	5,632	51,018
和成產業	-	-	-	47,210	-	-	-	-	-	-	-	-	47,210
Dong Won Development Co., Ltd.	-	-	-	47,125	-	-	-	-	-	-	-	-	47,125
AGNC Investment Corp.	5,471	5,513	6,217	6,586	6,503	6,924	8,128	-	-	-	-	-	45,342
Starwood Property Trust, Inc.	13,694	-	-	13,895	-	-	14,436	-	-	-	-	-	42,025
AbbVie Inc	-	-	-	-	5,421	-	-	10,985	-	-	21,222	-	37,628
Altria Group, Inc.	-	-	-	-	7,936	-	7,985	-	-	21,125	-	-	37,046
Chatham Lodging Trust	3,247	5,228	5,321	5,582	-	5,503	11,003	-	-	-	-	-	35,884
Apple Inc.	-	3,489	-	-	3,909	-	-	7,916	-	-	13,440	-	28,754
EPR Properties	1,712	2,147	2,163	2,168	2,276	2,264	2,253	2,308	2,262	2,262	2,228	3,727	27,770
LEENO KOREA	-	-	-	27,000	-	-	-	-	-	-	-	-	27,000
Omega Healthcare Investors, Inc.	-	12,614	-	-	13,368	-	-	-	-	-	-	-	25,982
Apple Hospitality REIT, Inc.	1,421	1,906	1,925	1,930	2,025	2,015	2,005	-	-	-	4,958	4,966	23,151
Las Vegas Sands Corp.	-	-	11,738	-	-	11,356	-	-	-	-	-	-	23,094
Vector Group Ltd.	-	-	10,160	-	-	11,796	-	-	-	-	-	-	21,956

③ 別有一番風趣的「股息資訊」記錄

收到股息時，必須將股息支付企業名稱跟領取日期、股息領取金額等記錄下來。若經常收到股息，之後可能就會漸漸習慣而掠過，但不輕易放過這種資訊並記錄下來的習慣非常重要。雖然股息資訊在投資初期因為領取明細不多而活用度不高，但經過一段時間之後，如果好好收集股息金額跟領取次數，就可以透過此製作各種

視覺化的資料。例如說，若將各月股息領取明細紀錄在表中，就可以製作成股息月曆，並以12個柱狀圖按照月份呈現股息領取金額的大小。此外，當股票股利投資年份累積到一定程度後，就可以將各月的股息領取金額以年度呈現，將每年該月領取的股息金額增加的內容用圖表視覺化。

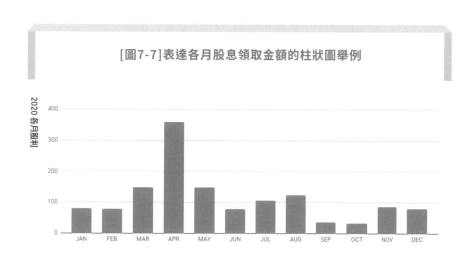

[圖7-7]表達各月股息領取金額的柱狀圖舉例

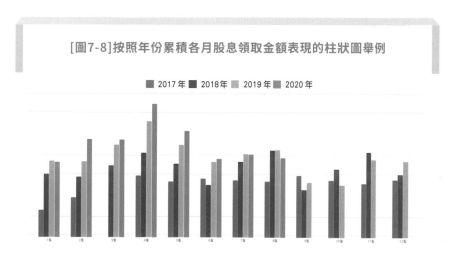

[圖7-8]按照年份累積各月股息領取金額表現的柱狀圖舉例

■ 2017 年　■ 2018 年　■ 2019 年　■ 2020 年

透過記錄股息資訊，投資者除了收到股利的趣味之外，持續記錄股息領取資訊，並以該內容為基礎製作視覺化的資料，又是另一種趣味。它讓自己能克服股票股利投資可能變索然無味的低潮，並持續愉快地投資。

[圖7-9]記錄賣出明細相關的各種資訊舉例

買進日	賣出日	買進標的	標的代碼	買進單價	賣出單價	絕對報酬率	Total Return	持有期間	數量	買進金額	賣出金額	已實現損益	現價	累積股息總額
2016. 8. 22	2016. 12. 3	Skechers USA Inc	SKX	$24.85	$26.50	6.64%	6.64%	103日	100	$2,485.00	$2,650.00	$165.00	$28.91	$0.00
2017. 1. 27	2017. 2. 3	Collectors Universe, Inc.	CLCT	$20.80	$24.00	15.38%	15.38%	7日	100	$2,080.00	$2,400.00	$320.00	$39.43	$0.00
2016. 12. 2	2018. 6. 5	The Coca-Cola Company	KO	$40.40	$43.40	7.43%	7.62%	550日	100	$4,040.00	$4,340.00	$300.00	$48.58	$7.94
2016. 12. 1	2018. 6. 8	Philip Morris International Inc.	PM	$87.72	$79.20	-9.71%	-9.59%	554日	100	$8,772.00	$7,920.00	-$852.00	$77.19	$10.59
2017. 02. 06	2018. 6. 8	Ford Motor Company	F	$11.53	$12.10	4.94%	7.52%	487日	100	$1,153.00	$1,210.00	$57.00	$6.76	$29.66
2017. 2. 13	2018. 5. 25	Guess?, Inc.	GES	$11.48	$21.90	90.77%	95.76%	497日	100	$1,148.00	$2,190.00	$1,042.00	$11.43	$57.36
2018. 1. 4	2018. 11. 19	Tesla, Inc.	TSLA	$322.00	$365.00	13.35%	13.35%	319日	10	$3,220.00	$3,650.00	$430.00	$1,468.02	$0.00
2018. 9. 19	2019. 2. 26	Welltower Inc.	WELL	$65.61	$74.50	13.55%	13.71%	160日	100	$6,561.00	$7,450.00	$889.00	$63.97	$10.36
2017. 12. 22	2019. 3. 8	Realty Income Corporation	O	$54.95	$70.00	27.38%	29.71%	441日	100	$5,495.30	$7,000.00	$1,504.70	$62.33	$128.03
2018. 6. 11	2019. 3. 11	Shopify Inc.	SHOP	$162.00	$200.00	23.46%	23.46%	273日	10	$1,620.00	$2,000.00	$380.00	$1,072.94	$0.00
2019. 3. 15	2019. 10. 24	Tesla	TSLA	$244.51	$300.00	22.69%	22.69%	223日	10	$2,445.14	$3,000.00	$554.86	$1,468.02	$0.00
2018. 1. 9	2019. 12. 16	Netflix, Inc.	NFLX	$326.67	$305.00	-6.63%	-6.63%	706日	10	$3,266.67	$3,050.00	-$216.67	$504.82	$0.00
2016. 12. 15	2019. 12. 16	Facebook, Inc.	FB	$159.50	$198.20	24.26%	24.26%	1096日	10	$1,595.00	$1,982.00	$387.00	$248.98	$0.00
2019. 12. 16	2020. 1. 13	iShares 7-10 Year Treasury Bond ETF	IEF	$110.82	$111.05	0.21%	0.36%	28日	10	$1,108.18	$1,110.50	$2.32	$122.96	$1.72
2019. 10. 3	2020. 1. 27	Johnson & Johnson	JNJ	$131.00	$147.50	12.60%	12.84%	116日	10	$1,310.00	$1,475.00	$165.00	$146.64	$3.18
2017. 12. 22	2020. 2. 24	Realty Income Corporation	O	$62.83	$82.40	31.15%	33.19%	794日	100	$6,282.80	$8,240.00	$1,957.20	$62.33	$128.03
2020. 2. 24	2020. 3. 12	Salesforce.com, inc.	CRM	$183.00	$145.00	-20.77%	-20.77%	17日	10	$1,830.00	$1,450.00	-$380.00	$199.62	$0.00
2019. 10. 16	2020. 3. 13	Adobe Inc.	ADBE	$306.07	$293.00	-4.27%	-4.27%	149日	10	$3,060.66	$2,930.00	-$130.66	$442.74	$0.00
2019. 4. 12	2020. 3. 16	iShares 20+ Year Treasury Bond ETF	TLT	$135.78	$160.00	17.84%	19.13%	339日	10	$1,357.83	$1,600.00	$242.17	$171.20	$17.64
2019. 12. 16	2020. 3. 16	SPDR Gold Shares	GLD	$139.77	$138.50	-0.91%	-0.91%	91日	10	$1,397.73	$1,385.00	-$12.73	$187.52	$0.00
2019. 1. 25	2020. 3. 16	AbbVie Inc	ABBV	$70.69	$81.50	15.30%	16.08%	416日	100	$7,068.70	$8,150.00	$1,081.30	$94.81	$55.43
2019. 2. 7	2020. 3. 18	Invesco Ltd.	IVZ	$15.94	$11.00	-30.97%	-25.72%	405日	100	$1,593.50	$1,100.00	-$493.50	$9.79	$83.60
2020. 3. 20	2020. 7. 28	Wells Fargo & Company	WFC	$26.95	$25.40	-5.74%	-5.18%	130日	100	$2,694.80	$2,540.00	-$154.80	$24.08	$15.30

④計算交易稅與覆盤賣出決策的「賣出明細」記錄

　　將持有的股票賣出時，請將賣出標的的買進單價跟賣出單價、數量、買進日跟賣出日差所計算出來的持有時間、透過賣出獲得的收益（損失）金額及收益率、包含持有期間該股票領取的股利總收益率等*資訊記錄下來。像這樣的賣出明細記錄在每年計算資本利得稅時可以當成檢視資料應用，日後也能成為在投資覆盤時的有用資料。

[圖7-10]記錄換匯內容產出的平均兌換匯率舉例

日期	匯率	美金	韓元			
2020. 2. 7	1189.27	$2,523.06	₩3,000,600			
2020. 2. 11	1186.76	$2,106.23	₩2,499,590			
2020. 2. 26	1218	$4,105.09	₩5,000,000			
2020. 3. 2	1200.48	$833.00	₩1,000,000		總兌換韓元	₩37,007,584.78
2020. 3. 4	1186.16	$1,686.11	₩1,999,996			
2020. 3. 24	1255.97	$398.02	₩499,900			
2020. 3. 27	1212.12	$415.14	₩503,200		總兌換金額	$30,548.24
2020. 4. 10	1210.30	$826.24	₩1,000,000			
2020. 5. 19	1227.11	$814.92	₩1,000,000		平均兌換匯率	1211.45
2020. 5. 27	1234.92	$809.76	₩1,000,000			
2020. 6. 1	1226.71	$616.32	₩1,001,400			
2020. 6. 3	1216.40	$822.09	₩1,000,000			
2020. 6. 8	1204.98	$828.64	₩998,500			
2020. 6. 11	1197.47	$835.09	₩1,000,000			

---

*　　總收益率（Total Return）＝股價收益＋股息收益

⑤ 產出平均兌換匯率「兌換明細」記錄

每次兌換的時候請將日期跟匯率、兌換的美金跟韓元金額記錄下來。記錄的兌換明細累積下來就可以確認自己的「平均兌換匯率」，這個資訊也能成為日後針對換匯做決定時的重要依據。由於匯率在美國股票投資中是影響收益率的極大因素，因此會需要快速又正確的判斷。投資者經常會為了觀察匯率的波動，而錯過更高的股價上漲機會。當你必須做有關換匯的判斷時，如果是有自己平均兌換匯率資訊的投資者，就能立刻以此為基準判斷目前的匯率是高是低。也因此能透過對匯率的快速判斷而抓住機會，進而獲得好的投資績效。

⑥ 計算單純投資績效的「投資本金」記錄

如果經常在帳戶存入投資金，並在每當需要的時候就從投資帳戶裡領取資金，就可能因為存領頻繁的關係而難以預測正確的投資績效。儘管證券公司會提供投資收益跟收益率的相關資訊，但每個證券公司計算的標準都有些微差異，若是跟多個不同的證券公司交易，要將各個證券公司的投資績效合計起來可不是普通地困難。不過這種跟投資績效有關的問題，可以透過計算對比投資本金的目前帳戶評估餘額後，得到的收益金跟收益率來解決。這雖然是不考慮投資期間的單純計算方式，卻可以快速計算出跟投資的本金簡單比較後，目前呈現何種程度的績效。雖然也有時間加權或金額加權等

計算收益率的公式*，但我們必須記得，投資的目的不在於高收益率，而是不損失投資金額、帳戶餘額是否像滾雪球一樣持續增長才是最重要的。

[表7-2]單純計算的投資績效公式

投資本金＝不考慮帳戶內存領明細的單純投資金
帳戶評估餘額＝包含評估收益跟已實現利益、股息領取金額的帳戶餘額
單純收益＝總評估餘額－投資本金
單純收益率＝總評估餘額／投資本金 Ｘ 100

[圖7-11]將資產跟負債按照項目詳細分開的整體資產記錄舉例

	項目	詳細內容	金額	比重
資產	不動產	公寓	₩300,000,000	80.00%
	現金	現金	₩1,000,000	0.27%
	海外股票	美國股票(股息)	₩15,000,000	4.00%
		美國股票(成長)	₩15,000,000	4.00%
	本國股票	本國股票	₩20,000,000	9.07%
		員工認股	₩10,000,000	
		非課稅ETF	₩3,000,000	
		基金	₩1,000,000	
	安全資產	年金儲蓄	₩10,000,000	2.67%
			₩375,000,000	

	項目	詳細內容	金額	借貸費用(利率)	所得扣除	月償還額
資產	住宅抵押貸款	A	₩100,000,000	3%	O	₩700,000
	住宅抵押貸款	B	₩50,000,000	3%	O	₩350,000
	信用貸款	C	₩50,000,000	3%	X	₩125,000
			₩200,000,000			₩1,175,000

累積償還額

年度營業外損益累計額	股票買賣收益		負債比率	114.29%
	股息			
	其他		淨資產	₩175,000,000
加權平均融資費用		2.93%		

---

* 大部分的證券公司會在HTS提供各種基準的收益率。不過因為各種原因，有時可能會計算過多或過少，若利用多個證券公司，有可能難以算出正確的投資績效，因此想確認收益率時，用對比投資本金的目前資產評估額來單純計算是其中一個較好的方法。

⑦ 整體資產記錄

投資者除了投資帳戶明細外，不動產或現金性資產、負債明細等個人或是商店的整體資產也要一起記錄下來。這個行為的正面目標是為了增加整體的資產。股票帳戶有時會因非計畫產生的閒置資金使投資金額增加，或相反地因急需錢的狀況或結婚、搬家等原因而將投資金額領出。這樣的突發狀況很可能會對投資組合造成重大衝擊。如果是隨時將整體資產記錄下來並管理的投資者，就能將這種衝擊最小化。因為他能一眼就掌握整體資產，並將股票帳戶跟其他帳戶一併考慮再下決策。

例如說，如果是平常會記錄資產走勢的投資者，若產生閒置資金，可能就會拿來償還部分負債以降低負債比率，而非直接放進帳戶。相反的，在需要資金時就可能會透過其他資產來調解或應用貸款，來解決需要資金的狀況。如果可以像這樣不只管理記錄股票帳戶，而是記錄整體資產，在投資期間即使發生各種問題或情況，也能按照計畫盡可能進行長久投資。

⑧ 所有投資心理記錄

等待成功的投資績效最重要的一件事，就是「投資者的心理跟心態」。投資者會需要在時刻變化的投資環境，跟無法預料的個別企業事件等各式各樣的狀況中做無數的決定。這時必須將所有歷經的感情跟想法、心理狀態等記錄下來。這份記錄會在日後遇到類似的狀況時，幫助你做出比之前更正確且理性的判斷。投資者可一邊看著記錄的內容，一邊反省自己對於過去所做的判斷，並找到改

善的地方。此外，你也可以將這些記錄以各式各樣的形式，在線上或實體中分享給經歷類似狀況的其他投資者，進而獲得作為投資者更上一層樓的機會。這種過程不斷累積，往後投資者在任何狀況中都不會輕易動搖並維持平常心，按照自己訂下的原則做出合理的判斷。

⑨ 累積的記錄一定會成為你的資產

投資時要記錄的內容真的很多。這裡重要的在於發現記錄的重要性，並自行養成在投資的同時持續記錄的習慣。在剛開始投資的階段或投資規模還不大時，比較不會花上太多的功夫，但若投資到某種程度時，可能就不會想再繼續做這樣系統性的記錄。不過即使麻煩，當你仍持續記錄，這些內容在未來會讓你的投資獲得更客觀的檢視，也能讓投資策略控制得更精密，對抓住往後的投資方向絕對有助益。

就像確認眾多國家跟企業數據，並集中分析及管理該數據一樣，個人投資者應該要認知到累積自己數據的重要性。這些克服麻煩而累積的記錄，在充滿各種不確定性的投資世界中，會成為照亮各位前路的燈塔，也必定會成為各位在投資中無法用錢買到的貴重資產。

※　到目前為止介紹的內容都是以作者尚義民實際使用中的Google試算表管理工具為基礎。Sumisum World部落格（sumisum.com）有分享介紹該自動化試算表管理工具的應用方法影片，可以作為參考。

我特有的
突破累積型投資心理限制之方法

　　許多人都是用累積型的方式在投資美國股票。好比說每個月會從自己的所得拿出一部分放到股票帳戶，換匯後買進優秀的美國企業。透過這樣的累積型分批買進的方式投資時，當持有標的的股價下跌時，透過用額外的投資金追加買進該股票，來降低平均買進單價，減少評估損失。此外，在投資收益停滯不前的時期，也有能持續累積式地撥入投資金額，來增加整體帳戶餘額的優點。不過這個方式也並不是只有優點，故隨著時間經過，會有愈來愈多投資者遇到瓶頸。

忘記累積型投資重要性的時刻一定會到來！

　　每個月持續累積100萬韓元投資的投資者，從經營資產的規模超越一定水準的瞬間開始，就會感覺到累積型投資金額給帳戶餘額帶來的影響減小了。若是理性的投資者，就會不管帳戶大小跟累積型投資的金額，選擇持續進行累積型投資，但大部分的投資者卻很少這樣做。簡單來說，即使在帳戶放進每月撥入規模的累積型投資金，也不太會再使整體帳戶餘額增加，因此持續放進累積型投資金的動機會漸漸消失。之後就會有投資者慢慢中斷持續到目前的累積型投資，並將投資金用在過去這段時間抑制的消費需求。也就是說，忘了造就現有帳戶規模的最大原動力累積型投資的重要性跟必要性。

不要因為留戀收益率而錯過追加買進時間點！

　　另一方面，優秀的企業有很高的機率會在市場中獲得認證，使股價持續上升，若是持有這些企業股份的投資者，就會體驗到該股票的評估收益率持續增加的狀況。若判斷即使股價持續上升，該企業日後仍有很大成長空間時，投資者應追加買進該企業的股票，並增加持有數量。不過投資者經常會認為，若在股價上漲中追加買進，評估收益率恐會降低，因此心理上會較拒絕追加買進，也因此就錯過了增加比重的時機。即使是已經知道在評估投資績效上，收益會比收益率更重要的投資者，也經常會發生這樣的狀況。雖然持有上漲趨勢看好的標的，投資者比起滿足於自己目前的收益，卻更後悔沒能在當時的時間點增加比重，形成這種有些諷刺的狀況。

要怎麼克服心理上的界線？

　　筆者在進行累積型分批買進方式的投資時，也遇到很多如上的臨界點，並做了很多思考跟煩惱，以摸索克服難關的方法。而我找到的解決方法正是「分開帳戶的方式」。也就是說，投資者必須脫離原先只用一個帳戶投資的方法。這個方法很簡單，就是開設有別於既有投資帳戶的新帳戶，並在新帳戶中持續新的累積型投資。

[圖7-12]用自己的標準來分開帳戶

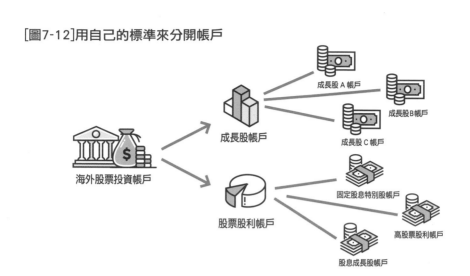

　　透過這個方法，我感覺自己在重新填滿新的籃子，並再次思索累積型投資的重要性跟必要性。此外，要追加買進有收益的持有標的時，也能掃去彷如障礙的抗拒心理。

　　我在新帳戶重新開始累積後，即使只憑每個月放進的累積型投資金，也能明確感受到帳戶在增長。由於是在新開設的帳戶，而非既有的帳戶中進行追加買進，不會給既有帳戶持有的標的收益率帶來影響，就也不會那麼執著於收益率了。新帳戶的個數跟帳戶分類的標準並沒有一定的答案，因此自行決定即可。你可以用金額當標準分開帳戶，也可根據投資中的企業特性來分別綁成股票股利、成長股、ETF等類別。作為參考，筆者將成長股跟股票股利分別放在命名為攻擊手跟守衛的帳戶中，並在判斷有成長股的帳戶的評估餘額或收益率充足的時間點，開設新的成長股帳戶，享受重新開始累積型投資的趣味。

當然，當帳戶開得愈多，管理也會愈困難，不過若透過Excel或Google試算表管理整體投資組合，就可以充分解決這項問題。

　　我特有的克服累積型投資限制的解決方法，就是分開帳戶！我認為，這跟放著已經長到某種程度的樹木不管，讓它自己克服大風大浪，進而成長為更堅固的樹木，並持續種下新的樹苗，最後成為樹林的過程類似。這樣投資者就可以在自己自然製成、大又茂密的樹林中享受財富自由，並度過愉快的時光！

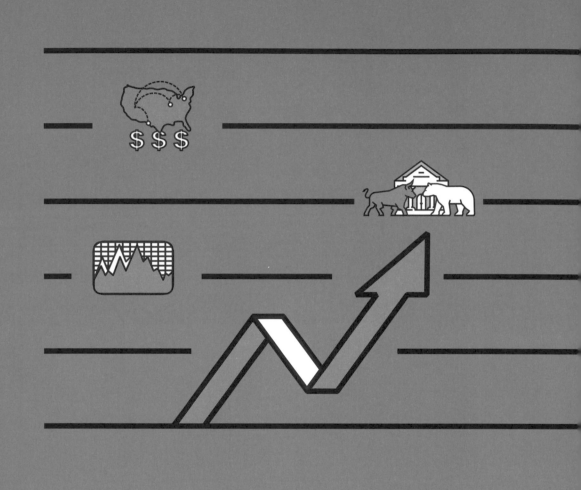

Chapter 8

關於美國股票交易的
所有事

一眼描繪出的
美國股票買賣過程

01

US STOCKS CLASS

到目前為止我們探討了美國股票市場的特徵跟優缺點、產業類型、觀察各項目的方法、管理及記錄等等。最後一章會以目前為止學過的東西為基礎，說明實際開設帳戶並換匯後交易的過程。

我會以從未做過股票交易的人為基準，描繪出買賣美國股票的過程。如果你閱讀至此，應該會知道雖然稱之為美國股票投資，但它其實並沒有特別困難的過程或複雜的地方。它跟本國股票買賣一樣，都是開設證券帳戶後放入現金再買賣就可以了。只不過，若真要說海外股票買賣跟本國股票交易有什麼不同，那即是因需用外幣交易，因此追加了「換匯」的階段。我們照順序來看一次吧！

[圖8-1]理解海外股票買賣過程

開設
帳戶 → 約定外幣證券與
申請海外
股票買賣服務 → 韓元與
外幣存款 → 韓元換成美金 → 買賣
（MTS/HTS/
實體）

1. 開設帳戶：必須用面對面或線上的方式開設帳戶。由於沒有額外的海外股票交易專用帳戶，因此開設或使用一般證券帳戶即可。

2. 約定外幣證券與申請海外股票買賣服務：你必須在開設的一般證券帳戶中申請跟約定外幣交易與海外股票買賣的服務。在MTS或HTS找到該選單，並同意相關約定後，馬上就可以利用外幣與海外股票服務了。

3. 韓元與外幣存款：為確保海外股票交易需要的外幣存款，可將韓元資金存進或轉進帳戶，持有的外幣必須轉帳到證券帳戶才行。

4. 換匯：美國股票是用美金交易，因此要將轉帳的韓元換成美金。不過，將持有中的美金存到證券帳戶時，就不需要再另外兌換，可以用存進的美金直接交易。

5. 買賣：在持有美金存款範圍內搜尋標的後，可以用MTS、HTS、實體等方式進行買進或賣出交易。不過買賣手續費可能隨下單方法不同，請一定要在事前確認。

開設證券帳戶與
申請利用海外股票服務

02

[圖8-2]各證券公司線上開設帳戶初期畫面

出處：新韓金融投資、大宇未來資產、三星證券、KIWOOM 證券的 MTS

為了買賣美國股票需要證券帳戶，沒有額外的「海外股票交易專用帳戶」。只要在證券公司的股票交易用帳戶，申請跟約定海外股票交易服務利用即可。例如說，如果將既有用來交易本國股票的帳戶，申請做海外股票交易服務使用時，這個帳戶就也能進行美國股票的交易了。如果你本國股票跟美國股票都有投資的話，就要考慮換匯、股息領取、買賣手續費等跟本國股票不同的美國股票特徵，以期有效率管理投資明細。為此，會比較推薦你將美國股票投資跟本國股票在個別的帳戶交易。

想要開設新證券帳戶，可以前往合作銀行或證券公司營業點的「面對面方式」，以及透過本人名義的手機、其他機關帳戶認證等，不限時間、不需前往營業點就能開設帳戶的「線上方式」。各開設方式的帳戶沒有人大差異，因此可以按照適合自己的方式開設即可。不過由於最近金融監督機關監督強化，已經中斷未成年者的線上帳戶開設。若要以未成年子女名義開設帳戶，就必須前往合作銀行或證券公司營業點才行。這時需要準備的文件或物品，每個金融機關可能都不同，請在前往之前先諮詢該金融機館以提前準備。

[表8-1]未成年者開設帳戶時必需品

①(詳細)基本證明書
②(詳細)家族關係證明書
③印章
④法定代理人身分證

美國股票交易時間

US STOCKS CLASS

[表8-2]以韓國時間為基準，美國股票交易可能時間	
期間	時間（正常交易標準）
夏令時間實施期間（3月中旬～11月初）	晚上 10 點 30 分～隔天早上 5 點
夏令時間解除期間（11 月中旬～3 月中旬）	晚上 11 點 30 分～隔天早上 6 點

　　美國股市以韓國時間為基準，從晚上11點30分到隔天早上6點都可交易。不過美國有夏令時間制度，因此每年3月第三週的星期一開始，到11月第一週的星期五為止，會提前一個小時在晚上10點30分開始到隔天早上5點為止交易。

盤前交易與盤後交易

最近有一些本國的證券公司，會提供可在正常交易前後進行美國股票交易的盤前交易（Pre-Market）跟盤後交易（After-Market）服務。因此我們也可以在比正常交易時間早一兩個小時，以及收盤後晚一兩個小時交易。這種提供盤前交易跟盤後交易的證券公司有限，因此交易前請事先確認。

以2020年10月為基準，可盤前交易跟盤後交易的證券公司有KIWOOM證券、KB證券、元大證券等。KIWOOM證券會在1小時30分前、KB證券在1小時前、元大證券則在2小時30分前開始可盤前交易。但各證券公司的可交易時間可能變動，必須在交易前先確認才行。

預約下單服務

為了方便無法等到較晚時間進行美國股票交易的顧客，也有證券公司會提供「預約下單服務」。證券公司會在從早上到晚上訂好的期間內接收事先買賣的訂單，然後在正常交易開始後一併處理當天接收的訂單。這個服務也是最好先確認交易的證券公司是否有提供該服務。

交易手續費

交易手續費可能隨交易的型態而有所不同。透過MTS*或HTS**下單的型態稱為「線上下單」，透過營業窗口或海外股票顧客中心下單的型態則稱為「實體下單」。目前大部分的證券公司在進行美國股票交易時，線上下單會收交易金額的0.25%手續費，實體下單則會大約收交易金額0.5%的手續費。

不過本國對於美國股票投資的關注日益提高，投資者數及交易金額每年也大幅成成長，因此證券公司為了確保海外股票投資市場的市占率，會經常以新開帳戶的顧客為對象，舉行交易手續費與兌換匯率優惠的活動。所以找到提供這種優良交易條件的證券公司開設帳戶後投資美國股票，也是其中一個節省手續費的不錯方法。

---

*　　MTS= Mobile Trading System 的縮寫，意指在智慧型手機用 APP 型態交易的方式

**　　HTS= Home Trading System 的縮寫，意指在筆電或桌機上安裝軟體後於該程式中交易的方式

美國股票
HARD CARRY

最低手續費是什麼？

　　不過1～2年前本國證券公司，在交易美國股票時還會在交易金額內收取一部分手續費，並在計算後的金額跟所謂的最低手續費中，收取較大的金額作為買賣手續費。

> **證券公司的海外股票買賣手續費政策**
> **＝Max（交易金額 X 手續費率、最低手續費）**

　　例如說，交易金額以韓元為基準是500,000韓元，若手續費率是0.5%，則代入手續費率的買賣手續費就是2,500韓元。但若最低手續費每件是5美金時，就會需要繳交兩者中較大金額的5美金為手續費。

　　不過由於目前提供海外股票投資服務的證券公司增加許多，證券公司間的競爭也很激烈，使得最低手續費漸漸走入歷史。儘管如此，還是有證券公司實行每件最低手續費的政策，因此請確認想利用的證券公司是否有實行最低手續費的政策。

交割日 (T+3)

US STOCKS CLASS

美國股票市場有全世界許多的人在交易，一天之內會有數不清的眾多交易在進行。這些發生的眾多交易的交易金額，會在以成交發生日為基準的3日後進行結算，稱之為「交割日」。

[圖8-3]用月曆看的交割日(T+3)

달력	양음력변환	날짜계산	전역일계산	만나이계산

오늘 ‹ **2020.05** ▾ › ☐ 음력 ☐ 손없는날 ☐ 기념일

일	월	화	수	목	금	토
17	18	19	20	21 成交日	22 T+1 日	23 윤 4.1
24	25 [美國]紀念日 （休市）	26 T+2 日	27 T+3 日 （交割日）	28	29	30
31						

這裡指的3日後（T＋3日）是以除去假日的營業日（進行證券交易的平日）為準。所以若是在星期五或公休日前一天交易的話，可能會比想像的還晚交割。

確認是否有遇到國定假日！

2021 年美國國定假日與證券市場休市日

1月1日（五）新年
1月18日（一）馬丁路德金生辰
2月15日（一）總統日
4月10日（五）復活節
5月31日（一）陣亡將士紀念日
7月4日（日）獨立紀念日（星期一替代休假）
9月6日（一）勞動節
10月11日（一）哥倫布日
11月25日（四）感恩節
11月26日（五）感恩節（13點提早收盤）
12月24日（五）聖誕夜（13點提早收盤）
12月25日（六）聖誕節

這個交割日其實在投資的過程中並不重要，不過在將投資中的資金轉成現金使用時，就必須要好好計算交割才行。如果想將投資中的美國股票賣出，並轉帳該金額的美金或換成韓元的話，必須要正確知道交割日，在資金使用上才不會發生問題。有時可能會因為當地的狀況或本國、美國休假日等原因而導致交割日延遲，如果有事要使用賣出的資金，這部分必須先透過證券公司了解一下較好。

賣出的金額在交割日前可以仍可以交易

另一方面，即使賣出持有標的後沒有經過交割日的3個營業日，也仍可以立刻用賣出的相應金額來買其他股票。

股利領取與否會以除息日的前一天為基準！

為了收到股利，應該要在除息日（Ex-Dividend Date）、登記日（Record Date）中哪一天買才對呢？我們很容易在交易日還是交割日之中混淆。股利只要在除息日的前一天確定買進就可以獲得，它不是以交割日為基準，而是以買進交易日為基準來決定的。因此只要在持有標的上確認，是否有標示是在除息日前一天之前確定買進就可以了。只不過，為避免意料之外的問題發生，比起剛好在除息日前一天下單，最好多給自己2～3天的時間買進，才是獲取股利較為保險的方法。

匯兌

06

US STOCKS CLASS

　　投資美國股票時，換匯非常重要，要把韓元換成美金才能投資，因此除了股價變動之外，也會產生另一個名為「匯率」的變數。所以要盡可能以好的匯率換匯，才能多少增加投資的效益。那麼為了以較好的匯率換匯，我們應該要知道什麼呢？我們必須仔細了解金融機關是如何計算匯率、有什麼匯率優待的方式等等，這樣才能去比較是否確實獲得匯率的優惠、是否有用更好條件換匯的其他方式等。

買賣匯率

　　匯率代表我國的錢跟其他國家的錢交換的比率，「買賣匯率」則可以看作是每個金融機關在換匯的時間點外幣的「成本」。每天第一次的買賣匯率，大部分的金融機關都會以相同的匯率值開始，但之後買賣匯率改變的速度或次數，每個金融機關都不盡相同。因此即使在同個時間想要換匯，A銀行跟B證券公司的買賣匯率可能會有些許差異，這都是正常現象。如果你把美金想成物品，而不是

錢，可能較會比較好理解。即使是同樣的物品，不同賣場進貨的成本可能會不同，所以銷售價格也會跟著有些不同，兩者是一樣的道理。

買進跟賣出時的價格差異──價差 (Spread)

金融機關會以前面說明的買賣匯率為中心，使投資者在買賣美金的時候價格產生差異。例如說，買賣匯率是1,200韓元時，買進時會適用1,210韓元的匯率，賣時則會適用1,190的匯率。像這樣以買賣匯率為中心，我們在買美金時會稍微買貴，賣時較便宜賣的差異稱為「價差」。金融機關會透過這樣的價差來獲得換匯收益。在國外除了價差之外還會有額外的換匯手續費，但本國的金融機關只會以價差創造換匯收益。因此我們在換匯的時候，比起「換匯手續費是多少？」，應該要問「換匯價差是多少？」會比較正確。

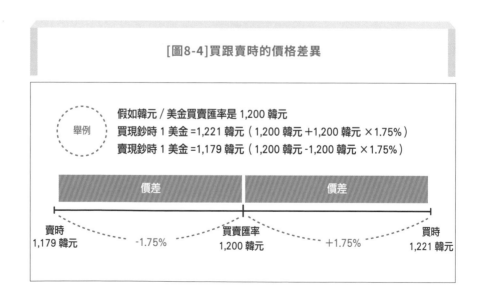

[圖8-4]買跟賣時的價格差異

舉例
假如韓元／美金買賣匯率是 1,200 韓元
買現鈔時 1 美金 =1,221 韓元（1,200 韓元 +1,200 韓元 ×1.75%）
賣現鈔時 1 美金 =1,179 韓元（1,200 韓元 -1,200 韓元 ×1.75%）

價差　　　　　　　　　價差

賣時
1,179 韓元　　　-1.75%　　　買賣匯率
1,200 韓元　　　+1.75%　　　買時
1,221 韓元

不過每個金融機關的價差都不太一樣。例如說，A證券公司的價差是各5韓元、共10韓元，而B證券公司則可能是各10韓元、共20韓元。所以我們必須確定交易的證券公司的匯率價差是多少才行。還有一件額外了解的事情就是，大部分的證券公司適用於營業時間早上9點到下午3點30分的價差，會跟營業時間外適用的價差不同。通常營業時間外的匯率價差會更大。這是因為沒辦法即時反映匯率的營業外時間，匯率變動可能會比較劇烈，故金融機關會保守地將價差設定較寬。

現金匯率與即期匯率

即使是同樣的時間點，為匯款到海外或投資美國股票而換匯時的匯率，跟為了去旅行而換成美金現鈔時的匯率也會不同。一般來說，現鈔匯率會比匯款或在帳戶內換匯時的匯率還貴。理由是因為，美金現鈔是從海外運來的實際貨幣，成本還要再加上運費、保管費等等，所以會造成更大的價差。相反的，匯款或帳戶內的換匯是不需要實際貨幣的電子換匯，成本比現鈔少，相對地換匯價差也較小。因此想從帳戶內換匯後的外幣領出現鈔時，跟電匯匯率會有現鈔匯率的差異，才會產生所謂的現鈔手續費。

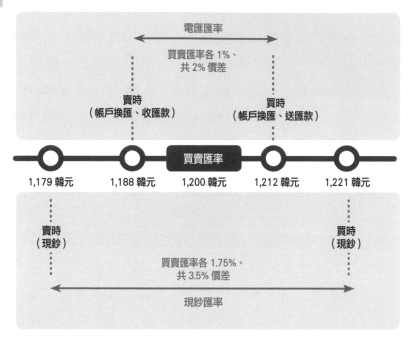

[圖8-5]電匯匯率跟現鈔匯率的差異呈現舉例

電匯匯率

買賣匯率各 1%、
共 2% 價差

賣時
（帳戶換匯、收匯款）

買時
（帳戶換匯、送匯款）

買賣匯率

1,179 韓元　　1,188 韓元　　1,200 韓元　　1,212 韓元　　1,221 韓元

賣時
（現鈔）

買時
（現鈔）

買賣匯率各 1.75%、
共 3.5% 價差

現鈔匯率

※ 以不適用匯率優惠的商業銀行匯率政策為基準

出處：www.Visualcapitalist.com

匯率優惠

銀行或證券公司裡所謂「換匯時匯率優待」就是指縮小這種價差的範圍。例如說，為了投資美國股票在帳戶內換匯時，若買賣匯率是1,200韓元，買美金時的匯率價差是買賣匯率＋10韓元。這時金融機關所謂「70%匯率優惠」，是指將10韓元的價差改為對應70%的7韓元。即是說，若是在本來沒有任何優惠的帳戶中換匯為美金，1美金會適用1,210韓元的匯率，但會收到70%的匯率優惠，因此可以用折扣7韓元（10韓元X70%）的1,203韓元進行換匯。

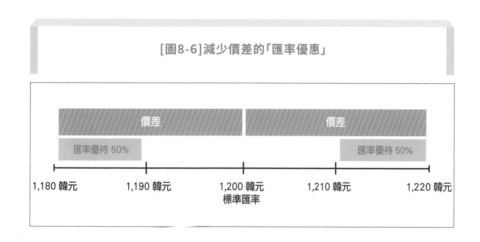

[圖8-6]減少價差的「匯率優惠」

另一方面，即使適用同樣匯率優惠，每個金融機關「買賣匯率」跟「換匯價差的範圍」都不同，因此實際優惠程度也可能不同，這點也需注意。透過[圖8-7]案例可以看到，第一個案子（case 1）中A跟B兩個證券公司的買賣匯率不同，所以雖然獲得同樣80%的匯率優惠，卻可以看到實際適用匯率是不一樣的。第二個案例

（case 2）則是兩個證券公司的買賣匯率都是1,200韓元，且適用的匯率優惠都是80%，卻因為換匯價差範圍不同，所以在適用的優惠匯率中也產生差異。

　　儘管看起來好像很複雜，但大部分的金融機關都適用類似程度的價差跟顧客換匯優待，因此不需想得繁複。只要在換匯時，在給最大換率優惠的地方用最接近買賣匯率的匯率買進或賣出即可。這也代表，銀行換匯較有利還是證券公司換匯較有利，並沒有正確答案。比起苦惱在哪裡換，考慮可以收到多少優惠，其實才是更重要的。

**[圖8-7]即使獲得同一匯率優惠，
每個證券公司的優惠適用匯率可能都不同的舉例**

Case 1	買賣匯率不同時	
	A 證券公司	B 證券公司
買賣匯率	1,200 韓元	1,210 韓元
換匯價差	各 10 韓元（共 20 韓元）	
匯率優惠	80%	
	10 韓元 ×80%=8 韓元折扣	
適用匯率	$1=1,202 韓元	$1=1,212 韓元

Case 2	換匯價差不同時	
	A 證券公司	B 證券公司
買賣匯率	1,200 韓元	
換匯價差	各 5 韓元（共 10 韓元）	各 10 韓元（共 20 韓元）
匯率優惠	80%	
	5 韓元 ×80% = 4 韓元折扣	10 韓元 ×80%= 8 韓元折扣
適用匯率	$1=1,201 韓元	$1=1,202 韓元

綜合保證金制度

有一些證券公司會提供「綜合保證金制度」的服務。若申請此服務，則在兩種狀況下可以進行較為便利的投資。

狀況 A

買賣美國股票時在帳戶沒有美金的狀況下，可以用持有中的韓元或日幣等其他貨幣存款來交易美國股票。這時通常要先將其他貨幣存款換成交易美國股票時使用的美金，但若應用綜合保證金制度，就可以省略該過程直接交易。

狀況 B

交易貨幣若在同一帳戶中投資其他數個國家股票的狀況下，賣出用日幣交易的日本企業股票後可以馬上用美金交易美國股票。一般來說賣出日幣交易的日本股票後，要等到買賣金額交割完成的交割日（T＋2～3），並將日幣換成美金後才能買進美國股票，但若應用綜合保證金制度，就可以省略該過程直接交易。

像這樣透過綜合保證金制度，就可以達成應用不同貨幣的交易，證券公司也可在內部於帳戶中換匯來結算。每個證券公司換匯時機可能會有些差異，但大部分都會以交易之後的下個營業日作為買進股票的金額結帳日，並套用「證券公司定的匯率」或「特定時間點的匯率」，不足的金額則從其他貨幣存款換成美金。綜合保證金制度的優點是即使交易貨幣不足，只要有其他貨幣，就可以馬上交易想要的股票，但缺點是有可能會以自己不滿意的匯率進行換匯。

[圖8-8]匯率下跌趨勢大於股價上升趨勢的評估損失案例

① 買進當時			變動明細			② 評估時間點	
匯率（$1 為基準）	1,200 韓元		匯率	▽ 10% 下跌		匯率（$1 為基準）	1,080 韓元
買賣匯率	$100	→	股價	▲ 5% 上漲	→	每股買進單價	$105
每股買進單價	100 股					買進股票數	100 股
買進金額	12,000,000 韓元	☞	評估收益	660,000 韓元損失	☞	買進金額	11,340,000 韓元

影響收益率的另一個變數 —— 匯率

若説換匯的時機為「匯率」所左右，絕對不是誇大其辭。當匯率低時，若有可當投資金應用的韓元，就在任何時候都可以換匯。但當匯率高時，就沒辦法想換就換。這是因為對投資者而言，匯率跟股價一樣，都是影響收益率的因素之一。這也是當匯率下跌的幅度比換匯後買進的股票上升趨勢更大時，最後會出現評估損失狀況的代表性案例。

不過每個投資者對匯率高低的判斷不盡相同。即使是同樣的匯率，A投資者若是分散時間點持續換匯時，假設有到平均匯率，就不會特別去看匯率，而是機械性地換匯來買進股票。相反的，若是對於匯率有自己判斷標準的B投資者，目前的匯率若比自己的標準高，就不會想換匯，而是用韓元投資或確保現金比重後，等到日後匯率下跌到比自己訂的標準低時，再換匯。

人們為什麼會對匯率有不同敏感度？

雖然每個投資者對於同樣的匯率下不同決策的理由很多，但最

代表性的有兩種。第一個是對照目前的投資金額，待換匯資金的比重不同。雖然同樣是100萬韓元，目前投資金是1億韓元的投資者跟是1千萬韓元的投資者，對比投資金的待換匯資金的比重不同，因此自然對換匯時間點的匯率，有不同的敏感度。而對比投資金，待換匯資金的比重較大、正投資1千萬韓元的投資者，當然就會對於匯率比較敏感了。

第二個理由則是日後預期的投資期間不同。每個人可能都會希望在未來的5年到10年，能夠透過美國股票將自己的資產增值，進而搬到更好位置的住家或看準機會買進投資用的不動產。也有人會為了安排退休後資金，最少長期投資10年以上，收集優良企業的股份。人們對於投資的時間序列不同，因此對匯率的敏感度當然也會不一樣。

以投資者的「平均換匯匯率」基準點下換匯判斷的方法

好，那麼美國股票投資者應該以何種標準來抓匯率呢？

最適合自己的匯率標準，是以自己的「平均換匯匯率」為基準點來抓的。以過去這段時間為投資美國股票數次分開換匯的明細為基礎，將到目前為止換匯的所有韓元金額除以換匯後持有的整體美金，就可以算出投資者的平均換匯匯率了。投資者可以用算出的專屬平均換匯匯率為標準，來直觀判斷目前的匯率是高是低，或者是否落在適當的範圍。

不過若換匯的記錄不多，最好抓近幾年的「平均匯率」當基準點。作為參考，2010年7月到2020年7月約10年期間，平均韓元/

美金匯率是1,126韓元，2015年7月起近5年計算的平均韓元/美金匯率則是1,149.31韓元。由於計算平均匯率的期間並沒有一定，投資者必須自行決定要以最近幾年期間為標準，而該期間的匯率資訊可以在韓國銀行經濟統計系統*中找到。

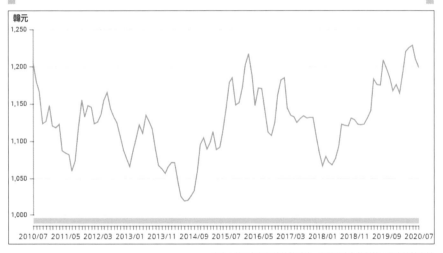

[圖8-9]最近10年韓元/美金匯率走勢（2010年7月～2020年7月）

出處：韓國銀行經濟統計系統、主要國家貨幣對韓元匯率統計資料

---

* 可在韓國銀行經濟統計系統畫面中，各主題簡易搜尋中確認。[8.國際收支/外債/匯率→8.8匯率→8.8.2平均匯率，期末匯率→8.8.2.1主要國家貨幣對韓元匯率統計資料→韓元/美金（買賣匯率），平均資料]

考慮匯率跟股價的預期變動幅度
來決定是否換匯的方法

除了比較基準的匯率值，跟想要換匯時間點的匯率來下判斷的方式之外，還有其他的方法。就是對比匯率的預期下跌幅度，比較想投資的企業股價上升記錄，進而做決定。簡單來說，就是若預期想要換匯後買進的股票股價，會在我考慮的期間上升10%以上，匯率則預期會比現在的時間點掉5%的話，即使匯率比用標準來抓的匯率還高，仍會進行換匯後買進該股票的投資。相反的，想在換匯後買進的股票可能會上升5%，而目前匯率處於相當高的位置，若匯率驟降時可能會發生10%以上的換匯損失，就會判斷先等待而不換匯。如上所述，換匯並沒有所謂「需在特定匯率或範圍內換匯才行」之類的絕對概念，而是要將投資者的狀況跟平均換匯匯率等換匯基準點、對比匯率下跌預期幅度的投資企業股價上升餘裕等綜合來看，才能做出判斷。

如果想用持有的美金買美國股票的話？

應該會有人平常會將錢換成美金存在銀行外幣帳戶，或持有美金現鈔。這些人可能會想將持有的美金，放到證券帳戶後再來買美國股票。但雖然證券帳戶可以持有外幣，卻不能直接收到從其他金融機關匯來的外幣。因此，證券公司會跟商業銀行合作，讓銀行發給顧客另外的「外幣存款專用銀行帳戶號碼」。這樣在將持有外幣匯到證券帳戶時，就必須要匯到這個外幣存款專用銀行帳戶。完成轉帳後，證券帳戶就會增加同轉到證券帳戶的外幣金額存款。作為參考，我的證券帳戶外幣存款專用帳戶號碼可以在HTS或MTS查詢，若是查詢困難也可以打電話到客服中心，就能輕鬆找到。

稅金

07

US STOCKS CLASS

　　很多人在開始投資美國股票時感受到莫大障礙的原因正是「稅金」。美國股票跟本國股票不同，針對買賣收益要繳資本利得稅，對於沒有稅法相關背景知識的大多數人而言，會因為不知道要以哪個國家的標準來看而搞混。此外，也會煩惱說不知道是投資者該親自申報，還是有人會代算跟繳納等等。不過若是好好理解接下來要介紹的美國股票相關稅金體制，就可以以合法的節稅方法為基礎，建立將稅後收益率最大化的長期投資策略。

　　伴隨所有交易行為的稅金體制基本上會按照[①買進→②持有→③賣出]的走向形成，所以有關美國股票的稅金體制也會依此方向進行介紹。

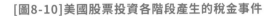

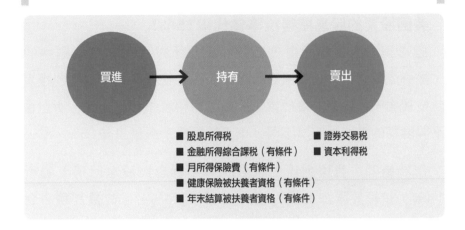

[圖8-10]美國股票投資各階段產生的稅金事件

買進 → 持有 → 賣出

持有
- 股息所得稅
- 金融所得綜合課稅（有條件）
- 月所得保險費（有條件）
- 健康保險被扶養者資格（有條件）
- 年末結算被扶養者資格（有條件）

賣出
- 證券交易稅
- 資本利得稅

① 股票買進階段

買進不動產或汽車等時會做取得的相關申報，也必須支付取得稅跟登錄稅，但一般投資者在買進上市股票時，並不會有稅金產生。

② 股票持有階段（股息所得稅）

美國企業大部分會透過營業活動將賺到利潤的一部分分給股東，稱之為股息。美國跟1年只發一次股息的韓國不同，大部分企業會每季支付股利，甚至有一部分企業會實施每月發放股利的月股利政策。因此我們投資這些美國企業並持有股票時，證券公司就會自己將美金股利存到股票持有帳戶裡。這樣收到的股利稱之為「股息

所得」，按照有所得的地方就有稅金的課稅原則，領取股利的人需繳交「股息所得稅」才行。

美國股票的股息所得稅率會代扣15%！

股息型態產生的所得，會依照股息所得稅率決定要繳納的稅金，證券公司會扣掉這個股息所得稅後，才把錢轉進投資者的帳戶，因此投資者不須擔憂。每個國家的股息所得稅率都不一樣，所以會隨著不同國家的股票而有所不同，美國的股息所得稅率是15%。

作為參考，我國對產生金融所得（利息與股息所得）的稅率是14%，這裡要再加上居民稅的10%（1.4%），故最終稅率會是15.4%。美國的股息所得稅率比韓國要高1%，因此支付股利時，只需代扣繳交稅金給美國當地，納稅的義務就結束了。即是說，本國不會有針對從美國企業那裡收到股息的額外稅金。

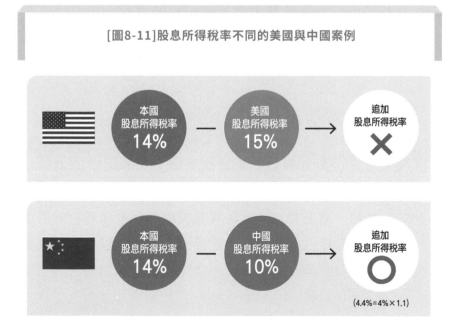

[圖8-11]股息所得稅率不同的美國與中國案例

股息所得稅率比我國低的國家股票該如何計算？

也有一些國家的股息所得稅率會比我國低。代表性的像是鄰近的中國，股息所得稅率是10%。由於跟韓國的股息所得稅率比起來，當地要繳的稅率較低，因此在本國得用韓元繳納產生差異的稅率部分。證券公司身為扣繳義務人，會將對應中國的股息所得稅率10%的稅金，在支付股息前代繳給中國當地，再將與本國股息所得稅率（14%）差的4.4%（稅率差4%＋居民稅10%）對應的金額以韓元繳納本國。這些部分都是證券公司會在一定時間從投資者的帳戶，以自動繳納的方式處理，若帳戶內存款比稅金還少的話，可能會產生問題。因此要投資美國以外的國家上市企業時，建議先諮詢證券公司相關內容。

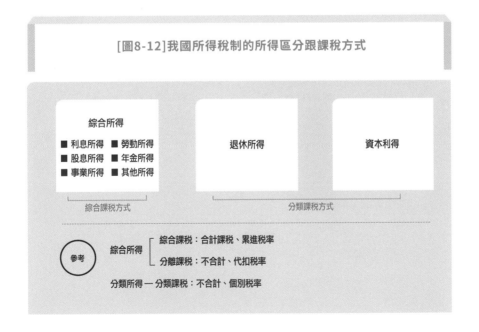

[圖8-12]我國所得稅制的所得區分跟課稅方式

綜合所得
■ 利息所得　■ 勞動所得
■ 股息所得　■ 年金所得
■ 事業所得　■ 其他所得

退休所得

資本利得

綜合課稅方式

分類課稅方式

參考

綜合所得　┌ 綜合課稅：合計課稅、累進稅率
　　　　　└ 分離課稅：不合計、代扣稅率

分類所得 — 分類課稅：不合計、個別稅率

金融所得綜合課稅對象
（年度利息與股息所得超過2,000萬韓元時）

通常像利息或股息所得之類的金融所得，金融機關會以代扣的方式分離課稅後支付，因此投資者不需要特別費心，但若以1月1日起到12月31日止的年度為準，金融所得稅前超過2,000萬韓元時，就會成為「金融所得綜合課稅」的對象。若是金融所得綜合課稅對象，則年度產生的2,000萬韓元以上的金融所得，就會跟勞動所得或事業所得、其他所得等一起合計來繳納綜合所得稅。

[圖8-13]綜合所得稅產出稅額公式與基本稅率

綜合所得稅產出稅額＝（課稅標準 X 稅率）- 累積扣除額

■ 綜合所得稅基本稅率（2020 年為準）

課稅標準（= 綜合所得金額 - 所得扣除額）	稅率	累積扣除額
1,200 萬韓元以下 6% -	6%	-
超過 1,200 萬韓元 ～4,600 萬韓元以下	15%	108 萬韓元
超過 4,600 萬韓元 ～8,800 萬韓元以下	24%	522 萬韓元
超過 8,800 萬韓元 ～1億5千萬韓元以下	35%	1,490 萬韓元
超過 1 億 5 千萬韓元～ 3 億韓元以下	38%	1,940 萬韓元
超過 3 億韓元 ～ 5 億韓元以下	40%	2,540 萬韓元
超過 5 億韓元	42%	3,540 萬韓元

綜合所得稅會根據所得區間漸漸提高稅率，因此若年度賺取的所得合計金額愈大，要繳的稅金就愈多。除了金融所得之外，其他所得要繳的稅金也會按照多寡而不同，但若以綜合所得計算繳納的稅金比代扣繳納的稅金高時。可能必須針對金融所得繳交額外的稅金。雖然有些人可能會認為本國金融所得跟海外金融所得是不同的，不過請記得：金融所得是無關產生的國家，並把1月1日起到12月31日止，總年度產生的各類利息跟股息所得的合計金額，因此從美國企業收到的美金股息也會包含在內。作為參考，金融所得綜合課稅對象標準為韓元2,000萬，但美國股票的股利是以美金領取，因此必須套用匯率，算出收到股利的韓元課稅標準才行。這時套用的匯率，會以股利存進證券帳戶的日期第1次買賣匯率來計算。

更上一層樓
LEVEL UP

若是金融所得綜合課稅對象，要繳交多少稅金？

　　像全職家庭主婦除了金融所得外沒其他所得的人，即使利率跟股息所得超過2,000萬韓元，而成為金融所得綜合課稅的對象，也不需要太過擔心。因為超過2,000萬韓元的金融所得會適用綜合所得稅的基本稅率（6.6～46.2%），比起計算出來的稅額，利率跟股息領取時代扣的稅額更高的時候，不會有需要額外繳交的稅金。用一句話來說，除了金融所得外沒有其他所得的人，要年度金融所得超過約7,200萬韓元才需額外繳交稅金，如果沒超過就不需要額外繳費。

月所得保險費繳納對象（上班族）

領薪資的上班族若在薪資外的所得超過3,400萬韓元，則會以勞動所得為基準，除了公司跟勞動者分一半負擔的健康保險費外，會徵收針對額外所得的追加健康保險費，即「月所得保險費」。為了避開「月所得保險費」，投資者應將以美國股票投資領到的股息所得跟勞動所得外的其他所得一起合計，自行確認是否超過3,400萬韓元。作為參考，2022年7月開始，勞動所得外的所得若超過2,000萬韓元，就必須繳交月所得保險費。

健康保險被扶養者資格

若滿足一定條件，家族組成人員就可以登錄成健康保險職場加入者的被扶養者。不過被扶養者透過美國股票投資收到的股息所得，若跟其他所得合計後年度超過3,400萬韓元，就會從被扶養者中去除。因此，如果要跟登錄為職場加入者的被扶養者的家人一起投資美國股票，就必須隨時確認包含股息所得的整體所得，是否有對應在健康保險被扶養者資格標準範圍內。作為參考，健康保險被扶養者資格的所得標準，也跟健康保險月所得保險費相同，從2022年7月開始會強化標準為2,000萬韓元。

領取一定規模以上的股息所得比想像中困難

如果將到目前為止介紹的股息所得相關內容綜合來看，股息所得若到了一定的規模以上，就會產生很多費用。可能會成為金融所得綜合課稅對象，若失去健康保險被扶養者資格，也要支付之前沒付的健康保險費，造成讓人產生負擔的狀況。不過如果要只用股息所得來負擔目前金融所得綜合課稅標準金額2,000萬韓元，即使用1%的初

期商業銀行存款利率約超過3倍的5%的股息率來計算，投資金也至少要達到約4億韓元。由於大多數的一般投資者，要湊到能獲得這種規模股利的投資金額，需要花上很長的一段時間，因此在股息所得造成的實際稅金負擔增加的時間點來臨前，與其窮擔心，不如先了解這些相關事項，並最好在該時間點來臨前，事先找到讓負擔最小化的方法，並持續投資。

③ 股票賣出階段（交易稅、資本利得稅）

在買進跟持有後，最後的階段就是賣出了，也就是透過將投資中的標的賣出，而產生收益或損失的行為。賣出時產生的稅金有「證券交易稅（SEC Fee）」跟「資本利得稅」。首先，證券交易稅是賣出金額的0.00221%（可能隨時變動），是非常微小的數字，因此不用花太多心力去注意它。不過資本利得稅可能根據是否使用節稅策略，而對稅後收益率造成重大影響，因此一定要針對這部分徹底理解。

正式了解資本利得稅

資本利得稅是在買賣收益產生時徵收的稅金。計算這個稅金的公式為[資本利得稅課稅標準＝賣出金額－買進金額－雜費－基本扣除額]，乍看之下很單純。不過實際在計算賣出金額跟買進金額時，除了單純股價差異外也需考慮匯率的變動。若不如此，則當賣出的金額比買進股票時便宜，就會造成損失，即使賣出也可能因為匯率上漲而需繳交稅金。即是說，是在資本利得內也包含匯兌損益的課稅。

[表8-3] 海外股票資本利得稅計算公式

資本利得稅課稅標準＝賣出金額－買進金額－雜費－基本扣除額（每年每人一年扣除 250 萬韓元）

賣出金額：賣出單價×數量×賣出時間點（交割日 T+3 日）的第 1 次買賣匯率
買進金額：買進單價×數量×買進時間點（交割日 T+3 日）的第 1 次買賣匯率
雜費：證券交易稅、交易手續費等
海外股票資本利得稅率：22%（轉讓稅率 20％＋居民稅 2%）

　　賣出金額是確定賣出訂單的股票數乘以賣出單價，來計算美金標準的賣出金額。另外，可用該下單金額結算的交割日（T+3）匯率（第1次買賣匯率），來計算韓元標準的最終賣出金額。買進金額也跟賣出訂單一樣，將買進股票數跟買進單價相乘，計算出美金標準的買進金額後，乘以結帳日的匯率，就可以算出韓元買進金額了。這裡進行該交易時，產生的證券交易稅跟交易手續費等雜費，會被視為必要開銷，並從買買收益中減去。像這樣的賣出交易在投資期間會在眾多標的中出現許多次，資本利得稅課稅體制中，規定以每年1月1日到12月31日以1年為單位，作為課稅對象期間。也就是說，將根據美國股票買賣的資本利得稅計算以年度單位區分，透過賣出而非持有期間或評估損益，來計算已實現金額的總和。

[表8-4]用案例理解美國股票資本利得稅計算式

年度收益實現項目與金額	A 股票	B 股票	C 股票	合計
	+500 萬韓元	+300 萬韓元	+200 萬韓元	+1,000 萬韓元
年度損失確定項目與金額	X 股票	Y 股票	Z 股票	合計
	-300 萬韓元	-250 萬韓元	-100 萬韓元	-650 萬韓元

	年度收益總額	10,000,000 韓元
-	年度損失總額	6,500,000 韓元
=	淨買賣收益	3,500,000 韓元
-	年度基本扣除額（假設無雜費）	2,500,000 韓元
=	資本利得稅課稅標準	1,000,000 韓元
×	稅率（含居民稅）	22%
=	資本利得稅繳納稅額	220,000 韓元

　　例如說，今年將持有的美國股票6個標的賣出，那麼將該賣出股票的買賣損益全部合起來計算金額即可。A、B、C股票有產生收益獲利，而X、Y、Z股票則是在產生損失的狀態下認賠賣出時，將+的A、B、C的收益金額跟X、Y、Z的損失金額合起來，再對「淨買賣收益」課資本利得稅，這個概念稱為「損益合計」。如果算出年度產生的淨買賣收益，在這裡扣掉基本扣除額250萬韓元*後，乘以包含居民稅的資本利得稅率22%的金額，就會當作下一個年度5月1日到31日，因海外股票買賣收益產生的資本利得稅申報與繳納。這個資本利

---

*　　跟不動產資本利得稅基本扣除額250萬韓元分開

得稅會包含所有在金融機關產生的海外股票買賣收益來計算，所以若是透過複數的證券公司投資，或非美國的中國、日本、香港等其他海外股票也產生買賣收益的投資者，一定要收集所有買賣明細來計算資本利得稅。若買賣交易很多，可能會變得很複雜，覺得不知道要到什麼時候才能計算完，但目前大部分的證券公司，都會提供透過合作的稅務法人代理這種資本利得稅申報的服務。當你跟複數的證券公司交易時，可以透過交易金額大或交易次數頻繁的證券公司申請代理申報服務，並從其他證券公司那裡拿到資本利得稅的計算用明細後，提交給主管代理申報的證券公司即可。

另一方面，綜合年度賣出明細來看時，可能會有人好奇，記錄非收益的損失或以比基本扣除額250萬韓元還小的金額產生買賣收益的人，是否也需要進行申報。海外股票即使轉讓虧損（損失），或扣除後需繳交的稅額是0韓元也仍需進行申報。海外股票雖然是自行申報與繳納對象，卻有申報不實加算稅。如果不申報、申報過少、繳納不確實等行為，會分別有20%、10%、10.95%的加算稅，因此需注意不要忘了每年5月，需針對前一個年度的海外股票資本利得進行申報與繳納。

資本利得稅是分類課稅

前面有介紹到，股息所得稅是在超過2,000萬韓元時與其他勞動所得或事業所得、其他所得等合計後綜合課稅，資本利得稅則是採取只繳納資本利得課稅標準金額去乘以22%後的稅金，之後納稅義務就結束的「分類課稅方式」。因此金融綜合課稅對象的高所得者、高資產家，比起跟其他所得綜合起來，用高累進稅率計算繳交稅金，繳納針對買賣收益課22%的資本利得稅的分類課稅，從稅制上來看應該更為有利。

年度買賣收益超過100萬韓元時喪失被扶養者資格

年度所得金額超過100萬韓元時，在年末結算時會失去被扶養者資格。如果以未成年子女或扶養父母名義的帳戶進行海外股票交易，可能會在本人也沒注意到的情況下，在扣除基本扣除額250萬韓元後，年度買賣收益超過100萬韓元。這時，年末結算時會無法得到個人抵免跟信用卡使用額、保險費、教育費等各種扣除優惠，因此必須要仔細確認身為被扶養者的家人海外股票交易明細。

只有海外股票才能損益合計！

2020年修正的稅法內容中，有本國股票跟海外股票的損益合計內容（所得法第94條）。看了這個修正內容，可能會有人誤會本國股票跟海外股票會從2020年開始馬上進行損益合計。但這裡所說的本國股票是指成為資本利得稅課稅對象的股票①投資者被分類為大股東的上市股票、②非上市股票、③上市股票的盤外交易。即是説，我們在一般本國股票市場中買賣的三星電子或現代汽車之類的股票跟美國股票，並不會進行損益合計。

[表8-5]按照美國股票持有與賣出的稅金整理

	持有	賣出
稅金	股息所得稅	資本利得稅
稅率	15%	22%（含居民稅）
徵收方式	代扣	隔年 5 月自行申報與繳納
期間	年度（1 月 1 日～ 12 月 31 日）	
扣除與否	X	年度 250 萬韓元（每年扣除）
金融所得綜合課稅與否	O	X
	年度金融所得 2,000 萬韓元 ↑	分類課稅（與綜合所得分開）
特徵	月所得保險費繳納 （薪資外所得 3,400 萬韓元 ↑）	海外股票間損益合計方式
	健康保險被扶養者資格喪失 （薪資外所得 3,400 萬韓元 ↑）	年末結算被扶養者資格喪失 （含資本利得的年度所得 100 萬韓元 ↑）

資本利得稅節稅訣竅

08

① 應用基本扣除額的分批賣出

　　若有想實現利潤的標的，必須應用每年可以得到的基本扣除額250萬韓元來減少稅金的策略，而非一次到位。舉個最極端的例子，若總需實現利潤為500萬韓元，在12月賣出250萬韓元後，一到隔年就在1月1日將剩下的250萬韓元賣出的話，每年就可以得到250萬韓元的基本扣除額，也就不會產生需要繳納的稅金了。

　　這個方法在投資標的跟投資金額小時有用，但若股價的波動性跟投資金額變大，並買賣許多標的時，就比較沒那麼好用了，因此是適合在投資初期1～2年使用的節稅策略。

② 售出價值損失股票後，透過再收購節稅（應用損益合計的策略）

　　資本利得稅是以年度單位總計，因此需隨時確認年度已實現的買賣收益。若產生超過基本扣除額250萬韓元的買賣收益，則可將持有標的中評估損失中的股票賣出後，以同樣的金額再買進*。這是讓投資組合明細最終不產生變化，並透過損益合計來減少資本利得課稅標準金額的節稅方法。當然，隨著賣出後再買進，可能會產生證券交易稅跟買賣手續費，但若不這麼做，跟所產生的資本利得比起來，這些都只是小錢而已。

用案例來理解應用損益合計的節稅策略

　　過去用1,000萬韓元買進的A股票今年翻為兩倍，並以2,000萬韓元賣出時，損益為1,000萬韓元扣除250萬韓元後的750萬韓元，即為資本利得課稅標準金額，乘以22%的稅率後則需繳交165萬韓元的資本利得稅。不過若是評估損失各是400萬韓元的B股票跟C股票，在賣出後以同一金額買進時，該年度收益1,000萬韓元跟損失800萬韓元合計後減去扣除額250萬韓元，資本利得課稅標準金額就會是0韓元。

＊　　若為後進先出方式的帳戶，即使賣出後同天再買進，也不會有效果。每個證券公司跟帳戶的性質不同，因此若想安全地使用損益合計的節稅策略，最好先留一天營業日的時間比較保險。

即是說，就結果來看，投資組合中A股票的收益透過賣出實現，損失中的B股票跟C股票賣出後以同樣的金額重新買進，使投資組合中持有的標的只排出了A股票，剩下的仍維持同樣狀態。不過，透過賣出損失中的標的來確定損失金額，而確定的損失金額再跟A股票的收益合計，就產生了不需付資本利得稅的節稅效果。

③ 透過家人間的贈與節稅

贈與海外股票時，收到贈與的受贈者平均買進數跟贈與財產價值＊，會在贈與時間點前後2個月取收盤價平均值決定。為了幫助你理解，這裡舉個簡單的例子說明。A的丈夫過去買進了亞馬遜股票（AMZN）約20萬美金，隨著時間經過，股價漲了2.5倍，變成50萬美金。若賣出這個股票，會對產生收益30萬美金課約7,865萬韓元的資本利得稅＊＊。不過若將這個股票贈與配偶A，並且A在贈與的當天馬上從市場買進的話，A的亞馬遜股票買進價格就不會是A丈夫之前的買進價，而是獲贈時間點前後各2個月間（共4個月）的收盤價平均。儘管4個月期間股價會波動，但配偶（受贈者）的買進價格，會落在比丈夫的平均買進單價上漲許多的股價範圍內。因此資本利得稅會比丈夫無贈與賣出時少很多，並且根據狀況，可能還不需要支付。

＊　　為計算贈與稅的受贈資產價值

＊＊　韓元/美金匯率用1,200韓元計算

[表8-6]根據贈與日前後收盤價平均與賣出金額的差異
而決定是否產生資本利得稅

贈與日前後各 2 個月間收盤價平均 > 賣出金額＝資本利得稅 X
贈與日前後各 2 個月間收盤價平均 < 賣出金額＝資本利得稅 O

作為參考，不動產雖有若在獲贈不動產5年內轉讓，就會當作沒有贈與過，並以當初贈與者轉讓的情況來計算轉讓稅的「取得價格遞延課稅」制度，但2020年的目前股票贈與中並無該事項。

贈與稅跟10年合計扣除限額

不同於資本利得稅，丈夫如果贈與配偶股票之類的財產，則需由身為受贈者的配偶繳交「贈與稅」。這時計算受贈者贈與稅的贈與財產價值會跟計算受贈者的平均買進價的方式一樣，以贈與日為基準，用前後各2個月（共4個月）的收盤價平均為主來計算。不過根據稅法，家人或親族間贈與時，會有從贈與稅課稅價格*中扣除一定金額的「贈與財產扣除」制度。從上面的案例來看，假設最近10年間沒有贈與配偶的財產，用丈夫贈與的亞馬遜股票的4個月收盤平均計算的贈與財產價值中，扣除6億韓元後的金額來繳納贈與稅即可。作為參考，隨著贈與者不同，受贈者收到的贈與財產扣除限額也不同，因此可參考下列表格。

---

*　贈與稅課稅價格＝贈與財產價值＋合計對贈與財產（該贈與前10年以內的贈與財產）－非課稅贈與財產－附負擔贈與時承擔債務額－課稅價格不計入財產

[表8-7]贈與稅扣除限額(2020年為基準)

贈與者		扣除限額(10年合計)
從配偶那獲得贈與時	事實婚姻除外,承認依據外國法令的婚姻	6億韓元
從直系長輩那獲得贈與時 *	父母、祖父母、外祖父母、繼父、繼母、繼祖父、繼祖母、養父母、一般領養者的親父母	5千萬韓元(未成年者2千萬韓元)
從直系晚輩那獲得贈與時	子女、孫子女、外孫子女	5千萬韓元
從其他親族(6等以內血親、4等以內姻親)那獲得贈與時	事實婚姻配偶、兄弟、媳婦、女婿、親領養者的親父母	1千萬韓元

[表8-8]贈與稅各課稅標準稅率與累進扣除額(2020年為基準)

課稅標準	稅率	累進扣除額
1億韓元以下	10%	-
超過1億韓元～5億韓元以下	20%	1000萬韓元
超過5億韓元～10億韓元以下	30%	6000萬韓元
超過～10億韓元～30億韓元以下	40%	1億6,000萬韓元
超過30億韓元	50%	4億6,000萬韓元

---

*   省略孫輩時30%附加課稅

結論來說，我買的股票價值變成2.5倍時，直接賣出的話會需要繳交30萬美金的22%，即約7,920萬韓元的資本利得稅。但若好好利用贈與稅扣除限額，分別贈予配偶跟子女時，就可以將資本利得稅跟贈與稅最小化，並獲得收益。作為參考，透過家人間的贈與節省海外股票資本利得稅後，若買賣金額重新回到之前股票持有者，或進行類似行為時，有可能被視為違反資本利得稅之行為，這點還請多加注意。

★資本利得稅節稅方法可能根據稅法的修正而有所改變。因此在實際賣出階段應用該內容時，請先透過證券公司跟稅務師確認是否有變更的地方。

第8章結束的同時要送給讀者的話

到目前為止介紹了為開始美國股票投資需了解的部分。不過各位還有一件必須要知道的事情。就是每一個提供海外股票買賣服務的證券公司，可能在細碎的地方或用語上會有所不同。

例如說，在證券帳戶「登錄海外股票交易服務」，A證券公司可能會標示為「海外股票服務登錄」，B證券公司可能會標示為「海外股票買賣申請約定」，C證券公司則可能標示為「海外股票交易申請」。從這個例子可以看出，雖然同樣是為了「海外股票買賣」目的的服務，但針對此登錄的程序，每個證券公司的使用名稱都不

同。像這樣即使是同樣的海外股票交易服務，證券公司也會有些許差異，因此若對買賣或各種證券公司服務有疑問的話，直接諮詢該證券公司的客服中心才是最快速正確的做法。

Appendix

可在研讀時參考的
主要經濟指標

快速閱覽主要經濟指標

01

第6章有跟各位介紹到應用市場波動性的方法，除了業績發表季節跟標準利率波動外，主要經濟指標發表時，市場的波動也可能會加大。在內文中介紹「經濟指標」可能較有困難，因此另外以附錄的方式來探討。

美國聯邦政府跟民間企業每週、每月、每季會發表許多經濟報告書。透過各報告書，可以全盤性地確認就業市場、住宅市場等美國經濟狀況。透過發表指標，市場參與者可以了解目前的經濟現況與日後的行進方向。由於發表主要指標的日子會讓市場波動性變大，最好事先確認行程。當然經濟指標除了波動性外，也會有經濟狀況與股票市場的相關訊息，所以各位必須理解這些指標，並隨時確認以應用在投資中。儘管有許多經濟指標，但我這邊會選出其中對各位在投資上最有幫助的8種，並分成就業、消費、企業等類別來介紹。

① 就業

　　人們用透過經濟活動賺取的所得來消費。這些消費會成為企業的收益，企業的利潤亦會促進生產跟額外的雇用，回饋到經濟本身。也因此，市場參與者跟聯準會一定會對就業現況指標較為敏感。主要雇用指標有（1）就業報告書、（2）每週失業津貼申請件數等。

1) 就業報告書 (Employment Situation)

　　就業報告書*是一定要確認的其中一項報告書。美國勞動部底下的統計局為了確認每月的勞動市場，會實施問卷調查，並將結果製成就業報告書，於每月第一週星期五發表。實際報告書非常龐大，因此可以主要只看失業率、非農業就業、平均每股勞動時間、平均每小時收入等核心資訊。其中若失業率比預期高的話**，就代表就業市場狀況並不好，帶給股票市場負面影響的機率就比較高。

---

*　　可在美國勞動部統計局確認：https://stats.bls.gov/News.release/empsit.toc.htm

**　作為參考，經濟學者們認為通常失業率為4.6～5%時，可視為理想的就業市場。

[圖附錄-1]就業報告書發表舉例

出處：stats.bls.gov

[圖附錄-2]就業報告書核心指標

Employment Situation

Released On 8/7/2020 8:30:00 AM For Jul, 2020

	Prior	Prior Revised	Consensus	Consensus Range	Actual
Nonfarm Payrolls - M/M change	4,800,000	4,791,000	1,675,000	200,000 to 2,400,000	1,763,000
Unemployment Rate - Level	11.1 %		10.5 %	9.8 % to 11.5 %	10.2 %
Private Payrolls - M/M change	4,767,000	4,737,000	1,525,000	200,000 to 2,400,000	1,462,000
Manufacturing Payrolls - M/M change	356,000	357,000	267,000	60,000 to 300,000	26,000
Participation Rate - level	61.5 %				61.4 %
Average Hourly Earnings - M/M change	-1.2 %	-1.3 %	-0.7 %	-1.5 % to -0.2 %	0.2 %
Average Hourly Earnings - Y/Y change	5.0 %	4.9 %	4.1 %	3.7 % to 4.5 %	4.8 %
Av Workweek - All Employees	34.5 hrs	34.6 hrs	34.4 hrs	34.3 hrs to 34.5 hrs	34.5 hrs

出處：Econoday.com

2) 初次申請失業救濟（initial jobless claims）

這個指標*顯示過去一週增加了多少失業者。美國各地區政府機關會把每週日到下週的星期六申請失業津貼的新申請件數合計起來，並透過美國勞動部底下的雇用訓練局在每週四發表。為了解決因季節性因素、特定事件導致的波動性，4週期間的平均申請件數也會一併公開。因為這是美國各地區政府機關實際合計後產生的數據而非預測值，所以也被評價**為是最能正確了解美國就業狀況的指標。失業津貼申請件數增加，代表失去工作的人數變多，因此容易帶給市場負面的影響。

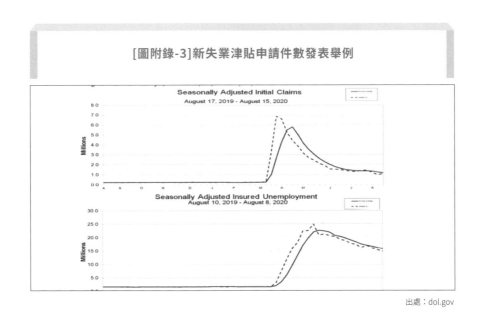

[圖附錄-3]新失業津貼申請件數發表舉例

出處：dol.gov

---

* 可在勞動部官網確認：https://www.dol.gov/newsroom/economicdata

** 目前美國50州有提供失業者再就業跟維持基本生計的失業津貼。若成失業者，最多可以從26個州政府獲得失業津貼支援。

② 消費

美國GDP的67.7%是民間消費，所以消費指標對於美國經濟狀況有很大的重要性。主要消費指標有（1）消費者物價指數、（2）生產者物價指數、（3）個人所得跟支出、（4）零售等。

1）消費者物價指數（Consumer Price Index, CPI）

消費者物價指數（以下稱CPI）*是在200個以上的各種商品及服務中，將消費者支付的價格變化用時段分開測定。每個月美國勞動部底下的勞動統計廳會將透過電話訪談收集的消費者物價指數的對象分成「居住、食品費、交通費、醫療費、服裝費、休閒娛樂、教育費、其他」等8大項。政府也會發表除了價格經常變動的食品跟能源之外的「核心消費者物價指數（core-CPI）」。聯準會在決定利率的方向時，會考慮CPI的走勢來決定，因此這個指數是非常重要的指標。CPI如果發表得比市場預測值低的話，市場參與者就會期待利率降低；若比市場預測值高的話，則利率就會有提高的可能性。如果你已經理解前面有關利率對股票市場造成巨大影響的內容，那也應該可以理解到CPI的重要性。

---

*　可在美國勞動部統計局確認：
https://www.dol.gov/newsroom/economicdata

The index for all items less food and energy rose 0.6 percent in July, its largest increase since January 1991. The index for motor vehicle insurance increased sharply in July, as it did the previous month. The indexes for shelter, communication, used cars and trucks, and medical care also increased in July, while the index for recreation declined.

The all items index increased 1.0 percent for the 12 months ending July, a larger increase than the 0.6-percent rise for the period ending June. The index for all items less food and energy increased 1.6 percent over the last 12 months. The food index increased 4.1 percent over the last 12 months, with the index for food at home rising 4.6 percent. Despite increasing in July, the energy index fell 11.2 percent over the last 12 months.

Chart 1. One-month percent change in CPI for All Urban Consumers (CPI-U), seasonally adjusted, July 2019 - July 2020
Percent change

2）生產者物價指數（Productivity Price Index, PPI）

生產者物價指數（以下稱PPI）*呈現了生產者在製造提供給消費者的物品時，所花費用的平均變化。PPI如果變高，就會給前面提到的CPI造成影響。因為生產物品的費用增加時，物品的價格也會自然上漲。PPI是勞動部底下的勞動統計局每月以全美國3萬多企業為對象，針對10萬個以上的商品價格實施問券調查而計算出來的。同時，也會發表排除價格會因應季節跟供需呈現高波動性的食品、能源等數值－核心生產者物價指數（core-PPI）。PPI也是聯準會在判斷目前經濟狀況，並決定適當利率時會考慮的其中一項指標。

---

* 　可在美國商務部經濟分析局確認。
　　https://www.bea.gov/data/income-saving/personal-income

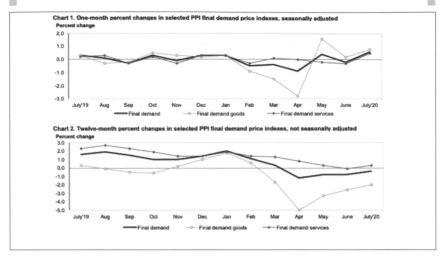

出處：dol.gov

3)個人所得跟支出(Personal Income and Outlays)

這個指標可以了解美國人的所得、支出、儲蓄等。這個報告書中列出的個人消費支出物價指數（以下稱PCE index）被評價為是最能測定消費者物價水準的傑出指標。因為PCE index跟測定固定項目的財貨、服務的CPI不同，其測定對象項目每年會更新，並充分考慮到物價變動。這個指數也同樣包含在聯準會在決定利率政策時考慮的對象之中。

[圖附錄-6]個人所得跟支出發表舉例

	2020				
	Feb.	Mar.	Apr.	May.	June
	Percent change from preceding month				
Personal income:					
Current dollars	0.8	-1.8	12.1	-4.4	-1.1
Disposable personal income:					
Current dollars	0.7	-1.8	14.7	-5.1	-1.4
Chained (2012) dollars	0.6	-1.5	15.3	-5.2	-1.8
Personal consumption expenditures (PCE):					
Current dollars	0.0	-6.7	-12.9	8.5	5.6
Chained (2012) dollars	-0.1	-6.5	-12.4	8.4	5.2
Price indexes:					
PCE	0.1	-0.3	-0.5	0.1	0.4
PCE, excluding food and energy	0.2	-0.1	-0.4	0.2	0.2
Price indexes:	Percent change from month one year ago				
PCE	1.8	1.3	0.5	0.5	0.8
PCE, excluding food and energy	1.9	1.7	0.9	1.0	0.9

出處：bea.gov

4) 零售 (Retail Sales)

零售指標*是對銷售商品與相關服務，給最終消費者的商店總收入測定。因此可以說是直接呈現美國人「消費」的指標。由美國商務部底下的統計局，每月會從數千名的零售業者那裡收到最新銷售

---

*　可在美國商務部統計局確認：
https://www.census.gov/retail/index.html

資料後製作。零售占美國經濟活動將近1/3，因此若零售指數正面，就可以看做是整體的經濟成長的信號，市場的狀況是比較正面的。相反的，若零售指標預測值下跌，就代表左右美國經濟的消費比預想要來得不好，因此可以看做是對市場狀況呈現負面的信號。

[圖附錄-7]零售發表舉例

August 14, 2020 — The U.S. Census Bureau announced the following advance estimates of U.S. retail and food services sales for July 2020:

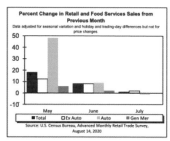

Percent Change in Retail and Food Services Sales from Previous Month
Data adjusted for seasonal variation and holiday and trading-day differences but not for price changes

Source: U.S. Census Bureau, Advanced Monthly Retail Trade Survey, August 14, 2020

Advance Estimates of U.S. Retail and Food Services
Advance estimates of U.S. retail and food services sales for July 2020, adjusted for seasonal variation and holiday and trading-day differences, but not for price changes, were $536.0 billion, an increase of 1.2 percent (± 0.5 percent) from the previous month, and 2.7 percent (± 0.7 percent) above July 2019. Total sales for the May 2020 through July 2020 period were down 0.2 percent (± 0.5 percent)* from the same period a year ago. The May 2020 to June 2020 percent change was revised from up 7.5 percent (± 0.5

出處：census.gov

③ 企業

呈現企業經濟活動的主要指標有（1）ISM購買管理者指數、
（2）耐久財訂單等。

1）ISM購買管理者指數（ISM PMI）

美國供給管理者協會（Institute for Supply Management，ISM）
選定300處以上製造企業的購買、供給負責人為對象進行問卷調
查，並以此為基礎產出的指數*。針對5種主要指標「新收訂單」、
「生產」、「就業」、「供給者運輸」、「庫存」等相關的許多項
目，回答3種選項「改善、不便、惡化」的其中一個，並以答案為基
礎製作PMI。計算的數值若是50以上，則意味製造業部門的成長，
若下降則代表萎縮。因為是每個月第一個發表的指標，所以算是第
一個提供的有關過去4週以來有哪些進展的線索，並進而影響市場的
走勢。此外，由於這是以供應網最前線的購買管理者為對象做的問
卷調查，也被評價為可以先行掌握實體經濟的指標。一般來說，PMI
若連續下滑50，就意味著製造業市場的前景黯淡，對市場來說是負
面的信號。

---

*　可在美國供應管理者協會確認。
https://www.instituteforsupplymanagement.org/research/report-on-
business

Manufacturing at a Glance
July 2020

Index	Series Index Jul	Series Index Jun	Percentage Point Change	Direction	Rate of Change	Trend* (Months)
PMI®	54.2	52.6	+1.6	Growing	Faster	2
New Orders	61.5	56.4	+5.1	Growing	Faster	2
Production	62.1	57.3	+4.8	Growing	Faster	2
Employment	44.3	42.1	+2.2	Contracting	Slower	12
Supplier Deliveries	55.8	56.9	-1.1	Slowing	Slower	9
Inventories	47.0	50.5	-3.5	Contracting	From Growing	1
Customers' Inventories	41.6	44.6	-3.0	Too Low	Faster	46
Prices	53.2	51.3	+1.9	Increasing	Faster	2
Backlog of Orders	51.8	45.3	+6.5	Growing	From Contracting	1
New Export Orders	50.4	47.6	+2.8	Growing	From Contracting	1
Imports	53.1	48.8	+4.3	Growing	From Contracting	1
OVERALL ECONOMY				Growing	Faster	3
Manufacturing Sector				Growing	Faster	2

Manufacturing ISM® *Report On Business®* data is seasonally adjusted for the New Orders, Production, Employment and Inventories indexes.
*Number of months moving in current direction.

出處：ismworld.org

2) 耐久財訂單 (Durable Goods Orders) *

美國企業會呈現數據，表示一個月期間有多少耐久財**訂單。美國商務部底下的統計局會在每個月第四週合計前一個月的數據。

---

* 可在美國商務部統計局確認。
https://www.census.gov/manufacturing/m3/index.html

** 是指有耐久性、可長期使用的物品。汽車、飛機、機械、設備等都包含在耐久財內。

耐久財訂單跟大部分經濟指標事後發表過去指標的傾向不同，是可以先行預期未來的指標，因此必須仔細留意。機器設備等「耐久財訂單」增加，意味著可以判斷企業日後經濟發展會不錯。由於增加的耐久財會提高生產，並創造就業機會，因此會刺激勞動者的消費，對經濟來說是正面的訊號。

[圖附錄-9]耐久財訂單發表舉例

FOR RELEASE AT 8:30 AM EDT, MONDAY, JULY 27, 2020

MONTHLY ADVANCE REPORT ON DURABLE GOODS MANUFACTURERS' SHIPMENTS, INVENTORIES AND ORDERS JUNE 2020

Release Number: CB 20-112 M3-1 (20)-06

Statement Regarding COVID-19 Impact: Due to recent events surrounding COVID-19, many businesses are operating on a limited capacity or have ceased operations completely. The Census Bureau has monitored response and data quality and determined estimates in this release meet publication standards. For more information on the compilation of this month's reports, see < M3 COVID-19 FAQs>.

July 27, 2020 — The U.S. Census Bureau announces the June advance report on durable goods manufacturers' shipments, inventories and orders:

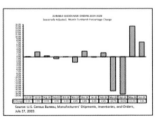

New Orders

New orders for manufactured durable goods in June increased $14.0 billion or 7.3 percent to $206.9 billion, the U.S. Census Bureau announced today. This increase, up two consecutive months, followed a 15.1 percent May increase. Excluding transportation, new orders increased 3.3 percent. Excluding defense, new orders increased 9.2 percent. Transportation equipment, also up two consecutive months, led the increase, $9.2 billion or 20.0 percent to $55.3 billion.

出處：census.gov

確認經濟指標的方法

US STOCKS CLASS

　　前面說明的8種指標只是主要指標中的一部分。除此之外還有像消費者信賴指數、產業生產與正常產能、新屋開工與營建許可等市場反應敏感的多個主要指標。要怎麼確認剩下有哪些主要指標，以及是何時發表的呢？我個人很常使用的網站有Trading　Economics*、Econoday**兩種。透過這兩個網站，就可以確認到指標的相關說明與重要性、發表時機、過去發表值與預測值等等。特別是Trading Economics可以免費篩選期間跟重要程度，因此在確認想要的指標時十分有用。此外也支援韓語，因此非常方便。

---

*　　https://tradingeconomics.com/

**　　https://www.econoday.com/

① 透過有用的網站確認經濟指標

透過Trading Economics網站確認主要經濟指標

[圖附錄-10] Step #01：Trading Economics主畫面，
點擊上方「Calendar」

Step#01：連到首頁後點擊上方的「Calendar」。

[圖附錄-11] Step #02：Calendar畫面，篩選指標

Step#02：可根據國家、日期、重要度來篩選指標。

[圖附錄-12] Step #03：確認詳細內容

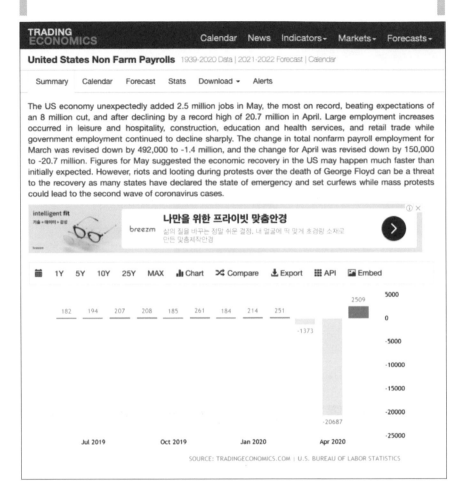

Step#03：可點擊指標，確認詳細內容。

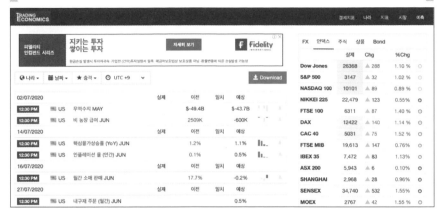

[圖附錄-13] Trading Economics支援韓語

出處：Tradingeconomics.com

Trading Economics支援韓語、中文等20多種語言，所以優點是確認起來很方便。

用Econoday輕鬆確認一週主要經濟指標

Econoday是付費網站，在可免費使用的區域可以一眼確認到限定或一週內發表的主要經濟指標，並有可透過月曆直觀了解指標的優點。

Step#01：連到Econoday官網後,點擊下方「View Full Calendar」。

Step#02：確認一週內發表的主要指標。主要的指標都有分開標示,所以確認起來很方便。

[圖附錄-16] Step #03：點擊指標時可確認詳細資訊

2020 Economic Calendar

powered by **ECONODAY.**

U.S. & Intl Recaps **Event Definitions** **Today's Calendar**

Retail Sales

Released On 6/16/2020 8:30:00 AM For May, 2020

	Prior	Prior Revised	Consensus	Consensus Range	Actual
Retail Sales - M/M change	-16.4 %	-14.7 %	7.5 %	2.3 % to 12.2 %	**17.7 %**
Retail Sales less autos - M/M change	-17.2 %	-15.2 %	5.2 %	0.4 % to 8.6 %	**12.4 %**
Less Autos & Gas - M/M Change	-16.2 %	-14.4 %	4.0 %	0.3 % to 5.0 %	**12.4 %**
Control Group – M/M change	-15.5 %	-12.6 %	4.3 %	0.5 % to 8.9 %	**10.6 %**

Consensus Outlook

Retail sales contracted 8.7 percent in March then 16.4 percent in April, making for an easy comparison in May with forecasters calling for a 7.5 percent rebound. Excluding autos, where unit sales jumped in May, and also excluding gas where prices rose, retail sales are seen rising 5.2 percent.

Definition

Retail sales measure the total receipts at stores that sell merchandise and related services to final consumers. Sales are by retail and food services stores. Data are collected from the Monthly Retail Trade Survey conducted by the U.S. Bureau of the Census. Essentially, retail sales cover the durables and nondurables portions of consumer spending. Consumer spending typically accounts for about two-thirds of GDP and is therefore a key element in economic growth. Of special attention is the control group; this is an input into the consumer spending component of GDP and excludes food services, autos, gasoline and building materials. **Why Investors Care**

出處：Econoday.com

Step#03：點擊指標後，即可確認詳細的指標內容跟說明。

② 在實戰如何應用？

筆者每個月最後一週會事先確認下個月有什麼大事。我會在月曆上確認FOMC或企業的業績發表等主要事件跟主要經濟指標發表日期，之後就可以像介紹「時間」的第6章內容一樣，在主要事件或指標發表前後的時間點，分批買進想要的企業。雖然不需要硬用這種方法來分批買進，不過觀察給市場波動性帶來主要影響的事件，會給自己關注的企業股價造成何種影響，對建立專屬自己的買賣時機會很有幫助。

國家圖書館出版品預行編目（CIP）資料

初學美股投資：一開始就上手 / 尚義民、Anna Joung作.--
初版. -- 新北市：香港商亮光文化有限公司台灣分公司，
2022.06
面；公分--
ISBN 978-626-95445-5-4　（平裝）

1. CST：股票投資 2. CST：證券市場 3. CST：美國

563.53　　　　　　　　　　　　　　　　　　　　111007046

初學美股投資：一開始就上手 미국주식 처음공부

作者	尚義民、AnnaJoung　수미숨(상의민)、애나정 지음
譯者	陳慧瑜
出版	香港商亮光文化有限公司 台灣分公司
	Enlighten & Fish Ltd (HK) Taiwan Branch

設計/製作	亮光文創有限公司
地址	新北市新莊區中信街178號21樓之5
電話	（886）85228773
傳真	（886）85228771
電郵	info@enlightenfish.com.tw
網址	signer.com.hk
Facebook	www.facebook.com/TWenlightenfish

出版日期	二〇二二年六月初版

ISBN	978-626-95445-5-4
定價	NTD$990 / HKD$330

미국주식 처음공부 Introduction to American Stocks
All rights reserved.
Traditional Chinese Edition Copyright ©2022 by Enlighten & Fish Ltd (HK) Taiwan Branch.
Arranged by IREMEDIA Co., Ltd. through Shinwon Agency Co., Seoul.

本書原名為 미국주식 처음공부 ，作者尚義民，Anna Joung
本書原版由韓國IREMEDIA Co., Ltd.出版，繁體中文版由韓國信元版權代理授權香港商亮光文化有
限公司（台灣分公司）出版。